Johannes Beste, Dr. Hans Hahn, Thomas Wolf

Rechnungswesen Medienberufe

Kosten- und Leistungsrechnung/Controlling

3. Auflage

Bestellnummer 32502

 Bildungsverlag EINS

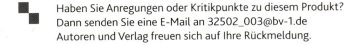
Haben Sie Anregungen oder Kritikpunkte zu diesem Produkt?
Dann senden Sie eine E-Mail an 32502_003@bv-1.de
Autoren und Verlag freuen sich auf Ihre Rückmeldung.

Bildquellenverzeichnis

Cover: © Fotolia/demarco (oben links), © Fotolia/Uschi Hering (oben rechts), MEV Verlag GmbH, Augsburg (unten, 2x)

Bildungsverlag EINS, Köln/Angelika Brauner, Hohenpeißenberg: S. 9

Bildungsverlag EINS, Köln/Elisabeth Galas, Köln: S. 48 (3x), 49 (3x), 50 (6x), 53 (oben rechts), 57 (6x)

Bildungsverlag EINS, Köln/Thomas Nölleke, Dortmund: S. 70 (4x), 71, 72, 73 (2x), 86 (4x), 87, 89, 90, 91, 93 (3x), 94 (4x), 117 (2x)

MEV Verlag GmbH, Augsburg: S. 11, 13, 47, 53 (1x Mitte und 2x außen), 69, 171, 209, 227

© Fotolia/Kurhan: S. 53 (oben links)

© Fotolia/ArTo: S. 53 (unten)

www.bildungsverlag1.de

Bildungsverlag EINS GmbH
Hansestraße 115, 51149 Köln

ISBN 978-3-427-**32502**-4

© Copyright 2011: Bildungsverlag EINS GmbH, Köln
Das Werk und seine Teile sind urheberrechtlich geschützt. Jede Nutzung in anderen als den gesetzlich zugelassenen Fällen bedarf der vorherigen schriftlichen Einwilligung des Verlages.
Hinweis zu § 52a UrhG: Weder das Werk noch seine Teile dürfen ohne eine solche Einwilligung eingescannt und in ein Netzwerk eingestellt werden. Dies gilt auch für Intranets von Schulen und sonstigen Bildungseinrichtungen.

Vorwort

Dieser Band des Titels „Rechnungswesen für Medienberufe" soll den Leserinnen und Lesern Kenntnisse in der Kosten- und Leistungsrechnung in Betrieben der Medienbranche vermitteln.

Die Zielgruppe dieses Buchs sind somit Auszubildende der Berufe
- Kaufmann/-frau für audiovisuelle Medien
- Mediengestalter/-in, Digital und Print
- Medienkaufmann/-frau, Digital und Print
- Kaufmann/-frau für Marketingkommunikation

Zudem können sich im Bereich der beruflichen Fortbildung die Medienfachwirtin, der Drucker-Meister oder auch die Studierenden der Druck- und Medientechnik das Basiswissen im Bereich der Kosten- und Leistungsrechnung aneignen.

Anhand der oben aufgezählten Ausbildungsberufe wird deutlich, dass in der Medienbranche viele unterschiedliche Betriebe mit einem breiten Spektrum an Leistungen existieren. Diese stellen sich sowohl in materiellen Produkten (Druckindustrie, CD-Produktion) als auch immateriellen Dienstleistungen (Rechtebeschaffung, Werbeagenturen etc.) dar. Dementsprechend unterscheiden sich auch die Methoden der Kosten- und Leistungsrechnung in den Betrieben voneinander.

Es geht also in diesem Buch einerseits darum, die allgemeinen Methoden der Kosten- und Leistungsrechnung darzustellen, und andererseits soll auf die jeweiligen Besonderheiten der Leistungserstellungsprozesse in verschiedenen Betrieben eingegangen werden. In jedem Kapitel dient eine praxisbezogene Handlungssituation der Erarbeitung eines Themas. Die Einstiegsproblematik wird dabei immer wieder als "roter Faden" im Verlauf eines Kapitels aufgegriffen. Die allgemeingültigen Methoden und Begriffe der Kosten- und Leistungsrechnung werden somit sehr anschaulich und praxisorientiert dargestellt. Die Kapitel 3.1 und 3.2 erläutern die Auftragskalkulation der industriellen Fertigung in Druckereien. Das Kapitel 3.1 reduziert hierbei produktionstechnische Details auf einige wenige notwendige Aspekte, sodass für den kaufmännischen Auszubildenden die relevanten Kalkulationsmethoden in diesem Kapitel hinreichend erläutert werden. Lernende, die hingegen vertiefte Kenntnisse über das Zustandekommen von Leistungswerten im Zusammenhang mit der Kalkulation von Druckprodukten haben müssen (beispielsweise der Mediengestalter mit der Fachrichtung Beratung und Planung), sollten das Kapitel 3.2 durcharbeiten. Hier wird auch die Nachkalkulation thematisiert.

Zur Verdeutlichung der jeweiligen Kapitelstruktur werden Icons in der **Marginalienspalte** benutzt.

Alle Abschnitte, in denen im weiteren Verlauf die Einstiegssituation im Zusammenhang mit dem Modellunternehmen weiterentwickelt wird, sind jeweils grün hinterlegt. Hierdurch wird der Handlungsrahmen im jeweiligen Kapitel verdeutlicht.

In **Zusammenfassungen** werden am Ende eines jeden Kapitels die wichtigsten Begriffe und Formeln nochmals kurz und übersichtlich dargestellt.

In **Übungsaufgaben** finden sich zudem noch weitere Bezüge zu Betrieben und Leistungserstellungsprozessen, die gegebenenfalls im Text nicht in aller Ausführlichkeit berücksichtigt werden können, weil die Branche zu vielfältig ist.

Um den Lesefluss nicht zu beeinträchtigen, werden im Text die männlichen Formen verwendet. Selbstverständlich sind jedoch beide Geschlechter angesprochen.

Vorwort

Legende der im Buch verwendeten Icons:

 Handlungssituation zur Herstellung von Bezügen zum Modellunternehmen

 Übungsaufgaben zur Sicherung des Gelernten

 Definition und Erläuterung wichtiger Fachbegriffe und Formeln

 Zusammenfassung wichtiger Inhalte

 Beispiel zur Verdeutlichung der Sachinformationen

 Verweis auf erforderliches Wissen aus anderen Kapiteln

Vergleiche hierzu Kapitel 6.2

 Link zu hilfreichen Internetseiten

Vergleiche hierzu: www.bildungsverlag1.de

Inhaltsverzeichnis

       Die Medi@ AG: Ein Unternehmen stellt sich vor 9

1   Kostenartenrechnung: Abgrenzungsrechnung **14**
1.1   Kurze Einführung in die Gewinn- und Verlustrechnung 14
1.2   Ergebnistabelle 16
1.3   Abgrenzung des neutralen Bereiches vom Betriebsbereich 21
1.3.1 Unternehmensbezogene Abgrenzung – Betriebsfremde Aufwendungen und Erträge 23
1.3.2 Betriebsbezogene Abgrenzung – Periodenfremde sowie außerordentliche Aufwendungen und Erträge 24
1.4   Kostenrechnerische Korrekturen – Kalkulatorische Kosten 28
1.4.1 Anderskosten 30
1.4.1.1 Kalkulatorische Abschreibungen 30
1.4.1.2 Kalkulatorische Zinsen 31
1.4.1.3 Kalkulatorische Wagnisse 33
1.4.1.4 Kalkulatorische Miete 34
1.4.2 Zusatzkosten – Kalkulatorischer Unternehmerlohn 35
1.5   Auswertung der Ergebnistabelle 38
1.5.1 Wirtschaftlichkeit 38
1.5.2 Produktivität 39
1.5.3 Rentabilität 40
1.5.3.1 Eigenkapitalrentabilität 40
1.5.3.2 Umsatzrentabilität 41
1.5.3.3 Gesamtkapitalrentabilität 41

2   Kostenstellenrechnung **48**
2.1   Einstufiger Betriebsabrechnungsbogen 49
2.1.1 Verrechnung von Löhnen und Gehältern inklusive gesetzlicher und freiwilliger Sozialleistungen ... 52
2.1.2 Verrechnung von Sachgemeinkosten 52
2.1.3 Verrechnung der kalkulatorischen Kosten 52
2.1.3.1 Kalkulatorische Abschreibungen 52
2.1.3.2 Kalkulatorische Zinsen 53
2.1.3.3 Kalkulatorische Miete 54
2.1.3.4 Kalkulatorische Wagnisse 54
2.2   Mehrstufiger Betriebsabrechnungsbogen 56
2.2.1 Berechnung der Umlagesätze 59
2.2.2 Berechnung der Sekundärkosten 59
2.3   Kalkulationssätze 61
2.3.1 Stundensatzkalkulation 61
2.3.1.1 Ermittlung der jährlichen Fertigungszeit (Kapazitätsrechnung) 61
2.3.1.2 Kennziffern der Kapazitätsrechnung 62
2.3.1.3 Ermittlung des Stundensatzes 63
2.3.2 Stückkostenkalkulation 64
2.3.3 Zuschlagskalkulation 65

Inhaltsverzeichnis

3	**Vollkostenrechnung**	**70**
3.1	Vollkostenrechnung in Fertigungsbetrieben (Kurzversion)	70
3.1.1	Stundensatzkalkulation	70
3.1.2	Stückkostenkalkulation	73
3.1.3	Zuschlagskalkulation	74
3.1.4	Auflagenabhängige und auflagenunabhängige Kosten	79
3.1.4.1	Kalkulation bei unterschiedlichen Auflagenhöhen	79
3.1.4.2	Grenzmengenermittlung zur Auswahl der Druckmaschine	81
3.2	Vollkostenrechnung in Fertigungsbetrieben (Vollversion)	84
3.2.1	Nutzenberechnung	85
3.2.2	Kalkulation der Fertigungskosten	86
3.2.2.1	Druckformherstellung	86
3.2.2.2	Druck	91
3.2.3	Kalkulation der Materialkosten	98
3.2.3.1	Papier	99
3.2.3.2	Farbe	100
3.2.3.3	Druckplatten	102
3.2.4	Auflagenabhängige und auflagenunabhängige Kosten	109
3.2.4.1	Kalkulation bei unterschiedlichen Auflagenhöhen	110
3.2.4.2	Grenzmengenermittlung zur Auswahl der Druckmaschine	114
3.2.4.3	Grenzmengenermittlung zur Auswahl des Druckverfahrens	116
3.2.5	Nachkalkulation in Fertigungsbetrieben	121
3.3	Vollkostenrechnung in Dienstleistungsbetrieben	126
3.3.1	Vorwärtskalkulation einer Werbeagentur	127
3.3.1.1	Ermittlung des Pauschalpreises	127
3.3.1.2	Ermittlung des Preises mittels Kundenstundensatz	133
3.3.2	Vorwärtskalkulation einer Werbefilmproduktion	135
3.3.3	Rückwärtskalkulation eines Hörbuchverlages	136
3.3.4	Kalkulation einer Fernseh-/Filmproduktion	140
3.3.5	Kalkulation eines Buches	142
3.3.6	Prozesskostenkalkulation für Non-Print-Leistungen	150
3.3.6.1	Bestimmung der Prozesskostensätze	151
3.3.6.2	Kalkulation mithilfe der Prozesskostensätze	155
3.3.7	Nachkalkulation in Dienstleistungsbetrieben	163
3.3.7.1	Nachkalkulation einer Werbeagentur	163
3.3.7.2	Nachkalkulation einer Werbefilmproduktion	164
4	**Teilkostenrechnung**	**172**
4.1	Teilkostenrechnung in Fertigungsbetrieben	172
4.1.1	Auftragsannahme bei Unterbeschäftigung – Ermittlung einer Preisuntergrenze	173
4.1.1.1	Fixe und variable Kosten	173
4.1.1.2	Deckungsbeitrag	178
4.1.2	Zusatzauftrag	180
4.1.2.1	Zusatzauftrag ohne Überstunden	180
4.1.2.2	Zusatzauftrag mit Überstunden	181

4.2	Teilkostenrechnung in Dienstleistungsbetrieben	184
4.2.1	Deckungsbeitragsrechnung für ein Hörbuch	184
4.2.2	Deckungsbeitragsrechnung einer Werbefilmproduktion – Entscheidung über einen kritischen Auftrag	187
4.2.3	Deckungsbeitragsrechnung einer Musik-CD-Produktion	188
4.2.4	Deckungsbeitragsrechnung einer Werbeagentur	192
4.2.5	Deckungsbeitragsrechnung eines Zeitschriftenverlages	193
4.2.6	Deckungsbeitragsrechnung eines Buchverlages	195
4.3	Ermittlung der Preisuntergrenzen	201
4.4	Gewinnschwellenanalyse	203
4.4.1	Gewinnschwellenmenge bei gegebenem Preis	203
4.4.2	Gewinnschwelle bei Preisänderung	205

5	**Plankostenrechnung**	**210**
5.1	Ziele und Aufbau der Plankostenrechnung	210
5.2	Ermittlung der Plankosten	212
5.2.1	Starre Plankostenrechnung	214
5.2.2	Flexible Plankostenrechnung	215
5.2.3	Grenzplankostenrechnung	217
5.3	Berechnung der Planabweichungen	218
5.3.1	Starre Plankostenrechnung	219
5.3.2	Flexible Plankostenrechnung	220
5.3.3	Grenzplankostenrechnung	223
5.3.4	Entscheidung	224

6	**Controlling**	**228**
6.1	Zielsetzung	229
6.2	Operatives und strategisches Controlling	229
6.3	Planung	231
6.4	Steuerung	232
6.4.1	Berechnung der Plankostenabweichungen	233
6.4.2	Analyse der Marktentwicklung	235

Sachwortverzeichnis	239

Die Medi@ AG: Ein Unternehmen stellt sich vor

Der Standort

Die Büroräume der Medi@ AG liegen in der Hugo-Eckener-Straße 1 in 50829 Köln. Hier hat das Unternehmen Büros in einem Hauptgebäude sowie Lager- und Produktionsräume errichtet. Die Grundstücke und Gebäude sind Eigentum der Medi@ AG. Sie unterhält in der Schildergasse in Köln eine Buchhandlung, die Medi@Point GmbH & Co KG.

Die Medi@ AG betreibt in ihrem Verwaltungsgebäude eine Geschäftsstelle, in der gewerbliche Kunden und Endverbraucher Anzeigen aufgeben und Abonnements für die Zeitung und die Zeitschriften des Unternehmens bestellen können. Die Geschäftsstelle wird überwiegend von den Auszubildenden der Medi@ AG geleitet und verwaltet.

Arbeitnehmer können mit den Bus- und Straßenbahnlinien fast bis vor den Eingang des Unternehmens fahren. Auf dem Werksgelände befinden sich nur wenige Parkplätze für Mitarbeiter und Kunden, da die Geschäftsleitung der Medi@ AG die Mitarbeiter durch die Ausgabe von Jobtickets für die öffentlichen Verkehrsmittel zu umweltbewusstem Verhalten anhalten möchte.

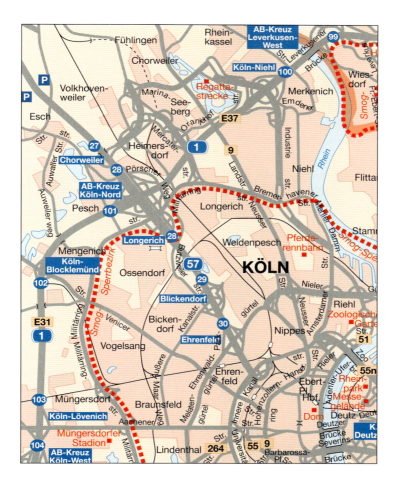

Telefon und Telefax, Internetadresse
Telefon: 0221 445 36 90 E-Mail: info@mediaag.de
Telefax: 0221 445 36 98 Internet: www.mediaag.com

Die Bankverbindungen

Geldinstitut	Bankleitzahl	Kontonummer
Sparkasse KölnBonn	370 501 98	360 058 796
Postbank Köln	370 100 50	286 778-431
Deutsche Bank Köln	370 700 60	448 300 21

Steuer-, Betriebs-Nr. für Sozialversicherung und Handelsregistereintragung
Finanzamt: Köln-West; Steuer-Nr.: 223/335/5342
Betriebs-Nr. für die Sozialversicherung: 43641271
Handelsregistereintragung: Amtsgericht Köln HRB 467-0301

Die Verbände
Gemäß § 1 IHK-Gesetz ist die Medi@ AG Mitglied in der Industrie- und Handelskammer zu Köln. Mehrere Mitarbeiter der Medi@ AG sind Mitglieder in Prüfungsausschüssen der IHK. Das Unternehmen ist im Börsenverein des Deutschen Buchhandels – Landesverband Nordrhein-Westfalen e. V. – organisiert. Die organisierten Arbeitnehmer sind Mitglieder in der Gewerkschaft ver.di (Vereinte Dienstleistungsgewerkschaft).

Der Betriebsrat und die Jugend- und Auszubildendenvertretung
Vorsitzender des Betriebsrates der Medi@ AG ist Marc Cremer, sein Stellvertreter ist Sven Fischer. Jugend- und Auszubildendenvertreterin ist Petra Jäger, Stellvertreter ist Andreas Dick.

Der Aufsichtsrat
Dem **Aufsichtsrat** der Medi@ AG gehören acht Mitglieder an: Vier Vertreter der Arbeitnehmer und vier Vertreter der Anteilseigner. **Aufsichtsratsvorsitzende** ist Dr. Elke Stein.

Arbeitnehmervertreter	Anteilseignervertreter
Karl Wolf	Anne Miller
Jens Effer	Helga Neu
Christine Eder	Markus Runkel (Sparkasse KölnBonn)
Thomas Müller	Dr. Elke Stein (Deutsche Bank)

Die Unternehmensgeschichte
In der Kölner Südstadt gründeten Dr. phil. Hans Koch und Dipl.-Volkswirtin Helga Neu 1985 den Skriptenverlag **Koch & Neu GbR**, der Vorlesungsmitschriften der Kölner Universität produzierte und vertrieb. In allen Fällen konnten die Professoren für eine Revision der Mitschriften gewonnen werden, sodass die Skripte eine hohe Qualität aufwiesen. Im Jahre 1992 trat die Pädagogikstudentin Anne Miller in das bestehende Unternehmen als Mitgesellschafterin ein, wobei das Unternehmen seitdem als **Medi@ GmbH** firmierte. In den Jahren 1993 bis 1996 expandierte das Unternehmen: Es gründete Verlage für Periodika, erwarb eine Buchhandlung und beteiligte sich an Mediendienstleistungsunternehmen. 1997 wandelten die beiden Gründer und Anne Miller das Unternehmen in die **Medi@ AG** um, die zugleich vom Kölner Süden in den Norden der Stadt umzog. Damit begann der

eigentliche Aufstieg des Unternehmens zu einem der führenden in der Medienbranche in Deutschland. Es hat den Ruf, ein Pionier bei der Cross-Media-Vermarktung zu sein.

Wesentliche **Grundmaximen** des Unternehmens sind die **Forderung nach hoher Qualität der Produkte und die Absage an verschwenderischen Verbrauch von Ressourcen**. So war die Medi@ AG eine der ersten in der Branche, die sich einem Öko-Audit unterzog und eine Umwelterklärung herausgab.

Mit der Unternehmensphilosophie bildete sich bei der Media@ AG auch ein **neues Verständnis für die Wertigkeit der Kundenbeziehungen** und **für das soziale Verhalten** im Unternehmen aus, das auf gegenseitiges Vertrauen gegründet ist. Der **Führungsstil** ist kooperativ und durch die Regel „Keine Anweisung ohne Begründung" charakterisiert.

Seit dem 1. Januar 1992 waren die Mitarbeiter mit 50 % am Betriebsergebnis (nach Steuern) vermögensbildend beteiligt und hielten als **stille Gesellschafter** 28 % des Kapitals. Mit der Umwandlung des Unternehmens in eine **Aktiengesellschaft** wurden die Mitarbeiteranteile in Vorzugsaktien umgewandelt.

Es ist nahe liegend, dass ein Unternehmen, das in der Produktentwicklung ebenso wie in seiner Haltung als Arbeitgeber neue Wege geht, sich in seiner Umweltverantwortung nicht abwartend verhält, sondern bestrebt ist, die Entwicklung aktiv mit voranzutreiben. Hierbei wird folgender Satz aus der Unternehmensphilosophie zugrunde gelegt: „**In diesem Jahrtausend werden nur die Unternehmen überleben, die zwei Voraussetzungen haben: hohe Qualität der Produkte und die Zustimmung der Menschen.**"

Die Medi@ AG | Ein Unternehmen stellt sich vor

Die Medi@ AG, ihre Geschäftsfelder und die Medi@ Beteiligungs GmbH

Medi@ AG

- Aufsichtsrat Vorsitzende Dr. Stein
- Vorsitzender Dr. Koch Vorstand
  - Zentralabteilung
  - Zeitungsverlag Tageszeitung
  - Zeitschriftenverlag Stadtmagazin
  - Buchverlag Bell Medi@ GmbH
  - Offset GmbH
  - Buch- und Offset Druckverarbeitung GmbH
  - Druckerei (extern) MG Digital Print KG

Medi@ Beteiligungs GmbH
- Veranstaltungs-/Eventagentur iVent GmbH
- Werbeagentur West GmbH
- Buchhandlung Medi@Point GmbH & Co. KG
- AV-Medien
  - Musik, Sampler und Hörbuch
  - Film/TV, Auftragsproduktionen

1 Kostenartenrechnung: Abgrenzungsrechnung

1 Kostenartenrechnung: Abgrenzungsrechnung

1.1 Kurze Einführung in die Gewinn- und Verlustrechnung

Die Leitung der Medi@ AG überprüft sämtliche Geschäftsfelder und Beteiligungen, um Entscheidungsgrundlagen für eine gegebenenfalls sinnvolle Restrukturierung des Unternehmensverbundes zu erhalten. Im ersten Schritt wird die Gewinn- und Verlustrechnung betrachtet.

Die Gewinn- und Verlustrechnung (Gewinn- und Verlustkonto) ist Teil des sogenannten externen Rechnungswesens. Das externe Rechnungswesen setzt sich aus der Finanzbuchhaltung und Bilanzierung einschließlich zugehöriger Nebenbuchführungen und Statistiken (Vergleichsrechnungen) zusammen. Das externe Rechnungswesen dient hauptsächlich der Information und Beeinflussung von Außenstehenden, z. B. Anteilseignern, Mitarbeitern, Gläubigern, Fiskus oder Öffentlichkeit.

Deshalb gelten hier über alle Betriebsarten und alle Branchen hinweg einheitliche handelsrechtliche und steuerrechtliche Vorschriften. Sie finden sich etwa im Handelsgesetzbuch (HGB), in der Abgabenordnung (AO), in den International Financial Reporting Standards (IFRS). Ferner gibt es auch rechtsform- und branchenspezifische Ergänzungsbestimmungen, z. B. in der Publizitätsordnung, im Bilanzrichtliniengesetz (BiRiLiG) und im Körperschaftsteuergesetz (KStG).

Durch die Verwendung von branchenspezifischen Kontenrahmen wird eine weitere Vereinheitlichung erreicht. Zu nennen sind hier etwa der GWA-Kontenrahmen, der Industriekontenrahmen (IKR) oder der Gemeinschaftskontenrahmen (GKR).

Konkret ist die Gewinn- und Verlustrechnung (GuV) eine Zusammenstellung aller Aufwendungen und Erträge eines Unternehmens für einen bestimmten Zeitraum (i. d. R. ein Geschäftsjahr).

Die Aufwendungen und Erträge bilden den **Leistungsprozess** eines Unternehmens ab. Im Leistungsprozess werden durch das Zusammenspiel der verschiedenen **Input**-Faktoren die Leistungen/Produkte des Unternehmens erstellt.

Zum Input des Leistungsprozesses zählen z. B.:
- Räumlichkeiten, die zur Produktion gemietet werden (Mietaufwand),
- Leistungen der Mitarbeiter, die dafür Gehalt beziehen (Gehaltsaufwand),
- Leistung der freien Mitarbeiter, die dafür ein Honorar erhalten (Honoraraufwand),
- Materialien, die für die Produktion benötigt werden (Materialaufwand),
- Entgelt zur Fremdfinanzierung von Vermögensgegenständen, die für die Produktion benötigt werden (Zinsaufwand),
- Nutzung und damit Abnutzung des Anlagevermögens (Abschreibungen).

Kostenartenrechnung: Abgrenzungsrechnung

Soll (Input)	Gewinn- u. Verlustkonto der West GmbH (in EUR)		Haben (Output)
Produktionsaufwand	4 500 000,00	Umsatzerlös	7 250 000,00
Honoraraufwand	350 000,00	Honorarertrag	25 000,00
Personalaufwand	980 000,00	Provisionsertrag	45 000,00
Mietaufwand	180 000,00	Mietertrag	15 000,00
Abschreibung auf Sachanlagen	355 000,00	Ertrag a. d. Aufl. v. Rückstellungen	10 000,00
Abschreibungen auf Forderungen	150 000,00	Ertrag aus Beteiligungen	5 000,00
Zinsaufwand	50 000,00	Zinsertrag	3 000,00
Büroaufwand (inkl. Kommunikationsaufwand)	150 000,00	Eigenkapital	**222 000,00**
Verlust aus dem Verkauf von Anlagevermögen	50 000,00		
Verlust aus Wertpapierverkauf	20 000,00		
Spenden, nicht Public Relations	20 000,00		
sonstiger betrieblicher Aufwand	150 000,00		
Steuernachzahlung	220 000,00		
Gewerbesteuerzahlung	400 000,00		
	7 575 000,00		7 575 000,00

Der **Output** des Leistungsprozesses, hauptsächlich die Leistungen und Produkte der Medi@ AG und ihrer Betriebe, wird als Umsatzerlös erfasst.

Weiterer Output kann außerdem sein:
- Vergabe von einfachen Nutzungsrechten (Lizenzertrag),
- Dienstleistung auf Honorarbasis (Honorarertrag),
- Schaltung von Werbung (Mediaertrag),
- Anlage von überschüssigem Geld (Zinsertrag oder Dividendenertrag).

Solange das Unternehmen für die Input-Faktoren des Leistungsprozesses weniger ausgibt, als es über den Verkauf des Outputs einnimmt, wird ein Gewinn erzielt. Andernfalls entsteht ein Verlust.

Ein Gewinn liegt vor, wenn die Erträge größer als die Aufwendungen sind, d. h. als Formel: Gewinn = Ertrag – Aufwand. Ein Verlust liegt vor, wenn die Aufwendungen größer als die Erträge sind, d. h. als Formel: Verlust = Aufwand – Ertrag.

Für jede Aufwands- und jede Ertragsart wird ein separates Konto geführt. Diese Erfolgskonten unterscheiden sich von den Bestandskonten dadurch, dass sie keinen Anfangsbestand haben. Die Salden werden jährlich über das **Gewinn- und Verlustkonto** in das Eigenkapitalkonto übernommen. Der Gewinn steht den Eigentümern zu. Allerdings müssen sie auch für einen Verlust einstehen. Somit kann der Erfolg, also Gewinn oder Verlust, eines Geschäftsjahres auch aus der Veränderung des Eigenkapitals abgelesen werden. Dabei sind allerdings Eigenkapitalveränderungen wie Kapitalerhöhungen zu berücksichtigen.

In der Gewinn- und Verlustrechnung der Werbeagentur West GmbH sind Aufwendungen in Höhe von 7 575 000,00 EUR und Erträge in Höhe von 7 353 000,00 EUR erfasst. Da die Aufwendungen höher als die Erträge sind, errechnet sich ein Verlust in Höhe von 222 000,00 EUR. Um diesen Betrag wird das Eigenkapital gemindert. Damit ist die West GmbH für die Unternehmensgruppe in diesem Jahr ein Verlustverursacher. Aus betriebswirtschaftlicher Sicht könnte der Entschluss des Verkaufs oder der Auflösung der Werbeagentur naheliegen. Allerdings müssten zur Untermauerung der Entscheidung die Vorjahreswerte und die Branchenentwicklung sowie eventuelle außergewöhnliche Effekte herangezogen werden. Außerdem müssten die einzelnen Positionen des Gewinn- und Verlustkontos daraufhin untersucht werden, ob sie zu den periodengerechten, betrieblich normalen Positionen gehören. Dies geschieht in den folgenden Kapiteln.

1. Ordnen Sie die folgenden beispielhaften Geschäftsvorgänge den Spalten Aufwand bzw. Ertrag zu, indem Sie den jeweiligen Betrag in die entsprechende Spalte eintragen.

Vorgang	Aufwand	Ertrag
Wir kaufen Werbefolder im Wert von 450,00 EUR.		
Wir bezahlen 10 000,00 EUR Honorare an Freelancer.		
Wir erhalten für die Vermittlung eines Auftrages 3 000,00 EUR Provision.		
Bürobedarf im Wert von 800,00 EUR wird gekauft.		
Es wird eine Ausgangsrechnung an einen Kunden für ein abgeschlossenes Projekt in Höhe von 33 900,00 EUR gestellt.		
Gewerbesteuer wird bezahlt, 400,00 EUR.		
Die Monatsmiete in Höhe von 14 000,00 EUR für eine untervermietete Büroetage geht ein.		
Die Angestelltengehälter in Höhe von 20 000,00 EUR werden überwiesen.		
Für die Reparatur eines Mischpultes sind 300,00 EUR zu bezahlen.		

2. Ermitteln Sie anhand der im Text genannten Formeln das Unternehmensergebnis, d. h. den Gewinn bzw. Verlust aus Übung 1.
3. Welchen Erfolg weist das nachstehend beschriebene Eigenkapitalkonto aus?
Der Anfangsbestand des Eigenkapitals betrug 452 300,00 EUR, die Eigentümer haben im Laufe des Jahres 50 000,00 EUR in das Unternehmen eingebracht und 20 000,00 EUR Gewinn des Vorjahres entnommen. Zum Ende des Jahres weist das EK-Konto einen Bestand von 416 350,00 EUR aus.

1.2 Ergebnistabelle

Aufgrund der vorangegangenen Kontrolle der Erfolgssituation vergibt die Geschäftsführerin der Werbeagentur West GmbH Caroline Hermann der Controlling-Abteilung folgenden Auftrag: „Finden Sie heraus, welche Aufwendungen und Erträge der West GmbH nicht mit dem **Kerngeschäft** oder mit der **Abrechnungsperiode** zusammenhängen bzw. welche Erfolgsvorgänge **betrieblich außerordentlich** waren!"

Das Controlling muss sich zur Erfüllung dieses Auftrages mit dem internen Rechnungswesen auseinandersetzen.

Das interne Rechnungswesen kann im Gegensatz zum externen Rechnungswesen weitgehend betriebsindividuell gestaltet werden. Zum internen Rechnungswesen gehören die Kosten- und Leistungsrechnung sowie die Plankostenrechnung. Von Ausnahmen abgesehen gibt es für dessen Ausgestaltung keine Vorschriften. Zur besseren Vergleichbarkeit mit Betrieben derselben Branche sollten einheitliche Regeln verfasst und beachtet werden. Das interne Rechnungswesen dient der Unternehmensleitung (Dr. Hans Koch) zu Planungs-, Abrechnungs-, Steuerungs- und Kontrollzwecken. Ein wichtiges Ergebnis der Kostenrechnung ist die Ermittlung des betrieblich notwendigen Absatzpreises für ein Projekt oder Produkt.

Grundlage des internen Rechnungswesens sind Teile der Daten des externen Rechnungswesens sowie darüber hinaus erhobene Informationen.

Das Controlling bezeichnet einen solchen Auftrag als **Abgrenzung** der **neutralen Aufwendungen** und **Erträge** von den **Kosten** und **Leistungen**. Hierfür muss eine Abgrenzungsrechnung durchgeführt werden.

Es ist einerseits möglich, die Abgrenzungsrechnung per Kontobuchungen durchzuführen, wie es z. B. im Großhandelskontenrahmen (Prozessgliederungsprinzip) vorgesehen ist. Der Industrie- sowie der GWA-Kontenrahmen (Abschlussgliederungsprinzip) sehen andererseits die Abgrenzung per **Ergebnistabelle** vor.

In der Ergebnistabelle werden die Aufwendungen und Erträge der Gewinn- und Verlustrechnung aufgeteilt in neutrale Aufwendungen und neutrale Erträge sowie Kosten und Leistungen. Dafür werden in die erste Doppelspalte die Aufwendungen und Erträge laut Gewinn- und Verlustrechnung eingetragen (siehe Darstellung auf der folgenden Seite).

Im nächsten Schritt werden die Aufwendungen und Erträge entsprechend den in den folgenden Kapiteln genannten Kriterien in die Doppelspalten „Unternehmensbezogene Abgrenzungen", „Betriebsbezogene Abgrenzung und Kostenrechnerische Korrekturen" und „Kosten- und Leistungsrechnungs (KLR)-Bereich" aufgeteilt.

Rechnungskreis I	Rechnungskreis II	
Erfolgsbereich siehe GuV S. 15	Abgrenzungsbereich (neutrales Ergebnis)	KLR-Bereich (Betriebsergebnis)
	Unternehmensbezogene Abgrenzung	Betriebsbezogene Abgrenzung und Kostenrechnerische Korrekturen

Die Erträge werden aufgeteilt/abgegrenzt in
- neutrale Erträge,
- betrieblich periodenfremde Erträge,
- betrieblich außerordentliche Erträge,
- Leistungen.

Die Aufwendungen werden aufgeteilt/abgegrenzt in
- neutrale Aufwendungen,
- betrieblich periodenfremde Aufwendungen,
- betrieblich außerordentliche Aufwendungen,
- Kosten (ggf. durch die kostenrechnerischen Korrekturen verändert).

Die Identifikation und Zusammenstellung der Kostenarten ist die Grundlage für die weitere Kosten- und Leistungsrechnung.

> Die Kostenartenrechnung ist die Schnittstelle zwischen dem externen und dem internen Rechnungswesen. Mithilfe der Ergebnistabelle werden die Werte der Gewinn- und Verlustrechnung abgegrenzt bzw. in die Kostenartenrechnung übernommen und das Betriebsergebnis festgestellt. Hierbei verschafft sich die Betriebsleitung einen Gesamtüberblick über alle durch den Leistungsprozess verursachten Kosten und alle produzierten Leistungen. Aus diesen Daten lassen sich die Wirtschaftlichkeit, Produktivität, Eigenkapital-, Unternehmens- und Umsatzrentabilität des Betriebes errechnen.
>
> Die Kennzahlen sind häufig Grundlage für Veränderungen im Unternehmen, z. B. Verbesserungen der Kostensituation etwa durch Rationalisierungsmaßnahmen. Kostenarten sind die kleinsten Einheiten, in denen Kosten erfasst und dargestellt werden. So kann das Konto Personalaufwand in mehrere Kostenarten aufgeteilt werden, z. B. Personalkosten der verschiedenen Tätigkeitsbereiche am Kunden und Personalkosten der Verwaltung.

1 | Kostenartenrechnung: Abgrenzungsrechnung

Gewinn- und Verlustrechnung (in EUR)

Soll	Gewinn- und Verlustkonto der Werbeagentur West GmbH		Haben
Produktionsaufwand	4 500 000,00	Umsatzerlös	7 250 000,00
Honoraraufwand	350 000,00	Honorarertrag	25 000,00
Personalaufwand	980 000,00	Provisionsertrag	45 000,00
Mietaufwand	180 000,00	Mietertrag	15 000,00
Abschreibung auf Sachanlagen	355 000,00	Ertrag aus der Auflösung von Rückstellungen	10 000,00
Abschreibungen a. Forderungen	150 000,00	Ertrag aus Beteiligungen	5 000,00
Zinsaufwand	50 000,00	Zinsertrag	3 000,00
Büroaufwand (inkl. Kommunikationsaufwand)	150 000,00	Eigenkapital	222 000,00
Verlust aus dem Verkauf von Anlagevermögen	50 000,00		
Verlust aus Wertpapierverkauf	20 000,00		
Spenden, nicht Public Relations	20 000,00		
sonstiger betrieblicher Aufwand	150 000,00		
Steuernachzahlung	220 000,00		
Gewerbesteuerzahlung	400 000,00		
	7 575 000,00		7 575 000,00

Ergebnistabelle (in EUR)

	Rechnungskreis I		Rechnungskreis II				KLR – Bereich	
	Erfolgsbereich		Abgrenzungsbereich – Neutrales Ergebnis				Betriebsergebnis	
	Gesamtergebnis/Finanzbuchhaltung		Unternehmensbezogene Abgrenzungen		Betriebsbezogene Abgrenzung und kostenrechnerische Korrekturen			
Kontenbezeichnung	Aufwand	Ertrag	Neutraler Aufwand	Neutraler Ertrag	Betrieblicher Aufwand laut GuV	Betrieblicher Ertrag laut GuV/ Verrechnete Kosten	Kosten	Leistungen
Umsatzerlös		7 250 000,00						7 250 000,00
Honorarertrag		25 000,00						25 000,00
Provisionsertrag		45 000,00						45 000,00
Mietertrag		15 000,00		15 000,00				
Ertrag aus Auflösung von Rückstellungen		10 000,00				10 000,00		
Ertrag aus Beteiligungen		5 000,00		5 000,00				
Zinsertrag		3 000,00		3 000,00				
Produktionsaufwand für Media-AG (inkl. Lizenzaufwand und Gema-GEZ)	4 500 000,00						4 500 000,00	
Honoraraufwand	350 000,00						350 000,00	
Personalaufwand	980 000,00						980 000,00	
Mietaufwand	180 000,00						180 000,00	
Abschreibungen auf Sachanlagen	355 000,00				355 000,00	260 000,00	260 000,00	
Abschreibungen auf Forderungen	150 000,00				150 000,00	114 192,00	114 192,00	
Zinsaufwand	50 000,00				50 000,00	93 035,00	93 035,00	
Büroaufwand (inkl. Kommunikationsaufwand)	150 000,00						150 000,00	
Verlust aus dem Verkauf von Anlagevermögen	50 000,00				50 000,00			
Verlust aus Wertpapierverkauf	20 000,00		20 000,00					
Spenden, nicht Public Relations	20 000,00		20 000,00					
Sonstiger betrieblicher Aufwand	150 000,00						150 000,00	
Steuernachzahlung	220 000,00				220 000,00			
Gewerbesteuerzahlung	400 000,00						400 000,00	
	7 575 000,00	7 353 000,00	40 000,00	23 000,00	555 000,00	477 227,00	7 177 277,00	7 320 000,00
		222 000,00		17 000,00		347 773,00	142 773,00	
	7 575 000,00	7 575 000,00	40 000,00	40 000,00	555 000,00	825 000,00	320 000,00	7 320 000,00

Die Ergebnisse der Ergebnistabelle sind
- das **Unternehmensergebnis (= – 222 000,00 EUR)**,
- das **neutrale Ergebnis**
  - **Ergebnis der unternehmensbezogenen Abgrenzungen (= – 17 000,00 EUR)** plus
  - **Ergebnis der betriebsbezogenen Abgrenzung und kostenrechnerischen Korrekturen (= – 347 773,00 EUR)**,
- das **Betriebsergebnis (= 142 773,00 EUR)**.

Die Addition des neutralen Ergebnisses und des Betriebsergebnisses ergibt das Unternehmensergebnis.

Es folgen eine Tabelle mit Erläuterungen zu den einzelnen Spalten und ihren jeweiligen Inhalten sowie eine Tabelle mit beispielhaften Zuordnungen von Aufwands- und Ertragspositionen zu den jeweiligen Doppelspalten.

Kostenartenrechnung: Abgrenzungsrechnung | 1

Rechnungskreis I			Rechnungskreis II				
Erfolgsbereich			Abgrenzungsbereich – Neutrales Ergebnis				KLR – Bereich Betriebsergebnis
Gesamtergebnis/ Finanzbuchhaltung			Unternehmensbezogene Abgrenzung		Betriebsbezogene Abgrenzung und kostenrechnerische Korrekturen		
Kontenbezeichnung	Aufwand	Ertrag	Neutraler Aufwand	Neutraler Ertrag	Betrieblicher Aufwand laut GuV	Betrieblicher Ertrag laut GuV/ Verrechnete Kosten	Kosten	Leistungen

Der Rechnungskreis I bildet die Gewinn- und Verlustrechnung aus der Finanzbuchhaltung ab. Die Differenz zwischen Aufwand und Ertrag ist das Unternehmensergebnis.

Der Rechnungskreis II umfasst den Abgrenzungsbereich und den Kosten- und Leistungsbereich.

Hier werden die betriebsfremden Aufwendungen und Erträge eingetragen und damit abgegrenzt.

Hier werden die betrieblich außerordentlichen und die betrieblich periodenfremden Aufwendungen sowie die Beträge der Aufwendungen eingetragen, zu denen andere Beträge als Kosten übernommen werden sollen.

Hier werden die betrieblich außerordentlichen und die betrieblich periodenfremden Erträge sowie die Anders- und die Zusatzkosten eingetragen. Für die Zusatzkosten müssen neue Zeilen angelegt werden.

Diese Doppelspalte enthält die gesuchten Kosten (= Kostenarten) und Leistungen. Die Differenz zwischen Kosten und Leistungen ist das Betriebsergebnis.

Die Summe aus den Differenzen der unternehmensbezogenen Abgrenzungen und der kostenrechnerischen Korrekturen ist das neutrale Ergebnis.

Inhalte der Ergebnistabelle

1 | Kostenartenrechnung: Abgrenzungsrechnung

Rechnungskreis I			Rechnungskreis II					
Erfolgsbereich			Abgrenzungsbereich (neutrales Ergebnis)				KLR – Bereich Betriebsergebnis	
Gesamtergebnis/Finanzbuchhaltung			Unternehmensbezogene Abgrenzung		Betriebsbezogene Abgrenzung und kostenrechnerische Korrekturen			
Kontenbezeichnung	Aufwand	Ertrag	Neutraler Aufwand	Neutraler Ertrag	Betrieblicher Aufwand laut GuV	Betrieblicher Ertrag laut GuV/ Verrechnete Kosten	Kosten	Leistungen
Umsatzerlös		X,XX						X,XX
Mietertrag		X,XX	betriebsfremd X,XX					
Erträge aus der Auflösung von Rückstellungen		X,XX				periodenfremd X,XX		
Erträge aus dem Verkauf von Anlagevermögen		X,XX				betrieblich außerordentlich X,XX		
Personalaufwand	X,XX						Grundkosten X,XX	
Verluste aus Wertpapierverkäufen			X,XX betriebsfremd					
Steuernachzahlung	X,XX				periodenfremd X,XX			
Verluste aus dem Verkauf von Anlagevermögen	X,XX				betrieblich außerordentlich X,XX			
Abschreibungen auf Anlagen	X,XX						Anderskosten X,XX	
Unternehmerlohn							Zusatzkosten X,XX	
	X,XX	X,XX	X,XX	X,XX	X,XX	X,XX	X,XX	X,XX
	X,XX				X,XX		X,XX	
	X,XX				X,XX		X,XX	X,XX
	Unternehmensergebnis		Unternehmensbezogenes Abgrenzungsergebnis		Betriebsbezogenes Abgrenzungsergebnis		Betriebsergebnis	
			Neutrales Ergebnis (Abgrenzungsergebnis)					

Beispielhafte Zuordnung

1.3 Abgrenzung des neutralen Bereiches vom Betriebsbereich

Um den Auftrag der Geschäftsführerin Frau Hermann zu der Werbeagentur West GmbH zu erfüllen, wird das Controlling in einem ersten Schritt den Kern des Unternehmens, den sogenannten „Betriebsbereich" identifizieren. Anschließend werden alle Aufwendungen und Erträge der West GmbH, die nicht zum normalen Kerngeschäft des vergangenen Jahres gehörten, erfasst.

Kerngeschäft der West GmbH

Aufgabe der Werbeagentur West GmbH ist die Beratung, Konzeption, Planung, Gestaltung und Realisierung von Werbe- und sonstigen Marketingmaßnahmen. Sämtliche Tätigkeiten in diesem Zusammenhang gehören somit zum Kerngeschäft der West GmbH.

Grundlagen der Abgrenzung

In der Ergebnistabelle werden die Aufwendungen und Erträge in neutrale Aufwendungen und neutrale Erträge sowie in Kosten und Leistungen aufgeteilt. Damit wird das Unternehmensergebnis in ein neutrales Ergebnis und ein Betriebsergebnis aufgesplittet.

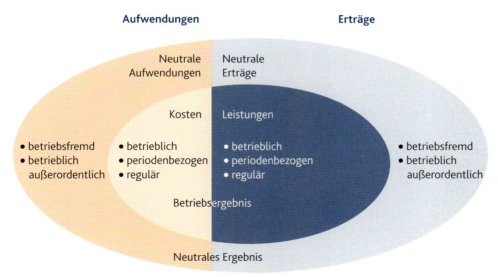

Aufspaltung des Unternehmensergebnisses

- Die Differenz zwischen Kosten und Leistungen ist das Betriebsergebnis.
- Die Differenz zwischen neutralen Aufwendungen und neutralen Erträgen ist das neutrale Ergebnis.
- Die Summe aus Betriebsergebnis und neutralem Ergebnis stellt das Unternehmensergebnis dar.

Das Unternehmensergebnis muss mit dem Ergebnis der Gewinn- und Verlustrechnung übereinstimmen. Andernfalls liegt ein Fehler in der Abgrenzungsrechnung vor.

Der Betriebsbereich ist quasi der Kern des Unternehmens. Der neutrale Bereich ist entsprechend die Schale, welche es zu entfernen gilt, um an den Kern zu gelangen.

1 | Kostenartenrechnung: Abgrenzungsrechnung

Die Differenz zwischen Kosten und Leistungen ist das Betriebsergebnis.

Das Ziel der meisten Unternehmen, das Geschäftsjahr mit einem Gewinn zu beenden, ist in obiger Grafik mit einem kleineren Anteil der Aufwendungen am Unternehmensergebnis dargestellt.

Um aus dem Unternehmensergebnis das Betriebsergebnis zu generieren, ist es notwendig, auf folgende Fragen Antworten zu finden:

Handelt es sich bei den zu betrachtenden Aufwendungen oder Erträgen um
- betriebsbedingte,
- betrieblich ordentliche (normale) **und**
- zum aktuellen Abrechnungszeitraum gehörende (periodenbezogene) Vorgänge,
  so werden sie als Kosten bzw. Leistungen bezeichnet;

oder sind sie
- betriebsfremd,
- außerordentlich (außergewöhnlich) **oder**
- zu einem anderen Abrechnungszeitraum gehörend (periodenfremd),
  so werden sie als neutrale Aufwendungen bzw. neutrale Erträge bezeichnet.

Betrieblich ordentliche Aktivitäten der Abrechnungsperiode erzeugen Kosten und Leistungen. Neutrale Aktivitäten erzeugen neutrale Aufwendungen und neutrale Erträge.

Welche Aufwendungen tatsächlich Kosten und welche neutrale Aufwendungen sind, ist vom Betriebszweck abhängig. So sind für ein Medienunternehmen Verluste aus dem Verkauf von Wertpapieren des Umlaufvermögens neutrale Aufwendungen, während diese Aufwandsposition für ein Wertpapierhandelshaus eine Kostenposition darstellt.

Es ergibt sich also in diesem Punkt immer nur eine auf den jeweiligen Betrieb zugeschnittene Aufteilung der Aufwendungen in neutrale Aufwendungen und Kosten. Für einen Betrieb einer anderen Branche muss diese Aufteilung nicht richtig sein.

Kosten entstehen im Medienbetrieb im Zusammenhang mit der betriebstypischen Leistungserstellung (Sachziel). Hierunter fallen z. B.:

- die Arbeitskraft der fest angestellten Mitarbeiter (Gehaltsaufwand),
- der Verschleiß des Vermögens durch die Verwendung im Leistungserstellungsprozess (Abschreibung),
- Aufwendungen für Kreditfinanzierung von betriebsnotwendigem Vermögen (Zinsaufwand) und
- Entgelt für die vorübergehende Nutzung von Lizenzen (Lizenzaufwand).

Leistungen sind Erträge, die der betrieblichen Tätigkeit entspringen. Für ein Medienunternehmen sind Zinserträge i. d. R. neutrale Erträge, während Zinserträge für eine Bank Leistungen sind.
Auch hier gibt es immer nur eine Lösung, die auf diesen einen Betrieb zutrifft. Ein anderer Betrieb, insbesondere aus einer anderen Branche, grenzt anders zwischen neutralen Erträgen und Leistungen ab.

Leistungen entstehen in Medienbetrieben z. B. als

- verkaufte Erzeugnisse und Leistungen (Umsatzerlöse),
- nicht verkaufte Erzeugnisse und Leistungen (fertige und unfertige Leistungen, bewertet zu Herstellungskosten),
- Lizenzerträge,
- Honorarerträge und
- Provisionserträge.

Der Saldo aus Leistungen und Kosten ist das Betriebsergebnis, also das Ergebnis aufgrund der betrieblichen Aktivitäten.

Kostenartenrechnung: Abgrenzungsrechnung | 1

1.3.1 Unternehmensbezogene Abgrenzung – Betriebsfremde Aufwendungen und Erträge

Über den bereits festgestellten Betriebszweck hinaus ist die West GmbH in verschiedenen Geschäftsfeldern aktiv. Problematisch ist, dass die Aufwendungen und Erträge der Tätigkeiten im Rahmen des Betriebszweckes und der darüber hinausgehenden Tätigkeiten gemeinsam in die Gewinn- und Verlustrechnung fließen. Daraus wird das Unternehmensergebnis ermittelt.
Im ersten Schritt werden die betriebsfremden Aufwendungen und Erträge aus der Gewinn- und Verlustrechnung der Werbeagentur West GmbH herausgerechnet.

Betriebsfremde Aufwendungen	Betriebsfremde Erträge
Verluste aus dem Verkauf von Wertpapieren	Erträge aus Wertpapieren
Verluste aus Beteiligungen	Erträge aus Beteiligungen
Sonstige Aufwendungen (z. B. Schuldenbewertung bei Wechselkursschwankungen)	Zinserträge
Spenden	Mieterträge
...	Schenkungen
	...

Erläuterungen:
- Zinserträge erhält ein Unternehmen z. B. für Geldanlagen bei einer Bank. Dies ist kein Betriebszweck eines Medienunternehmens.
  Für einen betriebsnotwendigen Kredit müssen Zinsen gezahlt werden. Diese Zinsaufwendungen sind somit betriebsbedingt.
- Mietaufwendungen fallen für die betrieblich genutzten Räume an.
  Mieterträge erhält das Unternehmen hingegen für vermietete Räume. Da es sich in diesem Fall nicht um ein Wohnungsbauunternehmen handelt, sind die Mieterträge betriebsfremde Erträge.

Kontenbezeichnung	Gesamtergebnis/Finanzbuchhaltung		Unternehmensbezogene Abgrenzungen	
	Aufwand	Ertrag	Neutraler Aufwand	Neutraler Ertrag
Umsatzerlöse		7 250 000,00		
Honorarertrag		25 000,00		
Provisionsertrag		45 000,00		
Mietertrag		15 000,00		15 000,00
Ertrag aus Auflösung von Rückstellungen		10 000,00		
Ertrag aus Beteiligungen		5 000,00		5 000,00
Zinsertrag		3 000,00		3 000,00
Produktionsaufwand für Medi@ AG (inkl. Lizenzaufwand und Gema-Gebühren)	4 500 000,00			
Honoraraufwand	350 000,00			
Personalaufwand	980 000,00			
Mietaufwand	180 000,00			
Abschreibungen auf Sachanlagen	355 000,00			
Abschreibungen auf Forderungen	150 000,00			
Zinsaufwand	50 000,00			
Büroaufwand (inkl. Kommunikationsaufwand)	150 000,00			
Verlust aus dem Verkauf von Anlagevermögen	50 000,00			
Verlust aus Wertpapierverkauf	20 000,00		20 000,00	
Spenden, nicht Public Relations	20 000,00		20 000,00	
Sonstiger betrieblicher Aufwand	150 000,00			
Steuernachzahlung	220 000,00			
Gewerbesteuerzahlung	400 000,00			
Abgrenzung der betriebsfremden Aufwendungen und Erträge (in EUR)	7 575 000,00	7 353 000,00	40 000,00	23 000,00
		222 000,00		17 000,00
	7 575 000,00	7 575 000,00	40 000,00	40 000,00

1.3.2 Betriebsbezogene Abgrenzung – Periodenfremde sowie außerordentliche Aufwendungen und Erträge

Nach der Abgrenzung der betriebsfremden Aufwendungen und Erträge verbleiben nur noch die betrieblich bedingten Erfolgsvorgänge. Unter diesen Erfolgsvorgängen befinden sich allerdings einige, die sich nicht auf die zu betrachtende Abrechnungsperiode beziehen (periodenfremde Vorgänge) bzw. für diesen Betrieb nicht normal sind (außerordentliche Vorgänge). Es soll das normale Betriebsergebnis der Werbeagentur West GmbH für das vergangene Geschäftsjahr erarbeitet werden. Dementsprechend sind noch die periodenfremden und die außerordentlichen Aufwendungen und Erträge zu identifizieren.

Periodenfremd sind alle Aufwendungen, die zwar betrieblich bedingt sind, jedoch einem vergangenen oder zukünftigen Geschäftsjahr zuzurechnen sind.

Betrieblich periodenfremde Aufwendungen	Betrieblich periodenfremde Erträge
Zuführung zu Rückstellungen	Herabsetzung/Auflösung von Rückstellungen
Steuernachzahlungen	Steuererstattungen
Prozesskosten für ein im Vorjahr abgeschlossenes Gerichtsverfahren	...
...	

Die Bildung und die Auflösung von Rückstellungen beziehen sich grundsätzlich auf ein anderes Geschäftsjahr. Damit sind die Bildung und ein eventueller Ertrag bei der Auflösung immer als periodenfremd anzusehen. Steuernachzahlungen und -erstattungen beziehen sich auf ein vergangenes Geschäftsjahr. Die Gewerbesteuerzahlung hingegen erfolgt für das laufende Geschäftsjahr.

Als außerordentlich werden Erfolgsvorgänge bezeichnet, die zwar betrieblich bedingt sind, jedoch unvorhersehbar oder außergewöhnlich hoch anfallen und untypisch für das normale Betriebsgeschehen sind.

Betrieblich außerordentliche Aufwendungen	Betrieblich außerordentliche Erträge
Verluste aus dem Verkauf von Anlagevermögen	Ertrag aus dem Verkauf von Anlagevermögen
Verluste aus uneinbringlichen Kundenforderungen	Erträge aus bereits abgeschriebenen Kundenforderungen
Verluste aus Schadensfällen	...
...	

Kostenartenrechnung: Abgrenzungsrechnung

Rechnungskreis I			Rechnungskreis II			
Erfolgsbereich			Abgrenzungsbereich – Neutrales Ergebnis			
Gesamtergebnis/Finanzbuchhaltung			Unternehmensbezogene Abgrenzungen		Betriebsbezogene Abgrenzung und kostenrechnerische Korrekturen	
Kontenbezeichnung	Aufwand	Ertrag	Neutraler Aufwand	Neutraler Ertrag	Betrieblicher Aufwand laut GuV	Betrieblicher Ertrag laut GuV/ Verrechnete Kosten
Umsatzerlös		7 250 000,00				
Honorarertrag		25 000,00				
Provisionsertrag		45 000,00				
Mietertrag		15 000,00		15 000,00	betriebsfremd	
Ertrag aus Auflösung von Rückstellungen		10 000,00				10 000,00
Ertrag aus Beteiligungen		5 000,00		5 000,00	betriebsfremd	
Zinsertrag		3 000,00		3 000,00	betriebsfremd	
Produktionsaufwand für Medi@ AG (inkl. Lizenzaufwand und Gema-Gebühren)	4 500 000,00					
Honoraraufwand	350 000,00					
Personalaufwand	980 000,00					
Mietaufwand	180 000,00					
Abschreibungen auf Sachanlagen	355 000,00					
Abschreibungen auf Forderungen	150 000,00					
Zinsaufwand	50 000,00					
Büroaufwand (inkl. Kommunikationsaufwand)	150 000,00					
Verlust aus dem Verkauf von Anlagevermögen	50 000,00				50 000,00	betrieblich außerordentlich
Verlust aus Wertpapierverkauf	20 000,00		20 000,00		betriebsfremd	
Spenden, nicht Public Relations	20 000,00		20 000,00		betriebsfremd	
Sonstiger betrieblicher Aufwand	150 000,00					
Steuernachzahlung	220 000,00				220 000,00	
Gewerbesteuerzahlung	400 000,00					
	7 575 000,00	7 353 000,00	40 000,00	23 000,00	270 000,00	10 000,00
		222 000,00		17 000,00		260 000,00
	7 575 000,00	7 575 000,00	40 000,00	40 000,00	270 000,00	270 000,00

Abgrenzung der außerordentlichen und periodenfremden Aufwendungen und Erträge (in EUR)

Um den neutralen Bereich vom Betriebsbereich abgrenzen zu können,
- muss das Kerngeschäft des Unternehmens analysiert werden,
- sind die Fragen zu klären, ob die jeweiligen Aufwands- oder Ertragspositionen

   Kosten/Leistungen oder ***neutrale Aufwendungen/Erträge***
   betrieblich oder betriebsfremd
   periodenbezogen oder periodenfremd
   betrieblich regulär oder außerordentlich
   sind.

Aus der Ergebnistabelle können folgende Erkenntnisse gezogen werden:
- Die Differenz zwischen Kosten und Leistungen ist das **Betriebsergebnis**.
- Die Differenz zwischen neutralen Aufwendungen und neutralen Erträgen ist das **neutrale Ergebnis**.
- Die Summe aus Betriebsergebnis und neutralem Ergebnis stellt das **Unternehmensergebnis** dar.

Das Unternehmensergebnis muss mit dem Ergebnis der Gewinn- und Verlustrechnung übereinstimmen. Andernfalls liegt ein Fehler in der Abgrenzungsrechnung vor.

1 Ordnen Sie in der folgenden Tabelle die Aufwendungen/Erträge entweder den betriebsfremden oder den betrieblichen Aufwendungen/Erträgen der Werbeagentur West GmbH zu.

Aufwendungen/Erträge	Betriebsfremde Aufwendungen/ Erträge	Betriebliche Aufwendungen/ Erträge
Umsatzerlöse		X
Honorarertrag		X
Provisionsertrag		X
Ertrag aus Kursdifferenzen	X	
Mietertrag	X	
Ertrag aus der Auflösung von Rückstellungen		X
Ertrag aus dem Verkauf von Anlagevermögen		X
Ertrag aus Beteiligungen	X	
Zinsertrag	X	
Produktionsaufwand für Medi@ AG (inkl. Lizenzaufwand und Gema-Gebühren)		X
Honoraraufwand		
Personalaufwand		X
Mietaufwand		X
Abschreibungen auf Sachanlagen		X
Abschreibungen auf Forderungen		X
Zinsaufwand	X	
Grundstücksaufwendungen	X	
Büroaufwand (inkl. Kommunikationsaufwand)		X
Verlust aus dem Verkauf von Anlagevermögen		X
Verlust aus Wertpapierverkauf	X	
Spenden, nicht Public Relations	X	
Außerordentliche Aufwendungen		X
Sonstiger betrieblicher Aufwand		X
Steuernachzahlung		X
Gewerbesteuerzahlung		X

Kostenartenrechnung: Abgrenzungsrechnung

2 Ordnen Sie in der folgenden Tabelle die **entsprechenden** Aufwendungen/Erträge den betrieblich außerordentlichen Aufwendungen/Erträgen oder den betrieblich periodenfremden Aufwendungen/Erträgen der Werbeagentur West GmbH zu.

Aufwendungen/Erträge	Betrieblich außerordentliche Aufwendungen/ Erträge	Betrieblich periodenfremde Aufwendungen/ Erträge
Umsatzerlöse		
Honorarertrag		
Provisionsertrag		
Ertrag aus Kursdifferenzen	X	
Mietertrag		
Ertrag aus der Auflösung von Rückstellungen		X
Ertrag aus dem Verkauf von Anlagevermögen	X	
Ertrag aus Beteiligungen		
Zinsertrag		
Produktionsaufwand für Medi@ AG (inkl. Lizenzaufwand und Gema-Gebühren)		
Honoraraufwand		
Personalaufwand		
Mietaufwand		
Abschreibungen auf Sachanlagen		
Abschreibungen auf Forderungen		
Zinsaufwand		
Grundstücksaufwendungen		
Büroaufwand (inkl. Kommunikationsaufwand)		
Verlust aus dem Verkauf von Anlagevermögen	X	
Verlust aus Wertpapierverkauf		
Spenden, nicht Public Relations		
Außerordentliche Aufwendungen	X	
Sonstiger betrieblicher Aufwand		
Steuernachzahlung		X
Gewerbesteuerzahlung		

1 | Kostenartenrechnung: Abgrenzungsrechnung

3 a) Füllen Sie die nachfolgende Ergebnistabelle aus (in EUR).
   b) Ermitteln Sie das Betriebsergebnis und das neutrale Ergebnis.

Rechnungskreis I			Rechnungskreis II					
Erfolgsbereich			Abgrenzungsbereich – Neutrales Ergebnis				KLR – Bereich Betriebsergebnis	
Gesamtergebnis/Finanzbuchhaltung			Unternehmensbezogene Abgrenzungen		Betriebsbezogene Abgrenzung und kostenrechnerische Korrekturen			
Kontenbezeichnung	Aufwand	Ertrag	Neutraler Aufwand	Neutraler Ertrag	Betrieblicher Aufwand laut GuV	Betrieblicher Ertrag laut GuV/ Verrechnete Kosten	Kosten	Leistungen
Umsatzerlöse		7 250 000,00						
Honorarertrag		25 000,00						
Provisionsertrag		45 000,00						
Mietertrag		15 000,00						
Ertrag aus Auflösung von Rückstellungen		10 000,00						
Ertrag aus Beteiligungen		5 000,00						
Zinsertrag		3 000,00						
Produktionsaufwand für Medi@ AG (inkl. Lizenzaufwand und Gema-Gebühren)	4 500 000,00							
Honoraraufwand	350 000,00							
Personalaufwand	980 000,00							
Mietaufwand	180 000,00							
Abschreibungen auf Sachanlagen	355 000,00							
Abschreibungen auf Forderungen	150 000,00							
Zinsaufwand	50 000,00							
Büroaufwand (inkl. Kommunikationsaufwand)	150 000,00							
Verlust aus dem Verkauf von Anlagevermögen	50 000,00							
Verlust aus Wertpapierverkauf	20 000,00							
Spenden, nicht Public Relations	20 000,00							
Sonstiger betrieblicher Aufwand	150 000,00							
Steuernachzahlung	220 000,00							
Gewerbesteuerzahlung	400 000,00							
	7 575 000,00	7 353 000,00						
		222 000,00						
	7 575 000,00	7 575 000,00						

Vergleiche hierzu Kapitel 1.1

c) Bewerten Sie die drei Ergebnisse:
   • Unternehmensergebnis
   • neutrales Ergebnis
   • Betriebsergebnis

Gehen Sie bei Ihrer Bewertung auch auf die Schlussfolgerung im Kapitel 1.1 ein, dass ein Verkauf oder eine Auflösung aufgrund des Verlustes naheliegen.

1.4 Kostenrechnerische Korrekturen – Kalkulatorische Kosten

Auf der Basis des Gewinn- und Verlustkontos wurde in den Kapiteln 1.2 und 1.3 ein vorläufiges Betriebsergebnis erstellt. Frau Hermann, die Geschäftsführerin der Werbeagentur West GmbH, weist nun darauf hin, dass einige Aufwandspositionen betragsmäßig geändert werden müssten, bevor sie in das Betriebsergebnis einfließen dürfen.

Mithilfe der Ergebnistabelle sind folgende Daten aus der Gewinn- und Verlustrechnung in den KLR-Bereich übernommen worden:

Kostenartenrechnung: Abgrenzungsrechnung

Erfolgsbereich Gesamtergebnis/Finanzbuchhaltung			KLR-Bereich Betriebsergebnis	
Kontenbezeichnung	Aufwand	Ertrag	Kosten	Leistungen
Umsatzerlöse		7 250 000,00		7 250 000,00
Honorarertrag		25 000,00		25 000,00
Provisionsertrag		45 000,00		45 000,00
Mietertrag		15 000,00		
Ertrag aus Auflösung von Rückstellungen		10 000,00		
Ertrag aus Beteiligungen		5 000,00		
Zinsertrag		3 000,00		
Produktionsaufwand für Medi@ AG (inkl. Lizenzaufwand und Gema-Gebühren)	4 500 000,00		4 500 000,00	
Honoraraufwand	350 000,00		350 000,00	
Personalaufwand	980 000,00		980 000,00	
Mietaufwand	180 000,00		180 000,00	
Abschreibungen auf Sachanlagen	355 000,00		355 000,00	
Abschreibungen auf Forderungen	150 000,00		150 000,00	
Zinsaufwand	50 000,00		50 000,00	
Büroaufwand (inkl. Kommunikationsaufwand)	150 000,00		150 000,00	
Verlust aus dem Verkauf von Anlagevermögen	50 000,00			
Verlust aus Wertpapierverkauf	20 000,00			
Spenden, nicht Public Relations	20 000,00			
Sonstiger betrieblicher Aufwand	150 000,00		150 000,00	
Steuernachzahlung	220 000,00			
Gewerbesteuerzahlung	400 000,00		400 000,00	
	7 575 000,00	7 353 000,00	7 265 000,00	7 320 000,00
		222 000,00	55 000,00	
Auszug aus der Ergebnistabelle	7 575 000,00	7 575 000,00	7 320 000,00	7 320 000,00

Der Erfolgsbereich der West GmbH weist weiterhin einen Verlust in Höhe von 222 000,00 EUR aus, während der KLR-Bereich einen Gewinn in Höhe von 55 000,00 EUR ausweist.

Allerdings sind bisher sämtliche betriebsbedingten, periodengerechten und gewöhnlichen Aufwendungen kritiklos in den KLR-Bereich übernommen worden. Jedoch entspricht nur ein Teil der Aufwendungen dem Grunde und der Höhe nach den Kosten (**Grundkosten**).

Aufgrund gesetzlicher oder steuerlicher Vorgaben muss bei der buchhalterischen Erfassung allerdings häufig von der Realität abgewichen werden:
- Gegenstände des Anlagevermögens werden häufig degressiv auf den Anschaffungswert bzw. Buchwert abgeschrieben, obwohl die Ersatzinvestition teurer sein wird und der Anlagevermögensgegenstand gegebenenfalls eher linear abgenutzt wird. Um eine höhere Realitätsnähe und eine Verstetigung der Kosten zu erreichen, werden einige Kosten in ihrer Höhe verändert (**Anderskosten/Zusatzkosten im weiteren Sinne**).
- Für Personengesellschaften ergibt sich die Problematik, dass die Eigentümer für ihre Tätigkeit kein Gehalt beziehen dürfen. Um eine Entlohnung in die Preise einkalkulieren zu können, wird in solchen Fällen eine Kostenposition eingeführt, die keiner Aufwandsposition entspricht (**Zusatzkosten im engeren Sinne**).

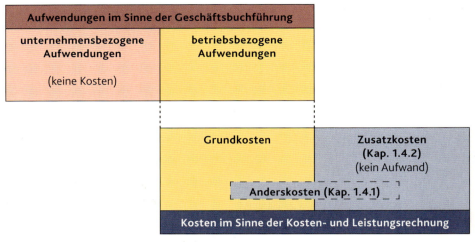

Schema der Aufwands- und Kostenbestandteile

Betriebsbezogene Aufwendungen der Gewinn- und Verlustrechnung können sowohl betraglich den Kosten entsprechen als auch von den Kostenbeträgen abweichen. Darüber hinaus können in einem Betrieb Kosten anfallen, die keine Aufwendungen sind.

1.4.1 Anderskosten

Zu den Anderskosten zählen die kalkulatorischen Abschreibungen, die kalkulatorischen Zinsen, die kalkulatorischen Wagnisse und die kalkulatorische Miete.

1.4.1.1 Kalkulatorische Abschreibungen

> Die Abschreibungen auf das betrieblich notwendige Vermögen sind in der Kostenrechnung entsprechend der betrieblichen Realität und den betrieblichen Anforderungen durchzuführen.

Die **Finanzbuchhaltung (FIBU)** unterscheidet bei den Abschreibungsposten der Gewinn- und Verlustrechnung nicht nach Abschreibungen auf betrieblich notwendiges und betrieblich nicht notwendiges Vermögen. In die Kostenrechnung sind jedoch nur jene Abschreibungen zu übernehmen, die auf betrieblich notwendiges Vermögen anfallen.

> Der Firmenwagen der Geschäftsführerin Frau Hermann im Wert von 40 000,00 EUR ist für die Werbeagentur betrieblich notwendig. Die Wertpapiere, auf deren Wert wegen der eingetretenen Kursverluste (20 000,00 EUR) Abschreibungen durchgeführt werden, sind hingegen für die Werbeagentur betrieblich *nicht* notwendig.

Häufig werden die Abschreibungsfristen aus steuerlichen Überlegungen möglichst kurz gewählt. Die Anlagegegenstände halten jedoch in der Werbeagentur West GmbH meistens wesentlich länger. In diesen Fällen ist der Abschreibungsaufwand in der Gewinn- und Verlustrechnung höher als betrieblich notwendig.

Der Geschäftswagen ist laut Abschreibungstabelle innerhalb von mindestens sechs Jahren abzuschreiben. Aufgrund des sorgsamen Umganges hält der Firmenwagen jedoch i. d. R. acht Jahre.

Nach deutschem Recht können Abschreibungen nur auf den Anschaffungswert durchgeführt werden. Außerdem wird in einer wirtschaftlich guten Situation ein Unternehmen immer die höchstmögliche Abschreibungsart wählen, um den steuerpflichtigen Gewinn zu senken.
Die betriebliche Realität bedingt jedoch eine andere Vorgehensweise:
- Um den Vermögensstock des Unternehmens langfristig zu erhalten, sind Ersatzinvestitionen vorzunehmen, sobald die Nutzungsdauer der Vermögenspositionen abgelaufen ist. Im Rahmen des normalen Abschreibungskreislaufes können nur 40 000,00 EUR (Anschaffungspreis) verdient werden. Der Firmenwagen wird nach Ablauf der Nutzungsdauer als Ersatzinvestition wahrscheinlich, zumindest aufgrund der Inflation, teurer sein. Sollte die Ersatzinvestition 50 000,00 EUR betragen, würden für die Ersatzinvestition 10 000,00 EUR fehlen. Die Abschreibung auf den Anschaffungswert reicht also nicht aus. Somit ist in der KLR auf den angenommenen Wiederbeschaffungswert abzuschreiben.
- Die geometrisch-degressive, die verbrauchsabhängige und auch die lineare Abschreibungsmethode spiegeln häufig nicht den realistischen Werteverzehr des Vermögens wider. In der Kostenrechnung kann deshalb ein von der handelsrechtlichen Abschreibungsmethode abweichendes Abschreibungsverfahren gewählt werden. Sehr häufig wird standardmäßig die lineare Abschreibung gewählt. Die lineare Abschreibung hat für die Preiskalkulation den Vorteil, dass der Ansatz für Abschreibungen nicht durch variierende Abschreibungsbeträge ständig verändert werden muss. Damit würden die errechneten Preise bei Konstanz aller anderen Kosten gleichbleiben.

> Der Firmenwagen von Frau Hermann ist im letzten Jahr für 40 000,00 EUR angeschafft worden. Die Abschreibungstabellen sehen für Fahrzeuge zurzeit eine Nutzungsdauer von mindestens sechs Jahren vor. Die Werbeagentur könnte demnach also auch eine längere Nutzungsdauer wählen. Da es der Werbeagentur West GmbH wirtschaftlich gut geht, wird die kürzeste Abschreibungsdauer gewählt. Außerdem wird die lineare Abschreibung angewendet. Im letzten Jahr wurden dementsprechend 40 000,00 EUR : 6 Jahre = 6 666,67 EUR abgeschrieben. In diesem Jahr werden ebenfalls 6 666,67 EUR abgeschrieben.
> Die Erfahrungswerte der letzten Jahre zeigen, dass der Firmenwagen acht Jahre hält und die lineare Abschreibungsmethode dem tatsächlichen Verlauf des Wertverlusts sehr nahekommt. Als Wiederbeschaffungskosten werden 50 000,00 EUR angenommen. Die Abschreibung in jedem der acht Nutzungsjahre beträgt demnach 50 000,00 EUR : 8 Jahre = 6 250,00 EUR.
> Sollte der Firmenwagen länger als acht Jahre im Unternehmen verbleiben, würden in der Kosten- und Leistungsrechnung weiterhin pro Jahr 6 250,00 EUR angesetzt werden, da der Wiederbeschaffungswert wahrscheinlich weiter steigen wird.

Rechnungskreis I			Rechnungskreis II					
Erfolgsbereich			Abgrenzungsbereich – Neutrales Ergebnis				KLR-Bereich	
Gesamtergebnis/Finanzbuchhaltung			Unternehmensbezogene Abgrenzungen		Betriebsbezogene Abgrenzung und kostenrechnerische Korrekturen		Betriebsergebnis	
Kontenbezeichnung	Aufwand	Ertrag	Neutraler Aufwand	Neutraler Ertrag	Betrieblicher Aufwand laut GuV	Betrieblicher Ertrag laut GuV/ Verrechnete Kosten	Kosten	Leistungen
Abschreibungen auf Sachanlagen	6 666,67				6 666,67	6 250,00	6 250,00	
Verlust aus Wertpapierverkauf	20 000,00		20 000,00					

Auszug aus der Ergebnistabelle (in EUR)

1.4.1.2 Kalkulatorische Zinsen

> Nicht nur die Kreditgeber (die Postbank, Deutsche Bank und die Stadtsparkasse Köln) verlangen eine Verzinsung ihrer Kredite, auch die Eigenkapitalgeber (Herr Koch, Frau Neu, Frau Miller und die Belegschaftsaktionäre) erwarten eine zumindest marktgerechte Verzinsung ihres eingesetzten Kapitals.

Damit es gleichgültig ist, mit wie viel Anteil an Eigen- bzw. Fremdkapital das betriebsnotwendige Vermögen finanziert wird, werden die kalkulatorischen Zinsen auf das gesamte betriebsnotwendige

Kapital gerechnet. Dabei werden nicht die tatsächlich angefallenen Zinsaufwendungen und Prozentsätze der Fremdfinanzierung zugrunde gelegt.

Für die Berechnung der kalkulatorischen Zinsen ist die Ermittlung des betrieblich notwendigen Kapitals Voraussetzung.

> **Betriebsnotwendiges Anlagevermögen**
> **+ Betriebsnotwendiges Umlaufvermögen**
> **= Betriebsnotwendiges Vermögen**
> **− Abzugskapital**
> **= Betriebsnotwendiges Kapital**

Betriebsnotwendiges Anlagevermögen

Grundstücke und Gebäude	420 000,00 EUR	Firmensitz der Werbeagentur (abzüglich vermieteter Teile)
Maschinelle Anlagen	110 000,00 EUR	
BGA	84 000,00 EUR	
Fuhrpark	32 000,00 EUR	646 000,00 EUR

+ Betriebsnotwendiges Umlaufvermögen

Vorräte	435 000,00 EUR	
Noch nicht abgerechnete Fremdkosten	156 200,00 EUR	
Forderungen a. Lieferung u. Leistung	300 000,00 EUR	
Flüssige Mittel	174 300,00 EUR	1 065 500,00 EUR

= Betriebsnotwendiges Vermögen   1 711 500,00 EUR

− Abzugskapital

Rückstellungen	139 900,00 EUR	
Erhaltene Anzahlungen	75 300,00 EUR	
Verbindlichkeiten gegenüber dem Finanzamt	65 000,00 EUR	280 200,00 EUR

= Betriebsnotwendiges Kapital   1 431 300,00 EUR

Für dieses Beispiel wird eine marktübliche Verzinsung von 6,5 % angenommen.
1 431 300 EUR x 0,065 = 93 034,50 EUR

Rechnungskreis I			Rechnungskreis II					
Erfolgsbereich			Abgrenzungsbereich – Neutrales Ergebnis				KLR – Bereich Betriebsergebnis	
Gesamtergebnis/Finanzbuchhaltung			Unternehmensbezogene Abgrenzungen		Betriebsbezogene Abgrenzung und kostenrechnerische Korrekturen			
Kontenbezeichnung	Aufwand	Ertrag	Neutraler Aufwand	Neutraler Ertrag	Betrieblicher Aufwand laut GuV	Betrieblicher Ertrag laut GuV/ Verrechnete Kosten	Kosten	Leistungen
Zinsaufwand	50 000,00				50 000,00	93 035,00	93 035,00	

Auszug aus der Ergebnistabelle (in EUR)

Betriebsnotwendiges Anlagevermögen

Es handelt sich um den Anteil am Anlagevermögen, der auf Dauer dem Betriebszweck dient. Aus dem Anlagevermögen der Bilanz sind die nicht betriebsnotwendigen Anlagegegenstände (z. B. ein Wohnhaus) herauszunehmen. Außerdem sind die Wertansätze der Kosten- und Leistungsrechnung zu verwenden (vgl. kalkulatorische Abschreibungen).

Kostenartenrechnung: Abgrenzungsrechnung | 1

Betriebsnotwendiges Umlaufvermögen

Aus dem Umlaufvermögen der Bilanz sind die nicht betriebsnotwendigen Umlaufvermögenspositionen (z. B. Wertpapiere des Umlaufvermögens) herauszunehmen.

Abzugskapital

Das Abzugskapital besteht aus zinslos zur Verfügung stehendem Fremdkapital. Dazu gehören zinslos erhaltene Darlehen (z. B. von Gesellschaftern), zinslos erhaltene Lieferantenkredite, Anzahlungen von Kunden sowie Rückstellungen.

> Wird bei Lieferantenkrediten der Skonto nicht genutzt, sind diese kein Abzugskapital. Diese Lieferantenkredite sind nur scheinbar zinslos. Der nicht in Anspruch genommene Skonto stellt den Zins dar.

Als Zinssatz wird ein durchschnittlicher Marktzins für langfristiges Kapital verwendet. Hier hat das Unternehmen freie Hand.

1.4.1.3 Kalkulatorische Wagnisse

> Die Eigentümer des Unternehmens tragen das unternehmerische Risiko. Sie müssen für anfallende Verluste einstehen und gehen das Risiko ein, dass sie das gesamte eingesetzte Geld und ggf. ihr Privatvermögen verlieren. Das unternehmerische Risiko wird nicht direkt durch eine Aufwandsposition abgegolten.
> Durch eine Wirtschaftskrise, falsche Unternehmenspolitik oder einen Nachfragerückgang bzw. eine Nachfrageveränderung kann das Unternehmen in seinem bisherigen Bestand gefährdet werden. Dieses allgemeine Unternehmerwagnis ist nicht kalkulierbar und daher auch nicht in der Kosten- und Leistungsrechnung darstellbar.

Über das allgemeine Unternehmerrisiko hinaus können folgende **konkrete Einzelwagnisse** entstehen:

- Anlagevermögen kann durch einen Schadensfall (z. B. Brand) beschädigt werden oder gar untergehen. Außerdem kann der technische Fortschritt bewirken, dass Anlagevermögen nicht mehr konkurrenzfähig eingesetzt werden kann und ausgetauscht werden muss (**Anlagenwagnis**).
- Aufgrund von Schwund, Verderb, Diebstahl, Altern und/oder Preissenkungen können Verluste bei den Vorräten entstehen (**Beständewagnis**).
- Angebote an Kunden enthalten zwar i. d. R. Aufschläge, falls die kalkulierten Kosten nicht eingehalten werden können. Darüber hinaus ist es jedoch möglich, dass die realisierten Kosten auch diese Aufschläge überschreiten. Diese erhöhten Kosten können nur dann dem Kunden weiterberechnet werden, wenn er dies aufgrund von Auftragsänderungen zu verantworten hat. In allen anderen Fällen geht das Unternehmen ein entsprechendes Wagnis ein (**Mehrkostenwagnis**).
- Aufgrund von gegebenen Garantien und Verpflichtungen zur Gewährleistung stehen den Unternehmen latent Aufwendungen ins Haus (**Gewährleistungswagnis**).
- Die sinkende Zahlungsmoral, vermehrte Insolvenzen und – bei Fremdwährungsforderungen – das Wechselkursrisiko lassen das Ausfallwagnis von Forderungen steigen (**Vertriebswagnis**).
- Ein weiteres Wagnis liegt vor, wenn z. B. für die Erstellung eines Kinofilms hohe Kosten entstanden sind, jedoch niemand garantieren kann, dass diese Kosten wieder eingespielt werden (**Entwicklungswagnis**).

Von den Wagnissen sind die Positionen abzuziehen, für die eine Versicherung besteht. Für die verbleibenden Wagnisse wird ein Durchschnittswert der tatsächlich entstandenen Verluste der Wagnisbereiche, z. B. der letzten fünf Jahre, angesetzt. Damit wird eine gleichbleibende Belastung der einzelnen Abrechnungszeiträume erzielt.

1 | Kostenartenrechnung: Abgrenzungsrechnung

Die tatsächlich angefallenen Wagnisverluste werden in der Gewinn- und Verlustrechnung erfasst, dazu gehören etwa:
- Abschreibungen auf Forderungn oder
- außerordentliche Aufwendungen (z. B. fällt die Konkursquote niedriger aus als erwartet).

In den letzten fünf Jahren sind bei der Werbeagentur West GmbH folgende Forderungsausfälle aufgetreten

Jahr	Gesamtbetrag der Forderungen aus L. u. L (in EUR)	Forderungsausfälle (in EUR)	in %
1	6 934 000,00	96 700,00	1,39 %
2	7 686 000,00	138 000,00	1,80 %
3	8 235 000,00	124 900,00	1,52 %
4	7 505 000,00	99 800,00	1,33 %
5	7 700 000,00	105 500,00	1,37 %
Summe	38 060 000,00	564 900,00	

Das gewogene durchschnittliche Vertriebswagnis beträgt demnach:

$$\frac{564\,900,00}{38\,060\,000,00} \times 100 = 1,48\,\%$$

In der vergangenen Abrechnungsperiode sind der Werbeagentur West GmbH von 7 320 000,00 EUR Forderungen aus L. u. L. 150 000,00 EUR ausgefallen. In die KLR werden 7 320 000,00 EUR x 0,0148 = 108 336,00 EUR an Vertriebswagniskosten aufgenommen.

1.4.1.4 Kalkulatorische Miete

Grundsätzlich sollte eine kalkulatorische Miete berücksichtigt werden, wenn das Unternehmen Räume nutzt, die von einem Gesellschafter unentgeltlich zur Verfügung gestellt werden. Die kalkulatorische Miete entspricht in einem solchen Fall der ortsüblichen Miete und gehört zu den Anderskosten. Die gleichbleibende kalkulatorische Miete wird statt der schwankenden Aufwendungen für Räume (Instandhaltungen) angesetzt.

Werden hingegen Räumlichkeiten in einem unternehmenseigenen Gebäude genutzt, für die kalkulatorische Abschreibungen, kalkulatorische Zinsen, Erhaltungsaufwand, Gebäudeversicherungen und Gebäudesteuern im Unternehmen verrechnet wurden, ist eine kalkulatorische Miete nicht mehr anzusetzen. Eine kalkulatorische Miete ist auch nicht möglich, wenn die Räumlichkeiten tatsächlich gemietet sind.

Die kalkulatorische Miete orientiert sich entweder an der ortsüblichen Miete oder an den anteiligen Kosten des Objektes.

1.4.2 Zusatzkosten – kalkulatorischer Unternehmerlohn

Geschäftsführende Gesellschafter einer Kapitalgesellschaft erhalten für ihre Arbeit ein Gehalt ausgezahlt. Außerdem steht ihnen anteiliger Gewinn zu.
Geschäftsführende Gesellschafter einer Personengesellschaft bzw. Einzelunternehmer hingegen dürfen sich kein Gehalt auszahlen, da sie nicht angestellt sind. Sie sind darauf angewiesen, dass das Unternehmen Gewinn erwirtschaftet und sie eine Gewinnausschüttung erhalten, mit welcher der Lebensunterhalt bestritten werden kann. Damit der Gewinn eine ausreichende Höhe erreichen kann, ist ein entsprechender Betrag in der Kostenrechnung anzusetzen. Dieser Kostenposition steht keine Aufwandsposition gegenüber.
Die Höhe des kalkulatorischen Unternehmerlohns orientiert sich am Gehalt von Angestellten anderer Unternehmen in entsprechender Position.

Bei der Werbeagentur West GmbH handelt es sich um eine Kapitalgesellschaft. Ein Unternehmerlohn ist hier nicht zu kalkulieren. Im Unternehmensverbund besteht mit der Buchhandlung Medi@Point GmbH & Co. KG die einzige Personengesellschaft. Allerdings kann die persönlich haftende Gesellschafterin (die GmbH) nicht als Geschäftsführerin auftreten. Allein die externe Druckerei MG Digital Print KG müsste als echte Personengesellschaft für den oder die Komplementäre einen Unternehmerlohn kalkulieren.

Rechnungskreis I			Rechnungskreis II					
Erfolgsbereich			Abgrenzungsbereich – Neutrales Ergebnis				KLR – Bereich Betriebsergebnis	
Gesamtergebnis/Finanzbuchhaltung			Unternehmensbezogene Abgrenzungen		Betriebsbezogene Abgrenzung und kostenrechnerische Korrekturen			
Kontenbezeichnung	Aufwand	Ertrag	Neutraler Aufwand	Neutraler Ertrag	Betrieblicher Aufwand laut GuV	Betrieblicher Ertrag laut GuV/ Verrechnete Kosten	Kosten	Leistungen
kalkulator. Unternehmerlohn					0	84 000,00	84 000,00	

Auszug aus der Ergebnistabelle

Grundkosten: *Kosten, die dem Grunde und der Höhe nach den Aufwendungen entsprechen. (Direkte Übernahme der Aufwendungen in die Kostenspalte)*
Anderskosten: *Kosten, die dem Grunde, aber nicht der Höhe nach den Aufwendungen entsprechen. (Übernahme der Aufwendungen in die Kostenspalte nach betraglicher Veränderung über die kostenrechnerischen Korrekturen)*
Zusatzkosten: *Kosten, die weder dem Grunde noch der Höhe nach den Aufwendungen entsprechen. Diesen Kosten stehen keine Aufwendungen in der GuV gegenüber. (Eintragung der Kosten nach Eintragung des Zusatzkostenbetrages in die kostenrechnerischen Korrekturen als verrechnete Kosten – die GuV wird nicht verändert)*

Die Anderskosten umfassen
- *die kalkulatorischen Abschreibungen,*
- *die kalkulatorischen Zinsen,*
- *die kalkulatorische Miete und*
- *die kalkulatorischen Wagnisse (Anlagenwagnis, Beständewagnis, Mehrkostenwagnis, Gewährleistungswagnis, Vertriebswagnis und Entwicklungswagnis).*

Zu den Zusatzkosten zählt der kalkulatorische Unternehmerlohn.

1 | Kostenartenrechnung: Abgrenzungsrechnung

Kalkulatorische Abschreibungen

1. Eine Filmproduktion schafft im Mai eine Kamera für 12 000,00 EUR an. Die Nutzungsdauer beträgt laut AfA-Tabelle sieben Jahre. Im externen Rechnungswesen wird die höchst mögliche Abschreibungsmethode verwendet.
   Es werden Wiederbeschaffungskosten in Höhe von 15 000,00 EUR kalkuliert. Intern soll linear abgeschrieben werden.
   Stellen Sie die Abschreibungsbeträge und Restbuchwerte der ersten beiden Nutzungsjahre einander gegenüber.

Kalkulatorische Zinsen

2. In einem Verlag werden bilanziell 15 000,00 EUR und kalkulatorisch 18 000,00 EUR an Zinsen angesetzt.
   a) Wie werden diese beiden Zinsbeträge in der Ergebnistabelle des Unternehmens behandelt?
   b) Wie wirken die beiden Zinsbeträge auf das GuV-Konto?
3. a) Ermitteln Sie aus den folgenden Daten das betriebsnotwendige Kapital:
   - Wiederbeschaffungswert des Anlagevermögens   570 000,00 EUR
   - erfolgte kalkulatorische Abschreibungen   150 000,00 EUR
   - mangels Beschäftigung stillgelegte Maschinen (RBW) 60 000,00 EUR
   - durchschnittliches Umlaufvermögen   750 000,00 EUR

   b) Welcher kalkulatorische Zinsbetrag ist bei einem Zinssatz von 7,5 % zu erfassen?

Kalkulatorische Wagnisse

4. Die Buchhandlung Medi@Point GmbH & Co. KG verzeichnet trotz Sicherungsmaßnahmen Bücherschwund durch Diebstahl. In den letzten fünf Jahren ist Diebstahl in folgenden Werten zu verzeichnen gewesen:

Jahr	Umsatz mit Buchlieferanten	Wert der Diebstähle	in %
1	650 000,00 EUR	15 800,00 EUR	2,43 %
2	620 000,00 EUR	13 500,00 EUR	2,18 %
3	530 000,00 EUR	9 800,00 EUR	1,85 %
4	580 000,00 EUR	9 500,00 EUR	1,64 %
5	550 000,00 EUR	9 300,00 EUR	1,69 %
Summe	2 930 000,00 EUR	57 900,00 EUR	

   a) Errechnen Sie das gewogene durchschnittliche Beständewagnis.
   b) Ermitteln Sie die Beständewagniskosten des vergangenen Jahres, wenn ein Umsatz von 543 200,00 EUR getätigt wurde?

5. Um welche Wagnisse handelt es sich in den folgenden Fällen?
   a) Ein Label hat für einen bisher eher unbekannten Künstler eine CD erstellt und will diese vertreiben.
   b) Eine Werbeagentur hat sich aufgrund des stetigen technischen Fortschrittes im letzten Jahr mehrere hochmoderne Grafikcomputer angeschafft.
   c) Ein Unternehmen, das maßgeschneiderte Lernsoftware herstellt, garantiert seinen Kunden deren fehlerfreien Einsatz.
   d) Aufgrund der Konkurrenzsituation schließt eine Werbeagentur mit einem neuen Kunden einen Auftrag zu einem Kampfpreis ab, der wahrscheinlich nicht alle anfallenden Kosten decken wird.
   e) Ein Verlag verschickt an einen amerikanischen Großkunden eine Rechnung in USD ohne Abschluss eines Währungstermingeschäfts. Als Zahlungsziel werden 90 Tage eingeräumt.

f) Eine Druckerei hat ihren Sitz in einem alten Gebäude direkt an einem innerstädtischen Fluss. Aufgrund der hohen Luftfeuchtigkeit besteht latent die Gefahr, dass das Papier stockig werden könnte.

Kalkulatorische Miete

6 Als Büroraum nutzt eine inhabergeführte Werbeagentur eine gewerblich nutzbare Wohnung mit einer Größe von 180 m^2.
   a) Ermitteln Sie die kalkulatorische Miete, wenn die Wohnung vom Eigentümer unentgeltlich zur Verfügung gestellt wird und die Vergleichsmiete 18,00 EUR je Quadratmeter beträgt.
   b) Ermitteln Sie die kalkulatorische Miete, wenn die Wohnung zu 18,00 EUR je Quadratmeter gemietet wird.

Kalkulatorischer Unternehmerlohn

7 Der persönlich haftende Eigentümer eines Tonstudios will sich monatlich ein Gehalt in Höhe von 4 000,00 EUR auszahlen.
   Beraten Sie den Eigentümer über die rechtlichen Möglichkeiten in seiner Situation.

8 Der geschäftsführende Gesellschafter einer kleinen Verlags-OHG will einen kalkulatorischen Unternehmerlohn für sich ansetzen. Er fragt deshalb einen befreundeten Vorstand eines Großverlages nach seinem Gehalt. Dieses Gehalt setzt er als kalkulatorischen Unternehmerlohn an.
   Beurteilen Sie dieses Vorgehen.

9 Ergebnistabelle der West GmbH
   a) Vervollständigen Sie die Ergebnistabelle der Werbeagentur West GmbH (in EUR).
      Zur Vervollständigung der Ergebnistabelle sind u. a. die Angaben des Kapitels 1.4 zu berücksichtigen. Dies sind im Einzelnen:
      • kalkulatorische Abschreibungen in Höhe von 260 000,00 EUR,
      • kalkulatorische Abschreibungen auf Forderungen in Höhe von 114 192,00 EUR,
      • kalkulatorischer Zinsaufwand in Höhe von 93 035,00 EUR.

Vergleiche hierzu Kapitel 1.4

Kontenbezeichnung	Rechnungskreis I – Erfolgsbereich – Gesamtergebnis/Finanzbuchhaltung		Rechnungskreis II – Abgrenzungsbereich – Neutrales Ergebnis				KLR – Bereich Betriebsergebnis	
			Unternehmensbezogene Abgrenzungen		Betriebsbezogene Abgrenzung und kostenrechnerische Korrekturen			
	Aufwand	Ertrag	Neutraler Aufwand	Neutraler Ertrag	Betrieblicher Aufwand laut GuV	Betrieblicher Ertrag laut GuV/Verrechnete Kosten	Kosten	Leistungen
Umsatzerlös		7 250 000,00						7 250 000
Honorarertrag		25 000,00						25 000
Provisionsertrag		45 000,00						45 000
Mietertrag		15 000,00		15 000				
Ertrag aus Auflösung von Rückstellungen		10 000,00		10 000				
Ertrag aus Beteiligungen		5 000,00		5 000				
Zinsertrag		3 000,00		3 000				
Produktionsaufwand für Medi@ AG (inkl. Lizenzaufwand und Gema-Gebühren)	4 500 000,00						4 500 000	
Honoraraufwand	350 000,00						350 000	
Personalaufwand	980 000,00						980 000	
Mietaufwand	180 000,00						180 000	
Abschreibungen auf Sachanlagen	355 000,00				355 000	260 000	260 000	
Abschreibungen auf Forderungen	150 000,00				150 000	114 192	114 192	
Zinsaufwand	50 000,00				50 000	93 035	93 035	
Büroaufwand (inkl. Kommunikationsaufwand)	150 000,00						150 000	
Verlust aus dem Verkauf von Anlagevermögen	50 000,00		50 000					
Verlust aus Wertpapierverkauf	20 000,00		20 000					
Spenden, nicht Public Relations	20 000,00		20 000					
Sonstiger betrieblicher Aufwand	150 000,00						150 000	
Steuernachzahlung	220 000,00		220 000					
Gewerbesteuerzahlung	400 000,00		400 000					
	7 575 000,00	7 353 000,00	710 000	33 000	555 000	467 227	7 174 973	7 320 000
		222 000,00		677 000		87 773	145 027	
	7 575 000,00	7 575 000,00	710 000	710 000	555 000	555 000	7 320 000	7 320 000

b) Wird Ihre Einschätzung aus Übung 3 des Kapitels 1.3 durch die Ergebnisse der nun vollständigen Ergebnistabelle verändert?

Vergleiche hierzu Kapitel 1.3

1 | Kostenartenrechnung: Abgrenzungsrechnung

1.5 Auswertung der Ergebnistabelle

Den ersten Teil der Überprüfung hat die West GmbH bestanden. Es wird zwar ein Unternehmensverlust ausgewiesen, das wichtigere Betriebsergebnis ist jedoch positiv.
Es bleibt die Frage, ob dieses Ergebnis für die West GmbH normal ist oder ob es sich um einen Ausreißer handelt. Außerdem sollten die Ergebnisse der West GmbH mit Unternehmen der gleichen Branche verglichen werden, um festzustellen, wie das Unternehmen im Verhältnis zu den Mitbewerbern steht. Da das Geschäftsvolumen der West GmbH in den Vorjahren vom aktuellen Ergebnis abweicht und in die Branchendaten die Werte unterschiedlich großer Agenturen einfließen, ist es notwendig, allgemeingültige Vergleichswerte zu berechnen. Diese Vergleichswerte werden als Kennzahlen bezeichnet. Es ist somit eine Kennzahlenanalyse der Ergebnistabelle der West GmbH vorzunehmen.

Die Kennzahlen sind notwendig, um die Ergebnisse verschiedener Perioden sowohl innerhalb eines Unternehmens als auch unternehmensübergreifend vergleichen zu können. Dabei kann abgelesen werden, welche Entwicklung das Unternehmen im Laufe der Zeit gemacht hat und wie diese Entwicklung im Vergleich zu den Mitbewerbern zu sehen ist. Für den Vergleich mit Unternehmen derselben Branche werden i. d. R. von den Branchenverbänden Durchschnittsvergleichszahlen ermittelt und den Mitgliedsbetrieben mitgeteilt.
Außerdem kann die Wirtschaftlichkeitskennziffer zum betriebsinternen Abteilungs-, Projekt- oder Teamvergleich verwendet werden.

Vergleiche hierzu Kapitel 6 und 7

Die Kennzahlen der Kosten- und Leistungsrechnung beziehen sich immer auf die Vergangenheit. Erst im Controlling ist auf Grundlage der Plandaten eine Berechnung mit Zukunftswerten möglich.

Grundlagen für die Ermittlung der folgenden Kennzahlen sind u. a. die Auswertungen der Ergebnistabelle.

	Ergebnis des Rechnungskreises I:	– 222 000,00 EUR
	Ergebnis der unternehmensbezogenen Abgrenzungen:	– 17 000,00 EUR
+	Ergebnis der betriebsbezogenen Abgrenzung und der kostenrechnerischen Korrekturen:	– 347 773,00 EUR
=	neutrales Ergebnis:	– 364 773,00 EUR
+	Betriebsergebnis:	142 773,00 EUR
=	Ergebnis des Rechnungskreises II:	– 222 000,00 EUR

Die Ergebnisse des Rechnungskreises I und II müssen übereinstimmen!

1.5.1 Wirtschaftlichkeit

Bei der Wirtschaftlichkeit wird danach gefragt, in welchem Verhältnis die Leistungen zu den Kosten stehen, d. h. also, wie viele Leistungen mit den eingesetzten Kosten erwirtschaftet werden konnten.

Um die Wirtschaftlichkeit zu berechnen, werden die Leistungen durch die Kosten geteilt. Die Wirtschaftlichkeit ist dimensionslos, das Ergebnis erhält demnach weder eine Währungs- noch eine Prozentbezeichnung.

$$\frac{\text{Leistungen}}{\text{Kosten}} = \text{Wirtschaftlichkeit}$$

Aufgrund der oben genannten Daten ergeben sich folgende Werte:

$$\frac{7\,320\,000,00 \text{ EUR}}{7\,177\,227,00 \text{ EUR}} = 1,021$$

Eine Wirtschaftlichkeit größer als „1" ist als positiv zu werten.

Die Aussage dieser Kennzahl ist mit einem Spielautomaten vergleichbar:
Wirft ein Spieler einen Euro in einen Spielautomaten und erhält einen Euro zurück, so geht es ihm nicht schlechter oder besser als vorher. Erhält er weniger als einen Euro zurück, ärgert er sich und versucht das Spiel nicht noch einmal. Sollte er jedoch mehr als einen Euro erhalten, so freut er sich und will das Spiel wiederholen.

1.5.2   Produktivität

Grundsätzlich beschreibt die Produktivität die mengenmäßige Ergiebigkeit einer bestimmten **Faktorkombination**. Somit ergibt sich folgende Grundformel:

$$\frac{\text{Mengenergebnis der Faktorkombination}}{\text{Faktoreinsatzmenge}} = \text{Produktivität}$$

Die Kennzahl der Produktivität wird hauptsächlich in der Industrie als **Materialproduktivität** und **Betriebsmittelproduktivität** angewendet.

$$\frac{\text{Erzeugte Menge}}{\text{Materialeinsatz}} = \text{Materialproduktivität}$$

Für eine CD-Produktion kann die Formel der Materialproduktivität verwendet werden. Damit wird die Frage beantwortet, wie viele CDs mit einem Kilogramm Granulat hergestellt werden können, wenn für die Herstellung einer CD ca. 16 g Granulat benötigt werden.

$$\frac{1 \text{ kg Granulat}}{16 \text{ g Granulat/Stück}} = 62,5 \text{ Stück}$$

Es können also mit einem Kilogramm Granulat 62,5 CDs hergestellt werden.

$$\frac{\text{Erzeugte Menge}}{\text{Maschinenstunden}} = \text{Betriebsmittelproduktivität in Maschinenstunden}$$

Statt der Maschinenstunden können bei der Betriebsmittelproduktivität auch die Maschinenanzahl oder die Nutzfläche in die Gleichung eingesetzt werden.

In einem Dienstleistungsunternehmen wie der West GmbH kann die **Arbeitsproduktivität** angewendet werden.

$$\frac{\text{Erzeugte Menge}}{\text{Arbeitsstunden}} = \text{Arbeitsproduktivität}$$

Statt der Arbeitsstunden können bei der Arbeitsproduktivität auch die Mitarbeiterzahl oder die Fertigungsstunden in die Gleichung eingesetzt werden.

> Im letzten Jahr hat die West GmbH 94 Projekte abgewickelt. An diesen Projekten haben die acht Mitarbeiter 11 336 Stunden gearbeitet. Mit den Projekten wurde ein Umsatz von 7 250 000,00 EUR generiert. Aus diesen Daten ergibt sich folgende Arbeitsproduktivität:
>
> $$\frac{94 \text{ Projekte}}{8 \text{ AN}} = 11{,}75$$
>
> Jeder Mitarbeiter erstellt im Jahr 11,75 Projekte.
>
> $$\frac{7\,250\,000{,}00 \text{ EUR}}{8 \text{ AN}} = 906\,250{,}00 \text{ EUR}$$
>
> Jeder Mitarbeiter hat einen Umsatz von 906 250,00 EUR erarbeitet.

Für die Kennzahlen der Produktivität besteht keine absolute Messzahl/kein Grenzwert, um bestimmen zu können, ob ein Ergebnis positiv oder negativ ist. Diese Kennzahlen erlangen nur Aussagekraft, wenn sie mit den Werten anderer Zeiträume oder Unternehmen verglichen werden.

1.5.3 Rentabilität

Hier werden Daten für die Aussage: „Mein Unternehmen arbeitet rentabel!" ermittelt.
Für die Berechnung der Rentabilitäten wird der Periodenerfolg zu anderen Größen ins Verhältnis gesetzt. Je nach Zielsetzung und Datenlage kann der Periodenerfolg auch durch die spezifischeren Werte Unternehmenserfolg und Betriebserfolg ersetzt werden.

> Da in diesem Fall die internen Daten (Ergebnistabelle) vorliegen, wird der Betriebserfolg verwendet. Zusätzlich zur Ergebnistabelle wird zur Berechnung einiger Rentabilitätskennziffern die Bilanz benötigt.
>
> | Aktiva | | Bilanz der West GmbH (in EUR) | | Passiva |
> |---|---|---|---|---|
> | Grundstücke und Gebäude | | 520 000,00 | Eigenkapital | 739 600,00 |
> | Maschinelle Anlagen | | 110 000,00 | Langfristige Rückstellungen | 87 000,00 |
> | Betriebs- und Geschäftsausstattung | | 84 000,00 | Langfr. Verbindl. g. Kreditinst. | 358 000,00 |
> | Fuhrpark | | 32 000,00 | Kurzfristige Rückstellungen | 52 900,00 |
> | Vorräte | | | Kurzfristige Verbindlichkeiten | |
> | Unfertige Leistungen | 304 000,00 | | Verbindlichkeiten g. Kreditinst. 293 800,00 | |
> | Fertige Erzeugnisse und Waren | 131 000,00 | 435 000,00 | Erhaltene Anzahlungen 75 300,00 | |
> | Noch nicht abger. Fremdkosten | | 156 200,00 | Verbindlichkeiten aus L. u. L. 139 900,00 | |
> | Forderungen aus L. u. L. | | 300 000,00 | Sonstige Verbindlichkeiten 65 000,00 | 574 000,00 |
> | Kassenbestand, Guthaben bei Kreditinst. | | 174 300,00 | | |
> | | | 1 811 500,00 | | 1 811 500,00 |

1.5.3.1 Eigenkapitalrentabilität

Für die Eigentümer eines Unternehmens stellt sich die Frage, ob das eingesetzte Eigenkapital eine angemessene Rendite (Verzinsung) und einen Risikozuschlag erwirtschaftet. Eine Antwort auf diese Frage kann die Eigenkapitalrentabilität geben. Hierbei wird der Unternehmenserfolg mit dem Eigenkapital ins Verhältnis gesetzt:

$$\frac{\text{Unternehmenserfolg}}{\text{Eigenkapital}} \times 100 = \text{Eigenkapitalrentabilität}$$

$$\frac{-222\,000,00\ \text{EUR}}{739\,600,00\ \text{EUR}} \times 100 = -30,02\ \%$$

Die Eigenkapitalrentabilität sollte positiv sein. Allerdings kann auch eine negative oder niedrige positive Eigenkapitalrentabilität in Ordnung sein, wenn die Werte der vorangegangenen Vergleichsperioden bzw. der Branchendurchschnitt noch geringer sind.

Die erzielte Eigenkapitalrentabilität von -30,02 % ist viel zu niedrig. Das Unternehmen hat einen Verlust erzielt und konnte damit weder eine marktübliche Verzinsung des Eigenkapitals noch einen Risikozuschlag erwirtschaften.

1.5.3.2 Umsatzrentabilität

Die Formel der Umsatzrentabilität ähnelt der Eigenkapitalrentabilität. Es wird der Betriebserfolg mit dem Umsatz ins Verhältnis gesetzt:

$$\frac{\text{Betriebserfolg}}{\text{Umsatz}} \times 100 = \text{Umsatzrentabilität}$$

Auch bei dieser Kennziffer werden, soweit vorhanden, die internen Daten (Umsätze lt. KLR und Betriebsergebnis) verwendet.

$$\frac{142\,773,00\ \text{EUR}}{7\,320\,600,00\ \text{EUR}} \times 100 = 1,95\ \%$$

Diese Kennziffer gibt an, wie viel Betriebsgewinn bei einem Euro Umsatz durchschnittlich übrig bleiben müsste. Wird ein Geschäft über 1 000,00 EUR abgeschlossen, müssten nach obigem Beispiel im Durchschnitt 19,50 EUR an Betriebsgewinn im Unternehmen verbleiben.

1.5.3.3 Gesamtkapitalrentabilität

Die Gesamtkapitalrentabilität gibt an, welcher Unternehmenserfolg durch den Einsatz des Eigen- und Fremdkapitals erwirtschaftet werden konnte. Für den betrieblichen Erfolg ist die Mittelherkunft irrelevant. Auch wenn Darlehen getilgt oder neu aufgenommen werden, ist nur das betriebsnotwendige Gesamtkapital für den Betriebserfolg relevant. Allein über diesen Weg ist ein Periodenvergleich möglich. Da das betriebsnotwendige Gesamtkapital den jeweiligen Betriebserfolg (Verzinsung des Eigenkapitals) und die Fremdkapitalzinsen erwirtschaftet, ist es mit diesen beiden Werten ins Verhältnis zu setzen.

Es sind nur der Betriebserfolg und die Zinsen für das betriebsnotwendige Fremdkapital anzusetzen. Daraus ergibt sich folgende Formel:

$$\frac{\text{Betriebserfolg + Verrechnete Zinsen für betriebsnotwendiges Fremdkapital}}{\text{Betriebsnotwendiges Gesamtkapital}} \times 100 = \text{Rentabilität des betriebsnotwendigen Kapitals}$$

$$\frac{142\,773{,}00\ \text{EUR} + 93\,035{,}00\ \text{EUR}}{1\,431\,300{,}00\ \text{EUR}} \times 100 = 16{,}48\ \%$$

Mit dem betriebsnotwendigen Gesamtkapital ist eine Rendite von 16,48 % erwirtschaftet worden.

Kennzahlen der Ergebnistabelle:

Wirtschaftlichkeit: $\quad \dfrac{Leistungen}{Kosten} = Wirtschaftlichkeit$

Materialproduktivität: $\quad \dfrac{Erzeugte\ Menge}{Materialeinsatz} = Materialproduktivität$

Betriebsmittelproduktivität: $\quad \dfrac{Erzeugte\ Menge}{Maschinenstunden} = Betriebsmittelproduktivität\ in\ Maschinenstd.$

Arbeitsproduktivität: $\quad \dfrac{Erzeugte\ Menge}{Arbeitsstunden} = Arbeitsproduktivität$

Eigenkapitalrentabilität: $\quad \dfrac{Unternehmenserfolg}{Eigenkapital} \times 100 = Eigenkapitalrentabilität$

Umsatzrentabilität: $\quad \dfrac{Betriebserfolg}{Umsatz} \times 100 = Umsatzrentabilität$

Gesamtkapitalrentabilität: $\quad \dfrac{Betriebserfolg + Verrechnete\ Zinsen\ für\ betriebsnotwendiges\ Fremdkapital}{Betriebsnotwendiges\ Gesamtkapital} \times 100$

$= Rentabilität\ des\ betriebsnotwendigen\ Kapitals$

Angaben für die Übungen 1-3:

	Ergebnis des Rechnungskreises I	17 000,00 EUR
	Ergebnis der unternehmensbezogenen Abgrenzungen	– 130 500,00 EUR
+	Ergebnis der kostenrechnerischen Korrekturen	6 500,00 EUR
=	neutrales Ergebnis	– 124 000,00 EUR
+	Betriebsergebnis	141 000,00 EUR
=	Ergebnis des Rechnungskreises II	17 000,00 EUR
	Summe der Kosten	754 000,00 EUR
	Summe der Leistungen	895 000,00 EUR
	Verrechnete Zinsen für betriebsnotwendiges Fremdkapital	6 000,00 EUR
	Betriebsnotwendiges Gesamtkapital	230 000,00 EUR

Kostenartenrechnung: Abgrenzungsrechnung

Bilanz der West GmbH (in EUR)

Aktiva			Passiva	
Grundstücke und Gebäude		35 000,00	Eigenkapital	150 000,00
Maschinelle Anlagen		75 000,00	Langfristige Rückstellungen	16 500,00
Betriebs- und Geschäftsausstattung		65 000,00	Langfr. Verbindl. g. Kreditinst.	174 700,00
Fuhrpark		18 500,00	Kurzfristige Rückstellungen	17 300,00
Vorräte			Kurzfristige Verbindlichkeiten	
Unfertige Leistungen	85 600,00		Verbindlichkeiten g. Kreditinst. 135 700,00	
Fertige Erzeugnisse und Waren	57 500,00	143 100,00	Erhaltene Anzahlungen 30 300,00	
Noch nicht abger. Fremdkosten		26 800,00	Verbindlichkeiten aus L. u. L. 68 700,00	
Forderungen aus L. u. L.		160 900,00	Sonstige Verbindlichkeiten 17 600,00	252 300,00
Kassenbestand, Guthaben bei Kreditinst.		86 500,00		
		610 800,00		610 800,00

1. Berechnen Sie die Wirtschaftlichkeit und bewerten Sie Ihr Ergebnis.
2. Das Geschäftsfeld AV-Medien (Film/TV, Auftragsproduktionen) konnte mit den neun festen Mitarbeitern zehn Projekte realisieren.
   a) Errechnen Sie die Arbeitsproduktivität.
   b) Äußern Sie sich zu dem Umstand, dass die Arbeitsproduktivität im vorangegangenen Geschäftsjahr bei 1,3 lag.
3. Errechnen Sie die Rentabilitäten (Eigenkapital-, Umsatz- und Gesamtkapitalrentabilität) anhand der oben genannten Daten und führen Sie eine betriebswirtschaftliche Bewertung durch.
4. Umfassende Abgrenzungsrechnung
   Die Buchführung des Fachverlages Ernst & August OHG weist für den Monat Januar folgende Aufwendungen und Erträge auf (Auszug):

Kontenbezeichnung	Aufwendungen in EUR	Erträge in EUR
Vertriebserlöse		1 200 000,00
Anzeigenerlöse		855 470,00
Zinserträge		1 940,00
Mieterträge		80 060,00
Aufwendungen für Roh-, Hilfs- und Betriebsstoffe	1 464 230,00	
Löhne und Gehälter	150 490,00	
Instandhaltung von Maschinen und Gebäuden	23 500,00	
Versicherungsprämien	7 500,00	
Abschreibungen auf Sachanlagen	156 000,00	
Außerordentlicher Aufwand	8 500,00	
Verlust aus Wertpapierverkäufen	3 000,00	
Aufwendungen für Werbung	85 300,00	
Betriebliche Steuern	21 000,00	
Arbeitgeberanteil zur Sozialversicherung	38 000,00	
Zinsaufwendungen (für ein betriebsbedingtes Darlehen)	52 000,00	

1 | Kostenartenrechnung: Abgrenzungsrechnung

Für die Kosten- und Leistungsrechnung sind folgende Daten zu berücksichtigen:
- In den betrieblichen Steuern ist eine Steuernachzahlung in Höhe von 6 500,00 EUR enthalten.
- In den Löhnen/Gehältern sind Nachzahlungen in Höhe von 18 490,00 EUR für das zurückliegende Geschäftsjahr enthalten.
- Auf den Arbeitgeberanteil zur Sozialversicherung für diese Lohn-/Gehaltsnachzahlungen entfallen 3 800,00 EUR.
- Der jährliche Abschreibungsbetrag für das vermietete Gebäude beläuft sich auf 36 000,00 EUR.
- Die kalkulatorischen Abschreibungen auf Sachanlagen berechnen Sie anhand der Daten der folgenden Tabelle:

Anlagevermögen	Wiederbeschaffungskosten (in EUR)	Abschreibungssatz
Gebäude	1 050 000,00	4 %
Maschinen und Anlagen	650 000,00	10 %
Betriebs- und Geschäftsausstattung	120 000,00	20 %

- Die kalkulatorischen Zinsen berechnen Sie aufgrund der Daten der nachfolgenden Tabelle:

Daten zur Berechnung des betriebsnotwendigen Kapitals	EUR
Betriebsnotwendiges Anlagevermögen zu kalk. Restwerten:	750 000,00
Betriebsnotwendiges Umlaufvermögen zu kalk. Mittelwerten:	120 000,00
Abzugskapital (zinslos zur Verfügung gestelltes Kapital):	10 000,00
Anzusetzender Zinssatz: 10 %	

- 12 300,00 EUR der Instandhaltungskosten fielen für die Dachreparatur des vermieteten Gebäudes an.
- Es sind kalkulatorische Wagnisse in Höhe von 16 000,00 EUR zu berücksichtigen. Diese Wagnisse ersetzen auch die gezahlten Versicherungsprämien.
- Der kalkulatorische Unternehmerlohn für die persönlich haftenden Gesellschafter beträgt 40 000,00 EUR im Monat.

a) Ermitteln Sie mithilfe der beigefügten Abgrenzungstabelle (in EUR):
   - das Unternehmensergebnis,
   - das Ergebnis der unternehmensbezogenen Abgrenzungen,
   - die kostenrechnerische Korrektur sowie
   - das Betriebsergebnis.

b) Berechnen Sie die Wirtschaftlichkeit dieses Betriebes.

c) Berechnen Sie die Umsatzrendite des Betriebes.

d) Bewerten Sie das Verlagsergebnis anhand der unter a)-c) ermittelten Werte.

Kostenartenrechnung: Abgrenzungsrechnung

Rechnungskreis I			Rechnungskreis II					
Erfolgsbereich			Abgrenzungsbereich – Neutrales Ergebnis				KLR – Bereich Betriebsergebnis	
Gesamtergebnis/Finanzbuchhaltung			Unternehmensbezogene Abgrenzungen		Betriebsbezogene Abgrenzung und kostenrechnerische Korrekturen			
Kontenbezeichnung	Aufwand	Ertrag	Neutraler Aufwand	Neutraler Ertrag	Betrieblicher Aufwand laut GuV	Betrieblicher Ertrag laut GuV/ Verrechnete Kosten	Kosten	Leistungen
Vertriebserlöse		1 200 000,00						1 200 000 €
Anzeigenerlöse		855 470,00						855 470 €
Zinserträge		1 940,00		1 940 €				
Mieterträge		80 060,00		80 060 €				
Aufwend. für Roh-, Hilfs- und Betriebs-St.	1 464 230,00						1 464 230 €	
Löhne und Gehälter	150 490,00		18 490 €				132 000 €	
Instandhaltung von Maschinen und Gebäuden	23 500,00		10 300 €				13 200 €	
Versicherungsprämien	7 500,00				7 500 €			
Abschreibungen auf Sachanl.	156 000,00		36 000 €		120 000 €			
Außerordentlicher Aufwand	8 500,00		8 500 €					
Verlust aus Wertpapierverkäufen	3 000,00		3 000 €					
Werbung	85 300,00						85 300 €	
Betriebliche Steuern	21 000,00		6 500 €				14 500 €	
Arbeitgeberanteil zur Sozialvers.	38 000,00		3 800 €				34 200 €	
Zinsaufwendungen (für ein betriebsbedingtes Darlehen)	52 000,00				52 000 €			
Kalkulatorische Kosten								
• Kalk. Abschreibungen						131 000 €	131 000 €	
• Kalk. Zinsen						8 000 €	8 000 €	
• Kalk. Wagnisse						16 000 €	16 000 €	
• Kalk. Unternehmerlohn						40 000 €	40 000 €	
Summen:	2 137 470	2 137 470	86 090	82 000	179 500	195 000	2 158 430	2 055 470
Salden (Ergebnisse):			4 090		15 500		102 960	

2 Kostenstellenrechnung

2 Kostenstellenrechnung

Frau Kretschmann ist bei der Offset GmbH für die Kalkulation zuständig. Damit sie die Aufträge kalkulieren und Angebote für angefragte Aufträge an die Kunden schicken kann, muss sie zunächst die in der Ergebnistabelle ermittelten Kosten den einzelnen Arbeitsplätzen (**Leistungsbereichen**) zuordnen. So will sie erkennen, wie hoch die Kosten sind, die ein einzelner Leistungsbereich *pro Jahr* verursacht. Erst dann kann sie die Kosten *für einzelne Aufträge* kalkulieren.

Die Leistungen der Offset GmbH im Rahmen der Herstellung von Offset-Druckleistungen sind
- die Bogenmontage (Anordnung der Seiten auf einem Druckbogen),
- die Druckformherstellung (Herstellung von Druckplatten, mit denen in der Maschine die Druckbogen bedruckt werden) und
- der eigentliche Druck.

Die Weiterverarbeitung (Schneiden, Falzen, Verpacken) wird von der Buch- und Offset Druckverarbeitung GmbH durchgeführt.

Entsprechend den oben angeführten Leistungen hat die Offset GmbH für die Fertigung die folgende maschinelle Ausstattung:

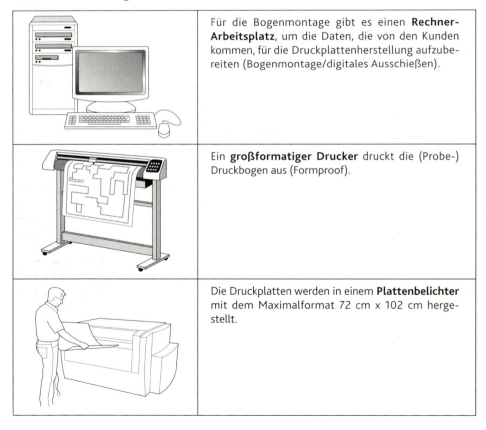

	Für die Bogenmontage gibt es einen **Rechner-Arbeitsplatz**, um die Daten, die von den Kunden kommen, für die Druckplattenherstellung aufzubereiten (Bogenmontage/digitales Ausschießen).
	Ein **großformatiger Drucker** druckt die (Probe-)Druckbogen aus (Formproof).
	Die Druckplatten werden in einem **Plattenbelichter** mit dem Maximalformat 72 cm x 102 cm hergestellt.

	Für den eigentlichen Druck hat die Offset GmbH eine **Zweifarben-Offset-Maschine** mit dem Format 36 cm x 52 cm (Druckmaschine 1) und eine **Vierfarben-Offset-Maschine** mit dem Format 52 cm x 74 cm (Druckmaschine 2) angeschafft.
	Im Lager befindet sich das Fertigungsmaterial.

2.1 Einstufiger Betriebsabrechnungsbogen

> Damit Frau Kretschmann die Kosten ermitteln kann, die durch den Auftrag eines Kunden verursacht werden, muss sie die mithilfe der Ergebnistabelle ermittelten Kosten einer Rechnungsperiode (hier: ein Jahr) auf die einzelnen **Leistungsbereiche** aufteilen.

Die Ergebnistabelle liefert hierbei Vergangenheitswerte, die bei gleichbleibender betrieblicher Auslastung die Grundlage für die Kostenstellenrechnung bilden. Ein **Leistungsbereich** ist hierbei ein Arbeitsplatz, an dem Teilleistungen eines Auftrags, also z. B. der Druck, erstellt werden. Die Darstellung der Leistungsbereiche und deren Belegung mit den entstehenden Kosten wird in der Praxis mit einem sogenannten **Betriebsabrechnungsbogen** (BAB) vorgenommen. Der Betriebsabrechnungsbogen teilt den Betrieb in seine verschiedenen Leistungsbereiche auf. Auf diese werden alle Kosten verursachungsgerecht verteilt. Man nennt diese Methode im Allgemeinen **Kostenstellenrechnung**, in der Druckindustrie auch **Platzkostenrechnung**. Im Zusammenhang mit der Kosten- und Leistungsrechnung werden diese Leistungsbereiche **Kostenstellen** genannt. Erst wenn die gesamten Kosten mithilfe des BAB gegliedert worden sind, ist es für Frau Kretschmann möglich, die Kosten zu ermitteln (**Kalkulation**). Denn jeder Leistungsbereich und somit auch jeder Fertigungsschritt verursacht unterschiedlich hohe Kosten je Projekt. Die einzelnen Fertigungsschritte (z. B. Bogenmontage, Druckplattenherstellung, Druck) können so für jeden Auftrag bewertet werden.
Um also die Selbstkosten eines Auftrags zu ermitteln, ist es zunächst notwendig, alle Kosten auf die verschiedenen Leistungsbereiche des Betriebs zu verteilen.

Vergleiche hierzu Kapitel 1

2 | Kostenstellenrechnung

In einem zweiten Schritt ist es dann möglich, die Kosten eines Auftrags, bezogen auf die auftragsbezogene Inanspruchnahme dieser betrieblichen Leistungsbereiche, zu berechnen. Die jeweiligen Kosten eines Leistungsbereichs werden also vom Produkt (in diesem Zusammenhang auch **Kostenträger** genannt) und somit vom Kunden getragen.

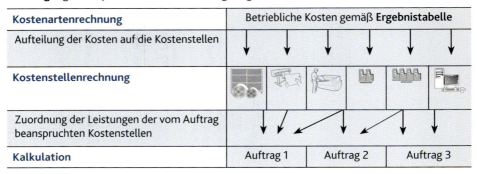

Ergebnistabelle der Offset GmbH (in EUR):

	Rechnungskreis I		Rechnungskreis II					
	Erfolgsbereich		Abgrenzungsbereich – Neutrales Ergebnis				KLR – Bereich Betriebsergebnis	
	Gesamtergebnis/Finanzbuchhaltung		Unternehmensbezogene Abgrenzungen		Betriebsbezogene Abgrenzung und kostenrechnerische Korrekturen			
Kontenbezeichnung	Aufwand	Ertrag	Neutraler Aufwand	Neutraler Ertrag	Betrieblicher Aufwand laut GuV	Betrieblicher Ertrag laut GuV/ Verrechnete Kosten	Kosten	Leistungen
Umsatzerlöse		4 617 836,00						4 617 836,00
Mietertrag		0,00		0,00				
Erträge aus Auflösung von Rückstellungen		0,00		0,00				
Erträge aus Beteiligungen		0,00		0,00				
Zinserträge		0,00		0,00				
Fertigungsmaterial	2 230 574,00						2 230 574,00	
Personalaufwand	275 542,00						275 542,00	
Sachgemeinkosten	47 297,00						47 297,00	
Mietaufwand	27 076,00						27 076,00	
AfA für Sachanlagen	210 000,00				210 000,00	202 719,00	202 719,00	
Zinsaufwand	115 000,00				115 000,00	127 212,00	127 212,00	
Fertigungswagnis						13 105,00	13 105,00	
Büroaufwand (inkl. Kommunikationsaufwand)	0,00						0,00	
Verluste aus dem Verkauf von Anlagevermögen	0,00		0,00					
Verluste aus Wertpapierkauf	0,00		0,00					
Spenden, nicht PR	0,00		0,00					
Sonstiger betrieblicher Aufwand	0,00						0,00	
Steuernachzahlung	0,00		0,00					
Gewerbesteuerzahlung	0,00						0,00	
	2 905 489,00	4 617 836,00	0,00	0,00	325 000,00	343 036,00	2 923 526,00	4 617 836,00
	1 712 347,00	0,00	0,00	0,00	18 036,00	0,00	1 694 310,00	0,00
	4 617 836,00	4 617 836,00	0,00	0,00	343 036,00	343 036,00	4 617 836,00	4 617 836,00

Betriebsabrechnungsbogen (BAB) der Offset GmbH:

Kostenarten (Kosten pro Jahr)	Material	Fertigung Druckmaschine 1	Fertigung Druckmaschine 2	Fertigung Druckplattenherstellung	Fertigung Bogenmontage	Fertigung Formproof	AV/TL	Verwaltung	Vertrieb
Einzelkosten									
Fertigungsmaterial	2 230 574,00 EUR	– EUR	– EUR	– EUR	– EUR	– EUR	– EUR	– EUR	– EUR
Gemeinkosten									
Löhne und Gehälter	25 839,72 EUR	32 514,07 EUR	34 335,30 EUR	8 793,20 EUR	35 860,49 EUR	5 808,36 EUR	12 078,58 EUR	34 466,10 EUR	36 369,22 EUR
Gesetzl. Sozialkosten auf L. u. G.	5 297,14 EUR	6 665,38 EUR	7 038,74 EUR	1 802,61 EUR	7 351,40 EUR	1 190,71 EUR	2 476,11 EUR	7 065,55 EUR	7 455,69 EUR
Freiwillige Sozialkosten auf L. u. G.	413,19 EUR	519,98 EUR	549,13 EUR	140,61 EUR	574,39 EUR	45,66 EUR	113,90 EUR	513,21 EUR	263,38 EUR
Summe Personalkosten	31 550,05 EUR	39 699,43 EUR	41 923,17 EUR	10 736,42 EUR	43 786,28 EUR	7 044,73 EUR	14 668,59 EUR	42 044,86 EUR	44 088,29 EUR
Gemeinkostenmaterial	1 537,84 EUR	2 152,54 EUR	3 228,81 EUR	1 326,29 EUR	235,18 EUR	316,83 EUR	659,64 EUR	2 814,01 EUR	1 525,41 EUR
Fremdenergie (Strom, Wasser etc.)	748,91 EUR	1 016,45 EUR	2 086,07 EUR	1 405,03 EUR	262,78 EUR	40,88 EUR	820,84 EUR	1 156,42 EUR	972,45 EUR
Instandhalt., Reparaturen, Ersatzt.	1 485,41 EUR	2 159,19 EUR	3 860,25 EUR	5 844,07 EUR	523,57 EUR	3 644,25 EUR	1 067,91 EUR	2 936,76 EUR	2 469,55 EUR
Summe Sachgemeinkosten	4 772,16 EUR	5 328,18 EUR	9 175,13 EUR	8 575,39 EUR	1 021,53 EUR	4 001,96 EUR	2 548,39 EUR	6 907,19 EUR	4 967,41 EUR
Kalkulatorische Miete	2 436,85 EUR	1 981,25 EUR	4 755,01 EUR	3 804,01 EUR	820,33 EUR	1 984,75 EUR	2 038,17 EUR	6 854,97 EUR	2 400,77 EUR
Kalkulatorische Abschreibung	20 756,73 EUR	15 402,67 EUR	44 993,69 EUR	54 810,49 EUR	8 175,27 EUR	1 367,91 EUR	9 437,09 EUR	25 951,99 EUR	21 823,26 EUR
Kalkulatorische Zinsen	73 458,61 EUR	4 004,69 EUR	11 698,36 EUR	8 906,70 EUR	1 063,35 EUR	894,62 EUR	5 319,34 EUR	11 878,17 EUR	9 988,46 EUR
Kalkulatorisches Fertigungswagnis	2 274,64 EUR	1 328,34 EUR	2 250,71 EUR	1 736,86 EUR	1 101,55 EUR	1 216,57 EUR	527,24 EUR	1 449,92 EUR	1 219,25 EUR
Summe kalkulatorische Kosten	98 926,83 EUR	22 716,95 EUR	63 697,77 EUR	69 258,06 EUR	11 160,50 EUR	5 463,85 EUR	17 321,84 EUR	46 135,05 EUR	35 431,74 EUR
Summe Gemeinkosten	135 249,04 EUR	67 744,56 EUR	114 796,07 EUR	88 569,87 EUR	55 968,31 EUR	16 510,54 EUR	34 538,82 EUR	95 087,10 EUR	84 487,44 EUR

Einzelkosten sind Kosten, die einer Kostenstelle – und später auch bei der Kalkulation dem einzelnen Auftrag – direkt zuzuordnen sind. Dies sind in der Druckindustrie die Kosten für das **Fertigungsmaterial** in Form von Papier, Farbe und Druckplatten. Die Materialkosten sind ausschließlich der Materialkostenstelle zuzurechnen.

Einen kleinen Umweg muss man bei der Zuordnung der **Gemeinkosten** machen. Sie entstehen im gesamten Betrieb und sind somit nicht einer einzelnen Kostenstelle direkt zurechenbar. Die kalkulatorische Abschreibung beispielsweise entsteht durch den Wertverlust

- bei der Lagerung von Papier (Kostenstelle Material),
- der Druckmaschine durch nutzungsbedingten Verschleiß (Kostenstelle Druckmaschine 1/2),
- durch veraltete Rechner (Kostenstelle Verwaltung und Bogenmontage).

Hier muss man Verteilungsschlüssel einsetzen, damit jeder Kostenstelle die Gemeinkosten zugerechnet werden, die sie verursacht.

Wie diese verursachungsgerechte Zurechnung erfolgt, wird in den folgenden Abschnitten erläutert.

2.1.1 Verrechnung von Löhnen und Gehältern inkl. gesetzlicher und freiwilliger Sozialleistungen

> Die Zurechnung der Löhne und Gehälter erfolgt über die Arbeitsstunden, die pro Jahr von Herrn Hoffmann und Herrn Vennemeyer an einer Maschine gearbeitet werden. Diese werden mit dem jeweiligen Stundenlohn (inkl. Arbeitgeberanteil zur Sozialversicherung)[1] multipliziert. Die Erfassung dieser Stunden erfolgt in der Regel mit sogenannten **Stundenzetteln**.

2.1.2 Verrechnung von Sachgemeinkosten

Das Gemeinkostenmaterial kann durch den Einsatz von **Materialentnahmebelegen** den Kostenstellen zugerechnet werden.

Ein Teil der Fremdenergie kann beispielsweise durch **Stromzähler** den entsprechenden Maschinen zugerechnet werden.

Wartungskosten können mithilfe von **Rechnungen** zugeschlagen werden.

2.1.3 Verrechnung der kalkulatorischen Kosten

Um die kalkulatorischen Kosten möglichst verursachungsgerecht den Kostenstellen zuzurechnen, werden unterschiedliche Verrechnungsmethoden angewandt.

2.1.3.1 Kalkulatorische Abschreibungen

Vergleiche hierzu Kapitel 1.4.1.1

Kalkulatorische Abschreibungen sind die Kosten, die durch den Wertverlust der Maschinen und anderer Sachgüter, die sich an einem Arbeitsplatz bzw. einer Kostenstelle befinden, entstehen. Die jährlichen Abschreibungen einer Kostenstelle werden erfasst, indem man den Wiederbeschaffungswert einer Maschine oder eines anderen Vermögensgegenstandes durch die voraussichtliche Nutzungsdauer dividiert. Man legt nicht die **Anschaffungskosten**, sondern die **Wiederbeschaffungskosten** zugrunde, weil die Aufträge, die auf der Basis der Kostendaten des BAB kalkuliert werden, die *zukünftigen* Anschaffungskosten decken und erwirtschaften sollen. Es geht also um die in der

---

* In vielen Unternehmen, vor allem in Handwerksbetrieben, aber auch in Werbeagenturen und AV-Betrieben, wird der Lohn den Einzelkosten der Fertigungskostenstelle zugeschrieben. Hier ist allerdings im Gegensatz zur Druckindustrie die Zurechenbarkeit zu einem bestimmten Auftrag recht präzise möglich, da der Mitarbeiter in der Regel einen Auftrag von Anfang bis zum Ende bearbeitet.

Zukunft liegende **Ersatzinvestition** des entsprechenden Vermögensgegenstandes, die aufgebracht werden muss. Zudem wird linear abgeschrieben.

> **Druckmaschine 1 (Kl. 3,36 cm x 52 cm) der Offset GmbH**
> **Nutzungsdauer: 8 Jahre**
>
> Wiederbeschaffungswert (WBW): 123 221,34 EUR
>
> $$\text{Kalkulatorische Abschreibung} = \frac{\text{WBW}}{\text{Nutzungsdauer}} = \frac{123\,221{,}34\ \text{EUR}}{8\ \text{Jahre}}$$
>
> $$= 15\,402{,}67\ \text{EUR/Jahr}$$
>
> Die für die Kostenstellenrechnung relevante Abschreibung der Druckmaschine beträgt somit 15 402,67 EUR pro Jahr.

2.1.3.2 Kalkulatorische Zinsen

Vergleiche hierzu Kapitel 1.4.1.2

Wie bereits im Rahmen der Ergebnistabelle beschrieben, sind kalkulatorische Zinsen die Zinsen, die durch das in einer Kostenstelle gebundene Kapital entstehen. Dieses sind sowohl die Zinskosten, die durch fremdfinanziertes Vermögen anfallen, als auch die Zinsen, die durch den Einsatz von in den Betrieb investiertem Eigenkapital entstehen. Die Zinsen auf das Eigenkapital sind deshalb in die Kostenstellenrechnung einzubeziehen, weil das Unternehmen das investierte Eigenkapital nicht als festverzinsliche Anlage bei einem Kreditinstitut nutzen kann (entgangene Zinsen). Sie müssen deshalb – neben den Fremdkapitalzinsen – in den Kostenstellen als Kosten berücksichtigt werden. In der Praxis wird in der Regel ein Mischzinssatz als Berechnungsgrundlage herangezogen, der sich aus dem marktüblichen Fremd- und Eigenkapitalzinssatz zusammensetzt (**kalkulatorischer Zinssatz**).

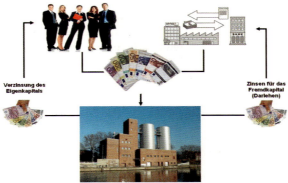

Kalkulatorische Zinsen

Bei der Ermittlung der kalkulatorischen Zinsen wird zunächst das **betriebsnotwendige Kapital** erfasst, denn in diesem ist das eingesetzte Kapital, das die (entgangenen und tatsächlich gezahlten) kalkulatorischen Zinskosten verursacht, gebunden. Allerdings ist das betriebsnotwendige Kapital nicht über die gesamte Nutzungsdauer konstant hoch, sondern ändert sich vielmehr durch die jährliche Abschreibung.

Damit z. B. die Zinsen bis zum Ende der Nutzungsdauer von acht Jahren bei der oben genannten Druckmaschine konstant hoch sind, ist die **durchschnittliche Kapitalbindung** zu ermitteln, um diese dann mit dem kalkulatorischen Zinssatz zu verzinsen. So ist gewährleistet, dass die Kostenstelle über den Zeitraum von acht Jahren gleichmäßig mit Zinsen belastet wird. Wie bei der kalkulatorischen Abschreibung wird auch hier der Wiederbeschaffungswert zugrunde gelegt.

2 | Kostenstellenrechnung

Kalkulatorische Zinsen bei einem kalkulatorischen Zinssatz von 6,5 % für die Druckmaschine 1 der Offset GmbH:

Wiederbeschaffungswert	123 221,34 EUR
Restwert am Ende des 8. Jahres	0,00 EUR
durchschnittlich gebundenes Kapital = $\frac{\text{Wiederbeschaffungswert} + \text{Restwert}}{2}$	$\frac{123\,221{,}34\text{ EUR} + 0{,}00\text{ EUR}^*}{2} = 61\,610{,}67$ EUR
Kalkulatorische Zinsen pro Jahr = durchschnittlich gebundenes Kapital x kalkulatorischer Zinssatz	61 610,67 EUR x 6,5 % = 4 004,69 EUR

* Es wird an zwei Zeitpunkten (bei Anschaffung und am Ende der Nutzungsdauer) der Wert ermittelt. Um den Durchschnitt zu berechnen, wird dann durch die Anzahl der Messzeitpunkte (hier zweimal) dividiert. Frau Kretschmann geht davon aus, dass die Druckmaschine und alle anderen Maschinen der Offset GmbH bis zum Ende genutzt werden und dann keinen Wert mehr haben.

2.1.3.3 Kalkulatorische Miete

Für die kalkulatorische Miete wird die von der jeweiligen Kostenstelle in Anspruch genommene Fläche der Betriebsgebäude zugrunde gelegt. Der m²-Preis wird dann mit der in Anspruch genommenen Fläche multipliziert.

Kalkulatorische Miete der Druckmaschine 1 der Offset GmbH:

m²-Preis (inkl. Heizung)	79,25 EUR
Raumbedarf	25 m²
Kalkulatorische Miete	25 m² x 79,25 EUR/m² = 1 981,25 EUR

2.1.3.4 Kalkulatorische Wagnisse

Vergleiche hierzu Kapitel 1.4.1.3

Kalkulatorische Wagnisse werden aus Erfahrungswerten der Vergangenheit ermittelt. Die Zuordnung zu den Kostenstellen erfolgt nach dem Verursacherprinzip. Dies bedeutet, dass die **Fertigungswagnisse** wie z. B.
- anfallende Nacharbeiten an Aufträgen im Rahmen der gesetzlichen Gewährleistung,
- Nacharbeiten an noch nicht ausgelieferten Aufträgen oder
- Schadenersatzleistungen als eine Folge von durch die Offset GmbH verschuldeten Vertragsstörungen

der Fertigung zugerechnet werden. Dagegen werden **Beständewagnisse** wie
- Verluste durch Beschädigung,
- Verderb oder
- Altern

der Kostenstelle „Material" zugerechnet. Als Wert kann der Umsatzanteil der jeweiligen Kostenstelle am gesamten Umsatzvolumen des Betriebs zugrunde gelegt werden.

Kostenstellenrechnung | 2

Erstellung eines Betriebsabrechnungsbogens (BAB):

1. Einrichtung von Kostenstellen

2. Verteilung der Kosten auf die Kostenstellen
- Löhne: nach Arbeitsstunden
- Energie: nach anteiligem Verbrauch
- Instandhaltung: nach Rechnungen
- Gemeinkostenmaterial: nach Entnahmebelegen
- Abschreibung: nach Kapitalbindung und Nutzungsdauer
- Miete: nach m² der Kostenstelle
- Zinsen: nach Kapitalbindung
- Wagnisse: nach Umsatzanteil

1 Ein Druckereibetrieb belegt Räumlichkeiten mit einer Gesamtfläche von 282 m². Die kalkulatorische Miete für den gesamten Betrieb beträgt 20 811,60 EUR.
Raumbedarfe der Arbeitsplätze:

Druckmaschine	27 m²	Schneidemaschine	35 m²
Plattenbelichter	48 m²	Lager	105 m²
DTP-Arbeitsplatz	12 m²	Verwaltung	25 m²
Falzmaschine	30 m²		

Berechnen Sie die kalkulatorische Miete pro Jahr für die jeweilige Kostenstelle.

2 Berechnen Sie die
  a) kalkulatorische Abschreibung
  b) kalkulatorischen Zinsen
  für die folgenden Arbeitsplätze (der kalkulatorische Zinssatz beträgt 6,5 %).

	Wiederbeschaffungswert	Nutzungsdauer
Druckmaschine	497 728,00 EUR	8 Jahre
Druckplattenherstellung	236 815,00 EUR	5 Jahre
DTP-Arbeitsplatz	17 840,00 EUR	4 Jahre
Falzmaschine	56 816,00 EUR	8 Jahre
Schnellschneider	75 016,00 EUR	8 Jahre

3 Erstellen Sie auf der Basis der unten stehenden Angaben den BAB der Offset Druck KG (Kosten in EUR).

	Gesamtkosten	Material	Fertigung	Verwaltung	Vertrieb
Kostenarten					
Einzelkosten					
Fertigungsmaterial	3 500 000,00				
Gemeinkosten					
Löhne und Gehälter	300 000,00	10 %	50 %	20 %	20 %
Gesetzl. Sozialkosten auf Lohn und Gehalt	60 000,00	10 %	50 %	20 %	20 %
Summe Personalkosten	360 000,00				
Gemeinkostenmaterial	10 000,00	10 %	70 %	10 %	10 %

	Gesamt-kosten	Material	Fertigung	Verwal-tung	Vertrieb
Fremdenergie (Strom, Wasser etc.)	8 000,00	5 %	85 %	5 %	5 %
Instandhaltung, Reparaturen, Ersatzteile	16 000,00	1 000,00	9 000,00	4 000,00	2 000,00
Summe Sachgemeinkosten	**34 000,00**				
Kalkulatorische Miete	18 000,00	120 m²	180 m²	20 m²	40 m²
Kalkulator. Abschreibung	142 500,00	20 000,00 (2 Jahre)	900 000,00 (8 Jahre)	40 000,00 (4 Jahre)	40 000,00 (4 Jahre)
Kalkulatorische Zinsen	35 000,00	20 000,00	900 000,00	40 000,00	40 000,00
Kalkulatorisches Fertigungswagnis	8 000,00	10 %	70 %	10 %	10 %
Summe kalkulator. Kosten	**203 500,00**				
Summe Gemeinkosten	**597 500,00**				

Daten für den BAB der Offset Druck KG

- Die prozentuale Verteilung der Löhne und Gehälter wurde auf der Basis der geleisteten Arbeitsstunden der Mitarbeiter in den jeweiligen Kostenstellen durch Stundenzettel ermittelt.
- Die Beträge bei der Kostenart Instandhaltung, Reparaturen, Ersatzteile sind durch Zuordnung der Rechnungen zu den entsprechenden Kostenstellen erfolgt.
- Die Angaben in der Zeile „kalkulatorische Abschreibung" beziehen sich auf den Wiederbeschaffungswert (erste Zeile) und die Nutzungsdauer (zweite Zeile).
- Auch bei den kalkulatorischen Zinsen ist der Wiederbeschaffungswert zugrunde gelegt. Der kalkulatorische Zinssatz beträgt 7 %.
- Die Prozentsätze für das Fertigungswagnis sind auf Basis von Durchschnittswerten der vergangenen Rechnungsperioden ermittelt worden.

2.2 Mehrstufiger Betriebsabrechnungsbogen

Die Offset GmbH hat neben den unmittelbar an der Leistungserstellung beteiligten Kostenstellen (**Endkostenstellen**: Material, Druckformherstellung, Druck) auch Kostenstellen, die nicht direkt an der Herstellung eines Druck-Produkts beteiligt sind. Hierzu gehören die Kostenstellen Arbeitsvorbereitung/Technische Leitung, Verwaltung und der Vertrieb (**Vorkostenstellen**). Trotzdem sind diese Bereiche für das Funktionieren des Betriebs notwendig und ein Auftrag (als Kostenträger) muss auch diese Kosten tragen. Frau Kretschmann muss deshalb die Kosten der Vorkostenstellen in der Form berücksichtigen, dass sie später bei der Kalkulation auch abgedeckt werden.

Es hat sich in der Praxis bewährt, die hierdurch anfallenden Kosten durch eine **Umlage** den Endkostenstellen zuzurechnen. Hiermit wird der Tatsache Rechnung getragen, dass diese Endkostenstellen Leistungen der Vorkostenstellen in Anspruch nehmen.

Diese Leistungen sind beispielsweise
- die Erstellung der Lohnabrechnung für die Mitarbeiter,
- der Einkauf und die Disposition von Material,
- das Schreiben von Rechnungen,
- die Kalkulation eines Auftrags oder,
- die Erstellung eines Maschinenbelegungsplans.

	Endkostenstellen				Vorkostenstellen		
	Material	Fertigung 1	Fertigung 2	Fertigung 3	Produktions-leitung	Verwal-tung	Vertrieb
Primär-kosten							
Sekundär-kosten							

Diese Umlage ist notwendig, damit man die gesamten Kosten der Endkostenstellen – und so beispielsweise die Kosten pro Fertigungsstunde der Druckmaschine – berechnen kann.

Kosten je Fertigungsstunde an einer Druckmaschine: 200,00 EUR/Std.
Bearbeitungsdauer: 5 Stunden
Gesamtkosten des Drucks: 5 Stunden x 200,00 EUR/Stunde = 1 000,00 EUR

Dieser **Stundensatz**, häufig auch **Stundenverrechnungssatz** genannt, beinhaltet somit durch die Umlage *alle* mit dem Leistungsprozess anfallenden Kosten. Also auch diejenigen, die *nicht unmittelbar* mit der Fertigung zusammenhängen, aber durch die Leistungserstellung anfallen und somit auch vom Auftraggeber mit getragen werden müssen.

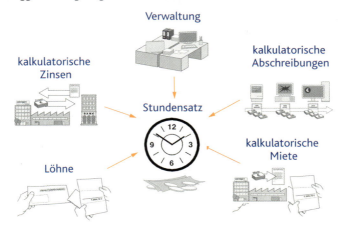

Die Gemeinkosten, die durch die Umlage auf die Vorkostenstellen entstehen, nennt man **Sekundärkosten**. Die Kosten, die bereits vor der Umlage der entsprechenden Kostenstelle zugerechnet wurden, nennt man **Primärkosten**. Es wird auf diese Weise ein zweistufiger **BAB erstellt**.

2 | Kostenstellenrechnung

Somit ergeben sich im zweistufigen BAB der Offset GmbH folgende Kosten:

Kostenarten (Kosten pro Jahr)	Material	Endkostenstellen					Vorkostenstellen		
		Druckmaschine 1	Druckmaschine 2	Druckplatten-herstellung	Bogenmon-tage	Formproof	AV/TL*	Verwaltung	Vertrieb
Einzelkosten									
Fertigungsmaterial	2 230 574,00 EUR	– EUR	– EUR	– EUR	– EUR	– EUR	– EUR	– EUR	– EUR
Gemeinkosten									
Löhne und Gehälter (L. u. G.)	25 839,72 EUR	32 514,07 EUR	34 335,30 EUR	8 793,20 EUR	35 860,49 EUR	5 808,36 EUR	12 078,58 EUR	34 466,10 EUR	36 369,22 EUR
Gesetzl. Sozialkosten auf L. u. G.	5 297,14 EUR	6 665,38 EUR	7 038,74 EUR	1 802,61 EUR	7 351,40 EUR	1 190,71 EUR	2 476,11 EUR	7 065,55 EUR	7 455,69 EUR
Freiwillige Sozialkosten auf L. u. G.	413,19 EUR	519,98 EUR	549,13 EUR	140,61 EUR	574,39 EUR	45,66 EUR	113,90 EUR	513,21 EUR	263,38 EUR
Summe Personalkosten	**31 550,05 EUR**	**39 699,43 EUR**	**41 923,17 EUR**	**10 736,42 EUR**	**43 786,28 EUR**	**7 044,73 EUR**	**14 668,59 EUR**	**42 044,86 EUR**	**44 088,29 EUR**
Gemeinkostenmaterial	153,84 EUR	2 152,54 EUR	3 228,81 EUR	1 326,29 EUR	235,18 EUR	316,83 EUR	659,64 EUR	2 814,01 EUR	1 525,41 EUR
Fremdenergie (Strom, Wasser etc.)	1 748,91 EUR	1 016,45 EUR	2 086,07 EUR	1 405,03 EUR	262,78 EUR	40,88 EUR	820,84 EUR	1 156,42 EUR	972,45 EUR
Instandhalt., Reparaturen, Ersatzteile	1 485,41 EUR	2 159,19 EUR	3 860,25 EUR	5 844,07 EUR	523,57 EUR	3 644,25 EUR	1 067,91 EUR	2 936,76 EUR	2 469,55 EUR
Summe Sachgemeinkosten	**4 772,16 EUR**	**5 328,18 EUR**	**9 175,13 EUR**	**8 575,39 EUR**	**1 021,53 EUR**	**4 001,96 EUR**	**2 548,39 EUR**	**6 907,19 EUR**	**4 967,41 EUR**
Kalkulatorische Miete	2 436,85 EUR	1 981,25 EUR	4 755,01 EUR	3 804,01 EUR	820,33 EUR	1 984,75 EUR	2 038,17 EUR	6 854,97 EUR	2 400,77 EUR
Kalkulatorische Abschreibung	20 756,73 EUR	15 402,67 EUR	44 993,69 EUR	54 810,49 EUR	8 175,27 EUR	1 367,91 EUR	9 437,09 EUR	25 951,99 EUR	21 823,26 EUR
Kalkulatorische Zinsen	73 458,61 EUR	4 004,69 EUR	11 698,36 EUR	8 906,70 EUR	1 063,35 EUR	894,62 EUR	5 319,34 EUR	11 878,17 EUR	9 988,46 EUR
Kalkulatorisches Fertigungswagnis	2 274,64 EUR	1 328,34 EUR	2 250,71 EUR	1 736,86 EUR	1 101,55 EUR	1 216,57 EUR	527,24 EUR	1 449,92 EUR	1 219,25 EUR
Summe kalkulatorische Kosten	**98 926,83 EUR**	**22 716,95 EUR**	**63 697,77 EUR**	**69 258,06 EUR**	**11 160,50 EUR**	**5 463,85 EUR**	**17 321,84 EUR**	**46 135,05 EUR**	**35 431,74 EUR**
Summe Primärkosten	**135 249,04 EUR**	**67 744,56 EUR**	**114 796,07 EUR**	**88 569,87 EUR**	**55 968,31 EUR**	**16 510,54 EUR**	**34 538,82 EUR**	**95 087,10 EUR**	**84 487,44 EUR**
Umlage AV/TL (7,21 %)	9 751,46 EUR	4 884,38 EUR	8 276,80 EUR	6 385,89 EUR	4 035,32 EUR	1 190,41 EUR			
Umlage Verwaltung (19,88 %)	26 860,46 EUR	13 454,07 EUR	22 798,50 EUR	17 589,98 EUR	11 115,31 EUR	3 278,99 EUR			
Umlage Vertrieb (17,64 %)	23 857,93 EUR	11 950,14 EUR	20 250,03 EUR	15 623,72 EUR	9 872,81 EUR	2 912,46 EUR			
Summe Gemeinkosten	**195 718,89 EUR**	**98 033,16 EUR**	**166 121,39 EUR**	**128 169,45 EUR**	**80 991,74 EUR**	**23 892,41 EUR**			

*Arbeitsvorbereitung/Technische Leitung

2.2.1 Berechnung der Umlagesätze

Wie sich die Umlagen des BAB der Offset GmbH ermitteln, soll nun am Beispiel der Umlage der Verwaltungskostenstelle gezeigt werden. Für die Berechnung der Umlagen muss man die Primärkosten der Endkostenstellen des BAB zugrunde legen.

Kostenstelle	Primärkosten der Endkostenstellen der Offset GmbH (vgl. BAB S. 58)
Material	135 249,04 EUR
Druckmaschine 1	67 744,56 EUR
Druckmaschine 2	114 796,07 EUR
Druckplattenherstellung	88 568,31 EUR
Bogenmontage	55 968,31 EUR
Formproof	16 510,54 EUR
Summe	**478 838,00 EUR**

Mithilfe des Umlagesatzes wird nun ausgedrückt, wie hoch der Anteil der Verwaltungskosten an den Fertigungskosten ist.

Umlagesatz der Verwaltungskostenstelle der Offset GmbH:

$$\text{Umlagesatz} = \frac{\text{Primärkosten der Verwaltungskostenstelle} \times 100}{\text{Summe der Primärkosten der Endkostenstellen}}$$

$$= \frac{95\,087{,}10 \text{ EUR} \times 100}{478\,838{,}39 \text{ EUR}}$$

$$= 19{,}86\,\%$$

2.2.2 Berechnung der Sekundärkosten

Dieser Umlagesatz wird dann auf die jeweilige Endkostenstelle bezogen. Hierdurch ist gewährleistet, dass jeder Endkostenstelle der entsprechende Anteil der Verwaltungskosten zugerechnet wird.

(Verwaltungs-)Sekundärkosten = Primärkosten der Druckmaschine 1 x Umlagesatz
= 67 744,56 EUR x 19,86 %
= 13 454,07 EUR

Die Umlage der Kostenstelle „Verwaltung" auf der Kostenstelle „Druckmaschine 1" beträgt 13 454,07 EUR.

Analog hierzu werden auch die Umlagesätze der AV/TL und des Vertriebs berechnet.

2 | Kostenstellenrechnung

Erstellung eines zweistufigen BAB

- Vorkostenstellen sind Kostenstellen, die nur mittelbar an der Herstellung von Leistungen beteiligt sind.
- Endkostenstellen sind Kostenstellen, die unmittelbar an der Herstellung einer Leistung beteiligt sind.
- Endkostenstellen tragen die Kosten der Vorkostenstellen mit Umlage der Kosten der Vorkostenstellen auf die Endkostenstellen.

$$\text{Umlagesatz} = \frac{\text{Gemeinkosten der Vorkostenstelle} \times 100}{\text{Summe der Primärkosten der Endkostenstellen}}$$

Sekundärkosten = Primärkosten × Umlagesatz

1 Erstellen Sie mithilfe der folgenden Angaben den zweistufigen BAB der Creativ OHG (Kosten in EUR).

	Gesamt-kosten	Bilderfas-sung	DTP-Ar-beitsplatz 1	DTP-Ar-beitsplatz 2	DTP-Ar-beitsplatz 3	Verwal-tung	Vertrieb	AV/TL
Gemeinkosten								
Löhne und Gehälter	250 000,00		20 %	20 %	20 %	25 %	5 %	10 %
Gesetzl. Sozialkosten auf Lohn und Gehalt	60 000,00		20 %	20 %	20 %	25 %	5 %	10 %
Summe Personalkosten	310 000,00							
Gemeinkostenmaterial	10 000,00	10 %	20 %	20 %	20 %	10 %	10 %	10 %
Fremdenergie (Strom, Wasser etc.)	8 000,00	15 %	20 %	20 %	20 %	10 %	5 %	10 %
Instandhaltung	36 000,00	1 000,00	9 000,00	9 000,00	9 000,00	4 000,00	2 000,00	2 000,00
Summe Sachgemeinkosten	54 000,00							
Kalkul. Miete (Fläche in m²)	18 000,00	10	12	12	12	15	10	15
Kalkul. Abschreibung	30 250,00	60 000,00	16 000,00	16 000,00	16 000,00	10 000,00	10 000,00	5 000,00
Abschreibungsdauer		5	4	4	4	4	4	4
7 % Kalkul. Zinsen	4 655,00	60 000,00	16 000,00	16 000,00	16 000,00	10 000,00	10 000,00	5 000,00
Kalkul. Fertigungswagnis	8 000,00	15 %	15 %	15 %	15 %	10 %	10 %	20 %
Summe kalkul. Kosten	60 905,00							
Summe Gemeinkosten	424 905,00							

Daten für den BAB der Creativ OHG

2 a) Ermitteln Sie für den unten stehenden BAB die Umlagesätze, mit denen die Kostenstellen Verwaltung, AV/TL und Vertrieb den DTP-Arbeitsplätzen zugeschlagen werden.

	DTP-Arbeitsplatz 1	DTP*-Arbeitsplatz 2	DTP-Arbeitsplatz 3	Verwaltung	Vertrieb	AV/TL
Primärkosten	49 728,00 EUR	71 936,00 EUR	37 481,00 EUR	26 371,00 EUR	10 632,00 EUR	40 471,00 EUR
Sekundärkosten						

*Desk top Publishing = Medien mit dem PC gestalten

b) Berechnen Sie zudem die Sekundärkosten der DTP-Arbeitsplätze.
c) Für die Verwaltung soll eine neue Mitarbeiterin als Teilzeitkraft eingestellt werden. Ihr Gehalt inklusive gesetzlicher Sozialkosten beträgt 20 367,31 EUR.
Berechnen Sie die Änderung des Umlagesatzes der Verwaltungskostenstelle und die damit verbundene neue Umlage auf die DTP-Arbeitsplätze.

2.3 Kalkulationssätze

Damit Frau Kretschmann den Auftrag kalkulieren kann, müssen einige vorbereitende Berechnungen durchgeführt werden, denn die im BAB aufgeführten Werte sind, wie in Kapitel 2.1 erläutert, zurückliegende Jahreskosten. Diese Berechnungen haben zum Ziel, die Jahreskosten der Fertigungskostenstellen *auf eine Einheit* (beispielsweise die Kosten der Druckmaschinen pro Minute) umzurechnen. Auf diese Weise ist es dann später möglich, die Kosten eines Auftrags, der die Druckmaschine eine bestimmte Zeit beansprucht, genau zu berechnen.

2.3.1 Stundensatzkalkulation

Für die Berechnung der Druckkosten und der Kosten der Bogenmontage ist entscheidend, wie lange ein Auftrag die jeweiligen Kostenstellen belegt. Je länger diese Belegung dauert, desto höher sind die entstehenden Kosten für die Offset GmbH. Die hier angewendete Kalkulationsmethode nennt sich **Stundensatzkalkulation**. Hierbei werden die Kosten pro Zeiteinheit (Verrechnungssatz) mit der kalkulierten Dauer je Arbeitsgang multipliziert. Die kalkulierte Dauer eines jeden Arbeitsgangs in einem Druckereibetrieb (z. B. dem Grundeinrichten einer Maschine) wurde durch Arbeitszeitstudien ermittelt.
Um zu einem späteren Zeitpunkt diese Stundensatzkalkulation durchführen zu können, müssen zunächst die **Kosten pro Zeiteinheit** berechnet werden. Hierzu sind die folgenden Schritte notwendig:

2.3.1.1 Ermittlung der jährlichen Fertigungszeit (Kapazitätsrechnung)
Um den Verrechnungssatz pro Stunde (**Stundensatz**) bzw. pro Minute (**Minutensatz**) zu ermitteln, muss zunächst die jährliche Fertigungszeit festgestellt werden. Bei der personellen Belegung der Kostenstellen wird mit den folgenden branchenüblichen Durchschnittswerten gerechnet:

Vergleiche hierzu Beispiel Seite 57

Kapazitätsrechnung	Tage	Stunden
Kalendertage	365,00	2 555
Samstage, Sonntage	104,00	728
Zu entlohnende Tage	261,00	1 827
Feiertage	10,00	70

Kapazitätsrechnung	Tage	Stunden
Arbeitsplatzkapazität	251,00	1757
Urlaub	30,00	210
Bezahlte Arbeitsverhinderungen	2,50	17,5
Krankheit	11,00	77
Freischichten	0,00	0
Mannkapazität	207,50	1452,5
Überstunden	13,60	95,2
Springer, Aushilfen	0,00	0
Plankapazität	221,10	1547,7
Hilfsstunden	35,43	248
Fertigungsstunden	185,67	1299,7

Die Zeit, in der beispielsweise an den Druckmaschinen der Offset GmbH theoretisch gefertigt werden kann, wird als **Arbeitsplatzkapazität** bezeichnet.

Der Drucker, der für die Maschine zuständig ist, kann allerdings während seiner Abwesenheit (durch Urlaub, Krankheit etc.) nicht an der Maschine arbeiten. Die nach Abzug dieser Stunden übrig bleibende Zeit nennt sich **Mannkapazität**.

Werden diese Stunden nicht durch einen Springer ausgeglichen, steht die Maschine dann still. Umgekehrt erhöht sich die Anzahl der Betriebsstunden, wenn ein Springer diese Ausfälle ausgleicht oder Überstunden gemacht werden. Die Anzahl dieser Betriebsstunden wird durch die **Plankapazität** dargestellt.

Hilfsstunden sind Zeiten, in denen die Maschine aufgrund von organisatorischen und kleineren technischen Problemen nicht fertigen kann. Zu den Hilfszeiten zählt u. a. auch die Reinigung der Maschine.

Am Ende dieser Rechnung stehen die **Fertigungsstunden**. Dies sind die Stunden, in denen effektiv an einem Arbeitsplatz gefertigt wird.

2.3.1.2 Kennziffern der Kapazitätsrechnung

Aus der Kapazitätsrechnung kann man mithilfe bestimmter Kennziffern Aussagen über die Auslastung einer Kostenstelle treffen.

Beschäftigungsgrad (B°)

Der Beschäftigungsgrad gibt Auskunft darüber, inwieweit der Arbeitsplatz zeitlich ausgelastet ist, also wie viele Stunden z. B. an einer Druckmaschine pro Jahr gearbeitet werden.

Um nun eine Vergleichbarkeit mit anderen Rechnungsperioden, Kostenstellen und ggf. anderen Betrieben zu ermöglichen, wird der Beschäftigungsgrad als Prozentsatz dargestellt, der das Verhältnis der Arbeitsplatzkapazität zur Plankapazität darstellt:

Beschäftigungsgrad der Druckmaschine 1 der Offset GmbH:

$$B° = \frac{\text{Plankapazität} \times 100}{\text{Arbeitsplatzkapazität}} = \frac{1547,7 \text{ Std.} \times 100}{1757 \text{ Std.}} = 88,09\,\%$$

Der Arbeitsplatz an der Druckmaschine kann somit, Vollbeschäftigung vorausgesetzt, mit 88,09 % ausgelastet werden.

Man kann festhalten, dass
- je weniger krankheitsbedingte Ausfälle zu verzeichnen sind,
- je mehr Überstunden geleistet werden,
- je besser der Einsatz von Springern koordiniert wird,

desto höher der Beschäftigungsgrad ist.

Nutzungsgrad (N°)
Der Nutzungsgrad stellt dar, in welchem Maß die Arbeitsstunden mit reiner Fertigungszeit genutzt werden. Auch hier wird die Größe als Prozentsatz dargestellt, indem das Verhältnis der Fertigungsstunden zur Plankapazität (Fertigungs- und Hilfsstunden) gebildet wird:

Nutzungsgrad der Druckmaschine 1 der Offset GmbH:

$$N° = \frac{\text{Fertigungsstunden} \times 100}{\text{Plankapazität}} = \frac{1299{,}7 \text{ Std.} \times 100}{1547{,}7 \text{ Std.}} = 83{,}98\,\%$$

Die Aussage dieser Kennziffer ist insofern wichtig, als dass bei einem hohen Beschäftigungsgrad trotzdem die Anzahl der Fertigungsstunden gering sein kann. Grund dafür können z. B. häufig auftretende kleine technische oder – durch schlechte Betriebsabläufe bedingte – organisatorische Störungen sein (Folge: hohe Anzahl an Hilfsstunden).

2.3.1.3 Ermittlung des Stundensatzes

Nachdem sowohl die Platzkosten der Kostenstellen als auch die Fertigungsstunden mithilfe der Kapazitätsrechnung ermittelt worden sind, ist es nunmehr möglich, einen Stunden- und Minutensatz zu berechnen, in dem alle an der Kostenstelle anfallenden Kosten eingerechnet sind.

Verrechnungssatz der Druckmaschine 1 der Offset GmbH:

$$\text{Stundensatz} = \frac{\text{Jahreskosten der Kostenstelle}}{\text{Fertigungsstunden}}$$

$$= \frac{98\,033{,}16 \text{ EUR}}{1299{,}7 \text{ Std.}}$$

$$= 75{,}43 \text{ EUR/Std.}$$

oder:

$$\text{Stundensatz} = \frac{\text{Jahreskosten der Kostenstelle}}{\text{Arbeitsplatzkapazität} \times \text{Beschäftigungsgrad} \times \text{Nutzungsgrad}}$$

$$= \frac{98\,033{,}16 \text{ EUR}}{1757 \text{ Std.} \times 88{,}09\,\% \times 83{,}98\,\%}$$

$$= 75{,}43 \text{ EUR/Std.}$$

$$\text{Minutensatz} = \frac{\text{Stundensatz}}{60 \text{ Min./Std.}}$$

$$= \frac{75{,}43 \text{ EUR/Std.}}{60 \text{ Min./Std.}}$$

$$= 1{,}26 \text{ EUR/Min.}$$

Eine Minute, in der die Druckmaschine für einen Auftrag eingesetzt ist, kostet demnach 1,26 EUR.

Analog wird der Verrechnungssatz bei Druckmaschine 2 und bei der Bogenmontage ermittelt:

Verrechnungssatz der Druckmaschine 2 der Offset GmbH:

$$\text{Minutensatz} = \frac{\text{Jahreskosten der Kostenstelle}}{\text{Fertigungsstunden} \times 60 \text{ Min./Std.}}$$

$$= 2{,}13 \text{ EUR/Min.}$$

Verrechnungssatz der Bogenmontage der Offset GmbH:

$$\text{Minutensatz} = \frac{\text{Jahreskosten der Kostenstelle}}{\text{Fertigungsstunden} \times 60 \text{ Min./Std.}}$$

$$= 1{,}04 \text{ EUR/Min.}$$

2.3.2 Stückkostenkalkulation

Innerhalb einer Rechnungsperiode (hier: ein Jahr) wird mit dem Plattenbelichter eine bestimmte Menge Druckplatten hergestellt bzw. eine bestimmte Menge an Formproofs mit dem großformatigen Drucker gedruckt. Diese Menge ist in Quadratmeter zu messen. Die Leistungen dieser Kostenstellen können von Frau Kretschmann somit in Abhängigkeit von der Stückzahl bzw. in diesem Fall nach gedruckten bzw. belichteten Quadratmeter (**Stückkosten**) kalkuliert werden.

Voraussetzung hierfür ist allerdings, dass eine mögliche Auslastung, also eine produzierte Menge belichteter Druckplatten für ein Jahr auf der Basis von Erfahrungswerten der vergangenen Geschäftsjahre zugrunde gelegt wird. Im Rahmen der Kalkulation können dann die Leistungen (hier: Druckplatten, Proofs) nach Quadratmeter abgerechnet werden und nicht nach Zeiteinheiten wie beim Druck und bei der Bogenmontage. Weil zur Kalkulation die Gesamtkosten der Kostenstelle durch die Stückzahl (hier: m²) dividiert werden, nennt sich diese Kalkulationsmethode **Divisionskalkulation oder auch Stückkostenkalkulation**.

Die Methode wird im Folgenden am Beispiel der Druckplattenherstellung dargestellt:

Stückkosten der Druckplattenherstellung der Offset GmbH:

$$\text{Stückkosten} = \frac{\text{Jahreskosten der Kostenstelle}}{\text{voraussichtlich produzierte Jahresmenge}}$$

$$= \frac{128\,169{,}45 \text{ EUR}}{2\,000 \text{ m}^2}$$

$$= 64{,}08 \text{ EUR/m}^2$$

Die Kosten pro Quadratmeter hergestellte Druckplatte belaufen sich somit auf 64,08 EUR/m². Bei steigender Auslastung (also z. B. bei 3 000 m²) würden die Quadratmeter-Kosten sinken. Um jedoch eine Kalkulation zu ermöglichen, wird eine für gewöhnlich bestehende Auslastung (hier: 2 000 m²) festgesetzt.

Auf die gleiche Weise werden auch die Quadratmeter-Kosten beim Digitalen Formproof ermittelt:

Durchschnittliche Stückkosten des großformatigen Druckers der Offset GmbH:

$$\text{Stückkosten} = \frac{\text{Jahreskosten der Kostenstelle}}{\text{voraussichtlich produzierte Menge}}$$

$$= \frac{23\,892{,}41\text{ EUR}}{2\,000\text{ m}^2}$$

$$= 11{,}95\text{ EUR/m}^2$$

2.3.3 Zuschlagskalkulation

Neben den Fertigungskosten fallen auch Kosten an, die mit dem Einsatz von Fertigungsmaterial zusammenhängen. Sie entstehen durch Lagerung und Bestellung des Fertigungsmaterials. Um die gesamten Materialkosten zu decken, muss Frau Kretschmann für die Kalkulation eines Auftrags somit nicht nur die Anschaffungskosten des Fertigungsmaterials, also die Einzelkosten eines Auftrags, berücksichtigen, sondern auch die im BAB ermittelten **Materialgemeinkosten (MGK)**.

Das Problem ist in diesem Zusammenhang, wie man einen angemessenen Teil dieser Materialgemeinkosten möglichst verursachungsgerecht einem Kunden in Rechnung stellt.
Grundsätzlich wird unterstellt, dass je höher der Materialeinsatz im Rahmen eines Auftrags ist, desto höher auch die hierdurch verursachten Materialgemeinkosten sind.
Um für die Kalkulation die *auftragsbezogenen* MGK zu ermitteln, muss man das Verhältnis der MGK zu den *gesamten* Gemeinkosten der Materialkostenstelle errechnen. Dieses Verhältnis wird dann in einem Prozentsatz, dem **MGK-Zuschlagssatz**, ausgedrückt (siehe zweite und dritte Spalte in unten stehendem Beispiel).

MGK-Zuschlagssatz der Materialkostenstelle der Offset GmbH:

$$\text{MGK-Zuschlagssatz} = \frac{\text{Materialgemeinkosten (pro Jahr)} \times 100}{\text{Fertigungsmaterial (Verbrauch pro Jahr in EUR)}}$$

$$= \frac{195\,718{,}89\text{ EUR} \times 100}{2\,230\,574{,}00\text{ EUR}}$$

$$= 8{,}77\,\%$$

Dieser Zuschlagssatz wird zugrunde gelegt, um die Materialgemeinkosten eines Auftrags zu berechnen (siehe Spalte „Auftragsbezogene Materialkosten").

	Materialkosten der gesamten Rechnungsperiode (pro Jahr)	MGK-Zuschlagssatz	Auftragsbezogene Materialkosten
Fertigungsmaterial	2 230 574,00 EUR		2 000,00 EUR
Materialgemeinkosten	195 718,89 EUR	8,77 %	175,40 EUR
Materialkosten	2 426 292,89 EUR		2 175,40 EUR

2 | Kostenstellenrechnung

> Diese Methode der Kalkulation nennt sich *Zuschlagskalkulation*, weil die Materialgemeinkosten dem für einen Auftrag benötigten Fertigungsmaterial zugeschlagen werden. Dadurch wird erreicht, dass jeder Auftrag *seinen* Anteil an den gesamten anfallenden MGK deckt. Alle Aufträge zusammen tragen auf diese Weise die in einem Jahr anfallenden MGK.

Berechnung der für die Kalkulation notwendigen Kalkulationssätze

Kalkulationssätze

Stundensatz:
- Bogenmontage
- Druck

$$\text{Verrechnungssatz} = \frac{\text{Jahreskosten}}{\text{Fertigungsstunden}}$$

Stückkostensatz:
- Formproof
- Druckplattenherstellung

$$\text{Stückkostensatz} = \frac{\text{Jahreskosten}}{\text{erzeugte Menge}}$$

Zuschlagssatz:
- Fertigungsmaterial

$$\text{Zuschlagssatz} = \frac{\text{Gemeinkosten} \times 100}{\text{Einzelkosten}}$$

- Ermittlung von Verrechnungssätzen (Druckmaschinen, Bogenmontage):
  - Berechnung der Fertigungsstunden mittels der Kapazitätsrechnung
  - Berechnung des Nutzungsgrads (N°) und des Beschäftigungsgrads (B°):

$$B° = \frac{\text{Plankapazität} \times 100}{\text{Arbeitsplatzkapazität}}$$

$$N° = \frac{\text{Fertigungsstunden} \times 100}{\text{Plankapazität}}$$

  - Ermittlung von Stunden- und Minutensätzen

$$\text{Minutensatz} = \frac{\text{Jahreskosten der Kostenstelle}}{\text{Fertigungsstunden} \times 60}$$

oder:

$$\text{Stundensatz} = \frac{\text{Jahreskosten der Kostenstelle}}{\text{Arbeitsplatzkapazität} \times \text{Beschäftigungsgrad} \times \text{Nutzungsgrad}}$$

- Ermittlung von Stückkosten (großformatiger Drucker, Druckplattenherstellung):

$$\text{Stückkostensatz} = \frac{\text{Jahreskosten der Kostenstelle}}{\text{Ausbringungsmenge}}$$

- Ermittlung des Zuschlagssatzes (Fertigungsmaterial):

$$\text{MGK-Zuschlagssatz} = \frac{\text{Materialgemeinkosten (pro Jahr)} \times 100}{\text{Fertigungsmaterial (Verbrauch pro Jahr in EUR)}}$$

1. Die Print GmbH hatte im vergangenen Jahr Fertigungsmaterialkosten in Höhe von 21 732 811,00 EUR. Die Materialgemeinkosten betrugen 2 382 613,00 EUR.
   a) Berechnen Sie den Materialgemeinkostenzuschlagssatz.
   b) Ermitteln Sie die Materialgemeinkosten für einen Kundenauftrag, bei dem Fertigungsmaterial in Höhe von 2 472,67 EUR verbraucht worden ist.

2 Ermitteln Sie den Stunden- und Minutensatz des folgenden Arbeitsplatzes:

Arbeitsplatzkapazität	1850 Stunden
B°	85 %
N°	93 %
Jahreskosten	19 8571,11 EUR

3 a) Berechnen Sie die Quadratmeter-Kosten des Plattenbelichters:

Arbeitsplatzkosten	132 150,00 EUR
Belichtete Druckplatten	1500 m²

b) Aufgrund steigender Auftragseingänge und der damit notwendig gewordenen Anschaffung einer neuen Druckmaschine wird die mögliche Auslastung der Kostenstelle Druckformherstellung auf 2 000 m² erhöht. Bei dieser erhöhten Ausbringungsmenge steigen die Energiekosten und die Kosten für Gemeinkostenmaterial. Hierdurch erhöhen sich die Arbeitsplatzkosten um 5 %. Berechnen Sie die für die Kalkulation der kommenden Rechnungsperiode zugrunde zu legenden Stückkosten.

4 a) Vergleichen Sie die betrieblich bedingte Auslastung der beiden Arbeitsplätze (einer neuen und einer alten Druckmaschine) mithilfe des N° und B°.
b) Worin könnte der Unterschied in den Ergebnissen begründet sein?

Arbeitsstundenermittlung	Maschine neu Stunden	Maschine alt Stunden
Kalendertage	2 552,00	2 552,00
Samstage, Sonntage	728,00	728,00
zu entlohnende Tage	1 824,00	1 824,00
Feiertage	70,00	70,00
Arbeitsplatzkapazität	1 754,00	1 754,00
Urlaub	222,00	222,00
bezahlte Arbeitsverhinderungen	18,50	10,00
Krankheit	81,40	30,00
Freischichten	—	—
Mannkapazität	1 432,10	1 492,00
Überstunden	100,58	120,00
Springer, Aushilfen	—	—
Plankapazität	1 532,68	1 612,00
Hilfsstunden		260,00
Fertigungsstunden	1 272,68	1 162,00

5 a) Berechnen Sie den N° und B° des folgenden Arbeitsplatzes.

Arbeitsstundenermittlung	Stunden
Kalendertage	2 555,00
Samstage, Sonntage	728,00
zu entlohnende Tage	**1 827,00**
Feiertage	70,00
Arbeitsplatzkapazität	**1 757,00**
Urlaub	210,00
bezahlte Arbeitsverhinderungen	24,00
Krankheit	30,00
Freischichten	0,00
Mannkapazität	**1 493,00**
Überstunden	0,00
Springer, Aushilfen	0,00
Plankapazität	**1 493,00**
Hilfsstunden	248,00
Fertigungsstunden	**1 245,00**

b) Berechnen Sie B° und N° unter der Voraussetzung, dass Urlaub, Krankheit und bezahlte Arbeitsverhinderungen durch einen Springer voll ausgeglichen werden.

c) Berechnen Sie B° und N° unter der Voraussetzung, dass neben dem in b) angeführten Springer für den Mitarbeiter 100 Überstunden im Jahr eingeplant werden. Interpretieren Sie das Ergebnis des B°.

6 Die Druckmaschine der Print KG weist in den ersten vier Monaten des Jahres durchschnittlich monatliche Kosten von 21 000,00 EUR bei einer durchschnittlichen Fertigungszeit von 105 Stunden auf. Durch ein erhöhtes Auftragsvolumen stiegen im Monat Mai die Kosten um 15 %. Die Fertigungszeit erhöhte sich gleichzeitig um 30 %.

a) Berechnen Sie die Stundensätze für die Monate April und Mai.

b) Welche Auswirkungen hat der veränderte Stundensatz im Monat Mai auf das Betriebsergebnis der Print KG, wenn das gesamte Jahr mit dem durchschnittlichen Stundensatz der ersten vier Monate kalkuliert wird und gleichzeitig die Auftragssituation in den Monaten Juni bis Dezember so bestehen bleibt wie im Monat Mai?

c) Woran könnte es liegen, dass sich die Kostensteigerung und die Erhöhung der Fertigungszeit nicht proportional, also mit der gleichen prozentualen Steigerung, verhalten? Prüfen Sie in diesem Zusammenhang, welche Kosten durch die erhöhte Fertigungszeit steigen.

3 Vollkostenrechnung

3 Vollkostenrechnung

Im BAB wurden die *jährlichen* Kosten der Kostenstellen ermittelt. Die daraus errechneten Sätze, wie beispielsweise die Quadratmeter-Sätze und der MGK-Zuschlagssatz bei der Offset GmbH, dienen als Datengrundlage, die Kosten für Leistungen eines Auftrag zu berechnen.
Da jeder Auftrag unterschiedlich umfangreiche Leistungsprozesse beinhaltet, müssen diese immer wieder für jedes Angebot ermittelt und mit Kosten bewertet werden **(Kalkulation)**. Das grundlegende Prinzip Vollkostenrechnung besagt hierbei, dass bei der Kalkulation alle Kosten die ein Auftrag verursacht, einbezogen werden.

Vergleiche hierzu Kapitel 2.3

Da sich die Produkte und Dienstleistungen in der Medienbranche stark unterscheiden, ergeben sich somit auch Besonderheiten in der Kalkulation. Die Kalkulationsmethodik wird unter Berücksichtigung der Besonderheiten im Weiteren anhand verschiedener Betriebe und deren Leistungen erläutert.

3.1 Vollkostenrechnung in Fertigungsbetrieben (Kurzversion)

Frau Kretschmann muss folgende Anfrage kalkulieren:
- Objekt: Prospekt, vierseitig, Text mit Farbbildern
- Auflage: 5 000 Stück
- Format: DIN A4 (21 cm x 29,7 cm)
- Farben: zweifarbig (schwarz, blau)
- Druck: zweiseitig

Vergleiche hierzu Kapitel 2.3

Die weiteren Erläuterungen der nun folgenden Kapitel 3.1.1-3.1.3 beziehen sich auf diese Auftragsdaten.
Es geht bei der **Kalkulation** darum, alle mit der Herstellung des Prospekts zusammenhängenden Leistungen, also die Kosten des Fertigungsprozesses **(Fertigungskosten)** und den Materialverbrauch **(Materialkosten)**, zu bewerten und so die Selbstkosten für diesen Auftrag zu ermitteln.

Leistungserstellungsprozess eines Druckprodukts in der Offset GmbH:

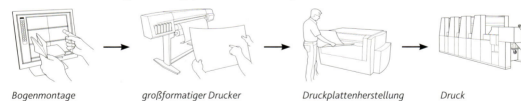

Bogenmontage   *großformatiger Drucker*   *Druckplattenherstellung*   *Druck*

Die Weiterverarbeitung (z. B. Schneiden und Falzen) wird von einem anderen Betrieb durchgeführt und geht als Fremdleistung in die Kalkulation ein.

Wie bereits in Kapitel 2 dargestellt, stehen hier unterschiedliche Kalkulationsmethoden zur Verfügung.

3.1.1 Stundensatzkalkulation

Die Bogenmontage und den Druck des Auftrags kalkuliert Frau Kretschmann mit der Stundensatzkalkulation.

Vergleiche hierzu Kapitel 2.3.1

Bogenmontage

Bei der Bogenmontage werden die Seiten des Endprodukts digital für jede Druckbogenseite an einem Rechner positioniert. Für jede zu bedruckende Bogenseite wird die **Druckform** (im Offsetdruck sind dies die Druckplatten) somit zunächst digital erstellt. Die Bogenmontage stellt die „Vorarbeit" für die eigentliche Druckplattenherstellung dar.

Druckformen für den Auftrag

Für jede Seite eines zu bedruckenden Druckbogens wird eine Druckform montiert.

Bogenmontage

Druckbogen-Vorderseite:

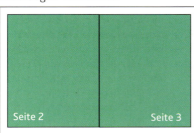

Druckbogen-Rückseite:

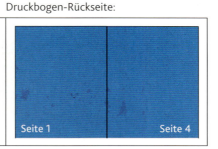

Kosten der Bogenmontage

Der Arbeitsvorgang der Bogenmontage gliedert sich in **Rüsten** und **Ausführen**. Die Leistungswerte sind der unten stehenden Tabelle zu entnehmen:

	Dauer (Min.)	Verrechnungssatz (EUR)	Kosten (EUR/Min.)
Rüsten	7	1,04	7,28
Ausführen pro montierter Druckform	5,5	1,04	11,44

Kosten der Bogenmontage für den Auftrag (Verrechnungssatz 1,04 EUR/Min.)

Rüsten = Bearbeitungsdauer x Verrechnungssatz (Minutensatz)
= 7 Min. x 1,04 EUR/Min.
= 7,28 EUR

Ausführen = Bearbeitungsdauer je Druckform x Anzahl der Druckformen x Verrechnungssatz
= 5,5 Min./Stück x 2 Stück x 1,04 EUR/Min.
= 11,44 EUR

Gesamtkosten der Bogenmontage = 18,72 EUR

Das Rüsten beinhaltet bei allen Produktionsvorgängen vorbereitende Tätigkeiten, also beispielsweise das Lesen der Anweisungen in der Auftragstasche, das Einrichten einer Maschine, die Planung der Vorgehensweise oder das Öffnen eines Programms. Das Ausführen ist dann der eigentliche Produktionsvorgang.

Druck

Beim Offsetdruck bringen Druckplatten, die auf eine Walze gespannt werden, Farbe auf die Druckbogen auf. Beim Mehrfarbendruck sind mehrere Druckplatten notwendig. Die Druckbogen werden hierbei von der Maschine eingezogen und um die Walzen geführt. Das **Rüsten** beinhaltet das Vorbereiten der Maschine auf den Auftrag. Hierzu zählt unter anderem das Montieren der Druckplatten bei jedem Druckgang und das Hochfahren der Maschinenleistung auf die maximale Druckzahl pro Stunde nach der Plattenmontage. Insofern ist die Rüstdauer abhängig vom Seitenumfang und der Anzahl der Farben des zu druckenden Objekts.

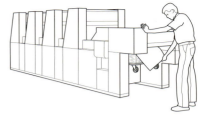

Druckmaschine

Die Druckmaschine 1 der Offset GmbH weist für den Prospekt folgende Leistungswerte auf:

Max. Bogenformat	36 cm x 52 cm
Max. Druckleistung pro Std.	8 000 Stück
Stundensatz	75,43 EUR
Minutensatz	1,26 EUR

Rüsten	120 Min.
Ausführen (je 1000 Druck)	11,8 Min.

Das **Ausführen** wird auch mit dem Begriff **Fortdruck** bezeichnet und ist der eigentliche Produktionsvorgang, bei dem die für den Kunden bestimmten Exemplare des Prospekts bedruckt werden. Die Ausführungszeit der Druckmaschine ist von der **Druckzahl** abhängig. Die **Druckzahl** ist hierbei die Anzahl der Bogendurchläufe **inklusive Bogen-Zuschuss**, die beim Ausführen (**Fortdruck**) gezählt wird. Hierbei ist zu beachten, ob ein Druckbogen nur auf einer oder zwei Seiten (zweiseitiger Druck oder **Schön- und Widerdruck**) bedruckt wird. Beim zweiseitigen Druck verdoppelt sich folglich die Druckzahl des Auftrags im Verhältnis zu den Druckbogen. Der Leistungswert der Druckmaschine wird hierbei in Tausend Druck angegeben.

Druck eines Flyers, der auf der Vorder- und Rückseite bedruckt wird:
- Kalkulierte Druckbogen im Fortdruck inkl. Zuschuss: 5 500 Stück
- Druckzahl im Schön- und Widerdruck druck: 11 000 Stück

Ermittlung der Druckkosten für den Auftrag

Rüsten = Bearbeitungsdauer x Minutensatz
= 120 Min. x 1,26 EUR/Min.
= 151,20 EUR

Ausführen Druckbogen netto: 5 000 Stück
Fortdruckzuschuss: 2,6 %

Druckzahl = (5 000 Stück + 5 000 Stück x 2,6 %) x 2
= 10 260 Stück
= 10,26/1 000 Stück

Fortdruckkosten = 10,260 Stück x 11,8 Min./Stück x 1,26 EUR/Min.
= 152,55 EUR

Druckkosten = 151,20 EUR + 152,55 EUR
= 303,75 EUR

Erläuterung zu den Fortdruckkosten: Da die Druckbogen (inkl. Zuschuss) aufgrund des Schön- und Widerdrucks je zweimal durch die Maschine laufen, wird zur Ermittlung der Druckzahl die Anzahl der Druckbogen verdoppelt (Druckzahl = zwei je Bogen).

Vollkostenrechnung | 3

3.1.2 Stückkostenkalkulation

Den Formproof und die Druckplattenherstellung des Auftrags kalkuliert Frau Kretschmann mit der Stückkostenkalkulation.

Vergleiche hierzu Kapitel 2.3.2

Formproof

Beim Formproof druckt ein großformatiger Drucker einen (Probe-)Druckbogen aus. Dieser ist identisch mit den später mit der Druckmaschine gedruckten Bogen.

Der Formproof dient dazu, die bei der digitalen Bogenmontage montierten Seiten zu kontrollieren.

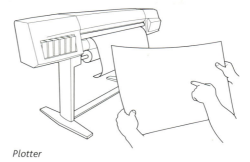

Plotter

Kosten des Formproofs

Die Kosten des Formproofs werden mit der Stückkosten- oder Divisionskalkulation errechnet. Da es unterschiedliche Formate gibt, müssen die Stückkosten für das Format der Druckbogen berechnet werden.

Kosten des Formproofs für den Auftrag

Kosten je Formproof = Stückkosten (pro m²) x Fläche des Formats (in m²)
= 11,95 EUR/m² x 36 cm x 52 cm
= 11,95 EUR/m² x 0,36 m x 0,52 m
= 11,95 EUR x 0,1872 m²
= 2,24 EUR

Da zwei Bogen montiert wurden (Vorder- und Rückseite des Prospekts), müssen zwei Formproofs erstellt werden.

Gesamtkosten des Formproofs = 2,24 EUR/Stück x 2 Stück (montierte Druckformen)
= 4,48 EUR

Druckplattenherstellung

Im Anschluss an die Bogenmontage und den Formproof wird die Druckplatte hergestellt. Aus jeder digital montierten Druckform werden zwei Druckplatten erzeugt, denn jede Druckplatte druckt nur eine Farbe auf den Druckbogen.

> **Somit wird pro Farbe je eine Druckplatte benötigt.**

Druckplattenherstellung

Kosten der Druckplattenherstellung

Auch bei der Druckplattenherstellung findet die Divisionskalkulation Anwendung. Aus den Quadratmeter-Sätzen der Druckplattenherstellung ergeben sich für die Fertigung der angegebenen Druckplattenformate (hier: 36 cm x 52 cm) folgende Kosten.

Kosten der Druckplattenherstellung für den Auftrag

Kosten je Druckplatte = m²-Satz x Fläche des Formats in m²
= 64,08 EUR x 0,1872 m²
= 12,00 EUR

Druckplattenbedarf = 2 Farben x 2 montierte Bogen
= 4 Druckplatten

Fertigungskosten für 4 Druckplatten = 4 x 12,00 EUR
= 48,00 EUR

Fertigungskosten des Auftrags	
Bogenmontage	18,72 EUR
Formproof	4,48 EUR
Druckplattenherstellung	48,00 EUR
Druck	303,75 EUR
Summe	**374,95 EUR**

3.1.3 Zuschlagskalkulation

Die Materialkosten ermittelt Frau Kretschmann mithilfe der Zuschlagskalkulation.

Vergleiche hierzu Kapitel 2.3.3

Für den Druck wird Fertigungsmaterial in Form von
- Papier,
- Druckfarbe und
- Druckplatten

benötigt.

Materialkosten des Auftrags		
Papier	341,49 EUR	
Farbe	34,38 EUR	
Druckplatten	14,00 EUR	
Fertigungsmaterial	**389,87 EUR**	
Materialgemeinkosten	34,19 EUR	8,77 %
Summe	**424,06 EUR**	

Die Selbstkosten (Material + Fertigungskosten) der Offset GmbH ohne Fremdleistungen betragen somit

Fertigungskosten	374,95 EUR
Materialkosten	424,06 EUR
Selbstkosten ohne Fremdleistungen	**799,01 EUR**

Ermittlung des Angebotspreises

Frau Kretschmann kann im Rahmen der konzerninternen Verrechnung einen Gewinnzuschlag von 15 % kalkulieren. Die Verarbeitung (Schneiden und Falzen) geht als Fremdleistung in die Kalkulation ein. Die gesamten Leistungen und der Angebotspreis werden im Rahmen eines Kalkulationsschemas berechnet.

Fertigungsmaterial	389,87 EUR	
Materialgemeinkosten	34,19 EUR	8,77 %
Materialkosten	**424,06 EUR**	
Fremdleistungen	40,90 EUR	
Fremdleistungszuschlag	2,05 EUR	5,00 %
Fremdleistungskosten	**42,95 EUR**	
Fertigungskosten	**374,95 EUR**	
Selbstkosten	**841,96 EUR**	
Gewinnzuschlag	126,29 EUR	15,00 %
Barverkaufspreis	**968,25 EUR**	
Skonto 2 % (i. H.)	20,38 EUR	2,00 %
Provision 3 % (i. H.)	30,58 EUR	3,00 %
Netto-Zielverkaufspreis	**1019,21 EUR**	
Umsatzsteuer	193,65 EUR	19,00 %
Brutto-Zielverkaufspreis	**1212,86 EUR**	

Der Aufbau und die Berechnung der Kalkulationsschemata, insbesondere die Berechnung von Skonto und Provision, werden noch genauer thematisiert.

Vergleiche hierzu Kapitel 3.3.1.1

3 | Vollkostenrechnung

1 Kalkulieren Sie die Fertigungskosten der Druckmaschine für folgenden Auftrag:

Objekt: Werbeplakat, einseitig (Text mit Farbbildern)
Format: DIN A3 (29,7 cm x 42 cm)
Auflage: 2 000 Stück

Leistungsdaten der Druckmaschine für diesen Auftrag:

Kalkulationssatz	2,20 EUR/Min.
	Dauer (Min.)
Rüsten	80
Ausführen (pro 1 000 Druck)	12

Für den Auftrag laufen beim Ausführen inklusive 1 % Zuschuss 2 020 Druckbogen durch die Maschine (2 020 Druck).

2 **Objekt:** Zeitschrift, 32-seitig
Auflage: 8 000 Stück
Netto-Druckbogenbedarf (Druckbogen ohne Zuschuss): 16 000 Stück
Ausführungszuschuss: 4,7 %
Druckplattenbedarf: 16 Stück im Format 72 cm x 102 cm

Leistungsdaten der Druckmaschine:

Kalkulationssatz	6,32 EUR/Min.
	Dauer (Min.)
Rüsten	178
Ausführen	8,6

Stückkosten der Druckplattenherstellung: 64,08 EUR/m²

Weitere Angaben:
- Die Druckbogen liegen geschnitten vor.
- Die Bogen liegen bereits digital montiert vor, sodass der Arbeitsprozess mit der Druckplattenherstellung beginnt.
- Die Weiterverarbeitung wird fremd vergeben und vom durchführenden Unternehmen direkt dem Kunden in Rechnung gestellt.

Kalkulieren Sie die Fertigungskosten (Druckplattenherstellung und Druck). Um die Dauer der Ausführung zu ermitteln, berechnen Sie zuvor die Anzahl der Druckbogen, die für den Auftrag durch die Druckmaschine laufen (Druckzahl). Der Ausführungszuschuss von 4,7 % muss bei der Fertigungsdauer (beim Ausführen) berücksichtigt werden. Bedenken Sie auch, dass die Vorder- und Rückseite der Druckbogen bedruckt werden (Schön- und Widerdruck).

3 **Objekt:** Kalender (Text mit Farbbildern)
Umfang: 13 Seiten, einseitig
Endformat: 29,7 cm x 42 cm
Druck: einseitig, 4 Farben
Auflage: 20 000 Stück

Netto-Druckbogenbedarf: 260 000 Stück
Ausführungszuschuss: 2,9 % auf Nettodruckbogen
Rüstzuschuss: 1 600 Bogen (werden bei der Fortdruckdauer, also beim Ausführen, nicht berücksichtigt)
Zu montierende Druckformen: 13 Stück
Druckplattenbedarf: 52 Stück im Format 36 cm x 52 cm

Leistungsdaten der Druckmaschine:

Kalkulationssatz	0,61 EUR/Min.
	Dauer (Min.)
Rüsten	1351
Ausführen (je 1 000 Druck)	45,2

Leistungsdaten der Bogenmontage:

Kalkulationssatz	1,04 EUR/Min.
	Dauer (Min.)
Rüsten	7
Ausführen pro montiertem Bogen	5,5

Stückkosten der Druckplattenherstellung: 64,08 EUR/m²
Stückkosten für den Formproof: 11,95 EUR/m²
Fertigungsmaterial:
- Bezugskosten der Druckplatten: 3,50 EUR/Stück
  Bezugskosten der Druckbogen: 50,00 EUR/1 000 Stück; Farbkosten: 1 897,44 EUR
- Materialgemeinkostenzuschlagssatz: 10 %

Weitere Angaben:
- Druckbogen liegen geschnitten vor
- Weiterverarbeitung: 1,10 EUR je Kalender + 5 % Fremdleistungszuschlag

Kalkulieren Sie den Barverkaufpreis des Auftrags mit einem Gewinnzuschlag von 15 %.

4 **Objekt:** Zeitschrift (Text mit Farbbildern)
  Umfang: 40 Seiten
  Endformat: 14,35 cm x 21 cm (geschlossen)
  Druck: zweiseitig, 4 Farben
  Auflage: 5 000 Stück

Netto-Druckbogenbedarf: 25 000 Stück
Ausführungszuschuss: 5,2 % auf Nettodruckbogen
Rüstzuschuss: 1 240 Bogen
Zu montierende Druckformen: 10 Stück
Druckplattenbedarf: 40 Stück im Format 36 cm x 52 cm

3 | Vollkostenrechnung

Leistungsdaten der Druckmaschine:

Kalkulationssatz	1,34 EUR/Min.
	Dauer (Min.)
Rüsten	870
Ausführen (je 1 000 Druck)	24,4

Leistungsdaten der Bogenmontage:

Kalkulationssatz	1,04 EUR/Min.
	Dauer (Min.)
Rüsten	7
Ausführen (pro montierter Druckform)	5,5

Stückkosten der Druckplattenherstellung: 64,08 EUR/m²
Stückkosten für den Formproof: 11,95 EUR/m²
Fertigungsmaterial:
- Bezugskosten der Druckplatten: 3,50 EUR/Stück
  Bezugskosten der Druckbogen: 24,85 EUR/1 000 Stück
  Farbkosten: 388,32 EUR
- Materialgemeinkostenzuschlagssatz: 10 %

Weitere Angaben:
- Druckbogen liegen geschnitten vor.
- Die Weiterverarbeitung wird fremd vergeben, Fremdleistungskosten: 95,00 EUR + 5 % Zuschlag.

Kalkulieren Sie die Selbstkosten des Auftrags.

5 Die Creativ OHG hat einen Auftrag zur Produktion einer Konzertkarte erhalten.
Auftragsdaten:
- Bearbeiten einer vom Kunden gelieferten Bilddatei
- Nachzeichnen einer vom Kunden gelieferten Grafik (Logo)
- Gestalten der Karte

Die Daten werden belichtungsfähig auf einer CD an die Druckerei geliefert.
Es werden folgende Zeiten kalkuliert:

Bildbearbeitung (Freistellung)	2 Stunden
Bearbeitung der Grafik	3 Stunden
Gestaltung	5,5 Stunden

Vergleiche hierzu Kapitel 2.2

a) Kalkulieren Sie den Auftrag. Legen Sie dabei die errechneten Jahreskosten der Kostenstelle DTP-Arbeitsplatz 1 des BAB der Übungsaufgabe 1 auf der Seite 60 zugrunde (Kapitel 2.2). Gehen Sie dabei von einer Arbeitsplatzkapazität von 1 840 Stunden sowie einem Beschäftigungsgrad von 88 % und einem Nutzungsgrad von 96 % aus.
b) Ermitteln Sie den Brutto-Zielverkaufpreis mit einem kalkulierten Gewinnzuschlag von 10 %, 2 % Skonto und 1 % Provision.

3.1.4 Auflagenabhängige und auflagenunabhängige Kosten

Bei der Kalkulation von Druckleistungen ist es häufig sinnvoll, auflagenabhängige und auflagenunabhängige Kosten zu ermitteln. Man spricht hier auch von auflagenfixen und auflagenvariablen Kosten. Insbesondere bei folgenden Entscheidungssituationen liefert die Analyse der Material- und Fertigungskosten wichtige Informationen:
- bei der Angebotserstellung für verschiedene Auflagenhöhen eines Auftrags,
- bei der Wahl der Maschine, auf der ein Auftrag gedruckt werden soll (Grenzmengenermittlung).

3.1.4.1 Kalkulation bei unterschiedlichen Auflagenhöhen

> Das Unternehmen, für das die Offset GmbH den Prospekt in einer Auflage von 5 000 Stück fertigen soll, fragt zusätzlich an, wie hoch der Preis für eine Auflage von 7 000 Stück ist.

Zunächst ist in diesem Zusammenhang von Bedeutung, dass es Fertigungsprozesse gibt, die nur einmal anfallen, unabhängig davon, wie viele Stücke gedruckt werden. Andere Fertigungsprozesse verursachen mit steigender Auflagenzahl auch steigende Kosten, weil hierfür mehr Zeit benötigt wird oder die betrieblichen Ressourcen in höherem Maß in Anspruch genommen werden.

Während im Rahmen der Erstellung des BAB eine Einteilung in Einzel- und Gemeinkosten von Bedeutung war, bietet sich hier die folgende Unterscheidung der betrieblichen Kosten an:

Kosten in Abhängigkeit von der Auflagenhöhe

auflagenfix	auflagenvariabel
• Rüsten der Maschine • Bogenmontage • Formproof • Druckplattenherstellung • Druckplatten (Rohlinge) • Fertigungsmaterial, das durch die Einrichtung der Druckmaschine als Ausschuss produziert wird (Einrichtezuschuss)	• Fertigungsmaterial, das bei der Ausführung (Fortdruck) verbraucht wird • Maschinenkosten (Fertigungsdauer x Minutensatz) während des Fortdrucks

Damit Frau Kretschmann die Grenzkosten für eine Auflagenerhöhung um 2 000 Stück kalkulieren kann, muss sie zunächst die auflagenvariablen Kosten je 1 000 Stück berechnen.
Ermittlung der auflagenvariablen Kosten je 1 000 Stück:

auflagenvariable Kosten bei 5 000 Stück: 548,89 EUR

$$\text{auflagenvariable Kosten je 1 000 Stück} = \frac{\text{gesamte auflagenvar. Kosten des Auftrags} \times 1 000}{\text{Auflagenhöhe}}$$

$$= \frac{548{,}89 \text{ EUR}}{5\,000 \text{ Stück}} \times 1\,000 \text{ Stück}$$

$$= 109{,}78 \text{ EUR}$$

Nun können beliebige Auflagenhöhen für den Auftrag einfach kalkuliert werden. Für die angefragten 7 000 Stück ergibt sich somit folgender neuer Angebotspreis:

Kalkulation für 7 000 Stück:

Selbstkosten = auflagenfixe Kosten + auflagenvariable Kosten
= 250,12 EUR + 109,78 EUR x 7
= 1 018,58 EUR

Grafisch stellt sich der Sachverhalt folgendermaßen dar:

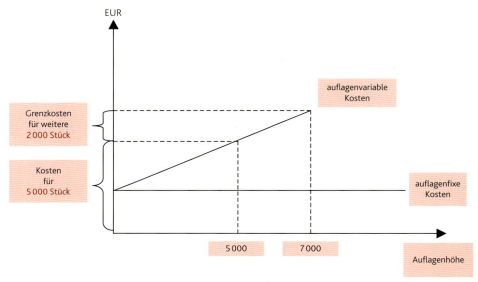

Auflagenfixe und auflagenvariable Kosten

Auf die gesamte Auflagenhöhe von 7 000 Stück bezogen ergibt sich zudem der Effekt, dass die Stückkosten pro 1 000 Stück sinken.

Auftragsbezogene Stückkosten in 1 000 Stück:

$$\text{Stückkosten pro 1 000 Stück (bei 7 000 Stück)} = \frac{\text{Selbstkosten (in 1 000 Stück)}}{\text{Auflagenhöhe (in 1 000 Stück)}}$$

$$= \frac{1\,018,58 \text{ EUR}}{7}$$

$$= 145,51 \text{ EUR}$$

zum Vergleich:
Stückkosten pro 1 000 Stück = 159,80 EUR
(bei 5 000 Stück)

Der Grund hierfür ist, dass sich der auflagenunabhängige Fixkostenblock auf eine größere Menge verteilt. Diesen Effekt nennt man **Fixkostendegression**.
Die Fixkostendegression ist in unten stehender Tabelle anhand weiterer Auflagenhöhen aufgezeigt:

Auflage	5 000	6 000	7 000	8 000	9 000	10 000
Selbstkosten	799,01 EUR	908,80 EUR	1 018,58 EUR	1 128,36 EUR	1 238,14 EUR	1 347,92 EUR
fixe Stückkosten	50,02 EUR	41,69 EUR	35,73 EUR	31,27 EUR	27,79 EUR	25,01 EUR
auflagenvariable Kosten	548,89 EUR	658,67 EUR	768,45 EUR	878,23 EUR	988,01 EUR	1 097,79 EUR
Stückkosten	159,80 EUR	151,47 EUR	145,51 EUR	141,05 EUR	137,57 EUR	134,79 EUR

Grafisch stellt sich die Fixkostendegression wie folgt dar:

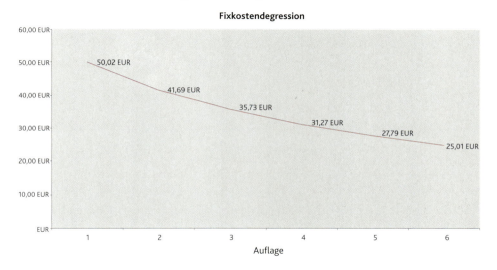

Die Grafik zeigt, dass sich die auflagenfixen Kosten pro 1 000 Stück mit zunehmender Auflagenhöhe verringern. Allerdings vollzieht sich dieser Verlauf nicht linear (also in einer fallenden Geraden), sondern **degressiv**. Das bedeutet, dass der Kostenvorteil der sich verringernden fixen Stückkosten mit zunehmender Auflagenhöhe geringer wird.

3.1.4.2 Grenzmengenermittlung zur Auswahl der Druckmaschine

> Die Offset GmbH verfügt über zwei unterschiedliche Druckmaschinen, die auch grundsätzlich für den Druck des Prospekts zur Verfügung stehen. Beide Maschinen sind technisch in der Lage, den Prospekt zu drucken.
> Da auch die zweite Maschine kurzfristig zur Verfügung steht, stellt sich für Frau Kretschmann die Frage, mit welcher Maschine der Druck kostengünstiger ist.

Um diese Frage zu beantworten, muss man die beiden Kostenverläufe der Druckmaschinen miteinander vergleichen und die Menge ermitteln, bei der die Kosten beider Maschinen bei gleichem Papiergewicht (Grammatur) und gleichem Druckbogennutzen zunächst gleich hoch sind

(**Grenzmenge**). Bis zum eigentlichen Druck ist der Prozess für diesen Auftrag beider Verfahren identisch, die auflagenfixen Kosten sind somit gleich.

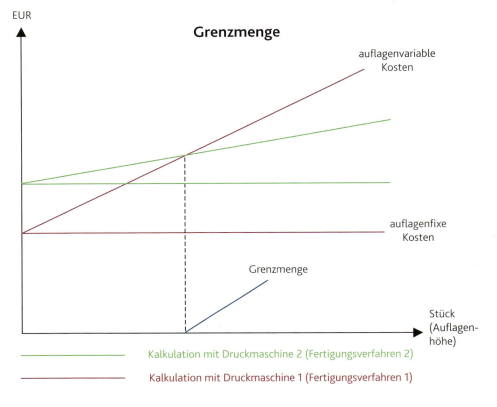

Die Grenzmenge ist in der obigen Abbildung der Punkt, an dem sich die beiden Kostenfunktionen schneiden. An dieser Stelle sind die Kosten gleich. Die Maschine 2 erzeugt höhere auflagenfixe Kosten. Durch den stärkeren Anstieg der auflagenvariablen Kosten der Druckmaschine 1 ist das Verfahren 2 deshalb ab einer bestimmten Auflagenhöhe kostengünstiger. Um die Grenzmenge rechnerisch zu ermitteln, muss man zunächst wieder die Selbstkosten in die auflagenfixen und auflagenvariablen Bestandteile aufteilen. Die auflagenfixen Kosten beim Verfahren 1 betragen 250,12 EUR, die auflagenvariablen Kosten pro 1 000 Stück 109,78 EUR. Die Kostenfunktion, die dem roten Graphen (Fertigungsverfahren 1) zugrunde liegt, lautet somit wie folgt:

> Selbstkosten = 250,12 EUR + 109,78 x

Die Variable x ist hierbei die Auflagenhöhe.

> Für eine Auflage von beispielsweise 2 000 Stück entstehen folgende Fertigungskosten für den Druck:
>
> Selbstkosten = 250,12 EUR + 109,78 EUR x 2 = 469,68 EUR

Die Kostenfunktion des Fertigungsverfahrens 2 (grüner Graph) lautet

> Selbstkosten = 278,14 + 103,31 x

Um nun die Grenzmenge zu ermitteln, muss die Auflagenhöhe berechnet werden, an der die Kosten gleich sind. Es wird also die Auflagenhöhe „x" gesucht, an dem die Kostenfunktionen den gleichen Wert annehmen. Man muss somit die beiden Kostenfunktionen gleichsetzen.

$$278{,}14 + 103{,}31\,x = 250{,}12 + 109{,}78\,x$$
$$\Leftrightarrow \quad 28{,}02 = 6{,}47\,x$$
$$\Leftrightarrow \quad 4{,}3307 = x$$

Weil die Grenzmenge in 1 000 Stück ausgedrückt ist, muss man das Ergebnis mit 1 000 multiplizieren, um die Auflagenhöhe zu berechnen, die die Grenzmenge bildet. Das Ergebnis lautet hier 4 330,7 Stück.

Da allerdings nur ganze Exemplare gedruckt werden können, muss hier ganzzahlig aufgerundet werden, denn erst ab einer Anzahl von 4 331 Stück ist der Druck mit der Maschine 2 kostengünstiger. Bis zu einer Anzahl von 4 330 Stück ist die Maschine 1 zu bevorzugen. Der Prospekt wäre bei der Auflage von 5 000 Stück also mit der Druckmaschine 2, sofern sie nicht mit anderen Aufträgen belegt ist, kostengünstiger zu drucken.

Auflagenabhängige und auflagenunabhängige Kosten:
- *Auflagenfixe Kosten sind von der Auflagenhöhe unabhängig.*
- *Auflagenvariable Kosten steigen mit der Auflagenhöhe.*
- *Grenzkosten sind auflagenvariable Kosten, die für eine weitere Leistungseinheit (z. B. weitere 1 000 Stück) entstehen.*

Kalkulation bei unterschiedlichen Auflagenhöhen:
- *Ermittlung von auflagenfixen und auflagenvariablen Kosten*
- *Kalkulation der auflagenvariablen Kosten der zusätzlich zu fertigenden Stückzahl (Grenzkosten)*
- *Addition der Kosten der ursprünglichen Auflage und der Grenzkosten*
- *Fixkostendegression: auflagenfixe Kosten verteilen sich auf eine höhere Menge => Die Fixkosten pro 1 000 Stück sinken => Stückkosten pro 1 000 Stück sinken*

$$\text{Stückkosten} = \frac{\text{Selbstkosten des Auftrags}}{\text{Auflagenhöhe}}$$

$$\text{auflagenfixe Stückkosten} = \frac{\text{auflagenfixe Kosten}}{\text{Auflagenhöhe}}$$

Grenzmengenermittlung zur Auswahl der Druckmaschine:
- *Trennung von auflagenfixen und auflagenvariablen Kosten*
- *Aufstellung der Kostenfunktionen der alternativen Druckmaschinen*
- *Berechnung der Grenzmenge durch Gleichsetzen der beiden Kostenfunktionen und Auflösung der Gleichungen nach x*

3 | Vollkostenrechnung

1. Berechnen Sie zu Übung 1 (Kap. 3.1.3) die Kosten bei einem Druck von 4 000 und 6 000 Stück.

2. a) Berechnen Sie zu Übung 2 (Kap. 3.1.3) die auflagenfixen und auflagenvariablen Fertigungskosten.
   b) Kalkulieren Sie die Kosten für einen Druck von 10 000 Stück.
   c) Berechnen Sie die Stückkosten bei den Auflagenhöhen von 8 000 und 10 000 Stück (in 1 000 Stück).
   d) Warum sinken die Stückkosten pro 1 000 Stück?

Vergleiche hierzu Kapitel 3.1.3

3. Folgende Kosten entstehen bei zwei alternativen Druckmaschinen:

Maschine 1:	
Stundensatz	184,41 EUR
	Dauer (Min.)
Rüsten (auflagenfix)	120
Ausführen/1 000 Stück (auflagenvariabel)	11,8

Maschine 2:	
Stundensatz	274,20 EUR
	Dauer (Min.)
Rüsten (auflagenfix)	89
Ausführen/1 000 Stück (auflagenvariabel)	5,5

Ermitteln Sie die Grenzmenge, ab der bei einem Auftrag der Einsatz der Maschine 2 vorteilhaft ist.

4. a) Ermitteln Sie zu Übung 4 (Kap. 3.1) die auflagenfixen und auflagenvariablen Selbstkosten ohne Fremdleistung. Kalkulieren Sie den Auftrag für eine Auflagenhöhe von 10 000 Stück.
   b) Berechnen Sie die Stückkosten pro 1 000 Stück für die beiden Auflagen.

3.2 Vollkostenrechnung in Fertigungsbetrieben (Vollversion)

Vergleiche hierzu www.bildungsverlag1. de/buchplusweb/32502

Hinweis: Bitte drucken Sie sich für dieses Kapitel das Kalkulationsformular aus dem Internet aus: www.bildungsverlag1.de/buchplusweb/32502. So können Sie immer erkennen, an welcher Stelle des Kalkulationsprozesses Sie sich beim Lesen des Textes befinden. So behalten Sie stets den Überblick.

Nachdem die Kosten den Kostenstellen zugerechnet und daraus
- die Verrechnungssätze für die Kostenstellen Bogenmontage und Druckmaschine,
- die Quadratmetersätze für die Kostenstellen Formproof und Druckformherstellung
- sowie der Materialgemeinkostenzuschlagssatz

ermittelt wurden, geht es im Weiteren darum, die für die Offset GmbH durch einen Auftrag entstehenden Kosten zu **kalkulieren**.

Vergleiche hierzu Kapitel 2.3

Für einen zu kalkulierenden Auftrag liegen folgende Daten vor:

- Objekt: Prospekt, vierseitig, Text mit Farbbildern
- Auflage: 5 000 Stück
- Format: DIN A 4 (21 cm x 29,7 cm)
- Farben: zweifarbig (schwarz, blau)
- Druckdichte: Cyan 40 %, Schwarz 20 %
- Druck: zweiseitig
- Rohbogen: 63 cm x 88 cm, Papiergewicht: 90 g/m²
- Druckbogenformat: 31 cm x 44 cm

Die Erläuterungen der Kapitel 3.2.1 –3.2.3 beziehen sich auf diese Auftragsdaten.

Die **belichtungsfähigen Daten** in Form der gestalteten Seiten erhält die Offset GmbH von der West GmbH in digitaler Form. Die Verarbeitung (Falzen, Schneiden, Verpacken) findet bei der „Buch- und Offset Druckverarbeitung GmbH" statt. Die Kalkulation ist somit auf den Druck beschränkt.

Es geht bei der **Kalkulation** darum, alle mit der Herstellung des Prospekts zusammenhängenden Leistungen, also die Kosten des Fertigungsprozesses (**Fertigungskosten**) und den Materialverbrauch (**Materialkosten**), zu bewerten und so die Selbstkosten für diesen Auftrag zu ermitteln.

Zunächst müssen daher
- die Fertigungsdauer der Bogenmontage und des Drucks,
- die bedruckte und belichtete Fläche beim Formproof und bei der Druckplattenherstellung und
- die Menge des benötigten Fertigungsmaterials

ermittelt werden.

In einem zweiten Schritt werden die Kosten für diese Leistungen mithilfe der in der Kostenstellenrechnung berechneten Sätze (Minutensätze, Quadratmetersätze, Materialgemeinkostenzuschlagssatz) errechnet.

3.2.1 Nutzenberechnung

Zunächst muss Frau Kretschmann für die Kalkulation den **Nutzen** eines Druckbogens berechnen. Neben der Auflagenhöhe beeinflusst dieser Nutzen verschiedene weitere Produktionsschritte der Offset GmbH.

Der **Druckbogennutzen** beeinflusst, wie viele Seiten eines Objekts auf einen Druckbogen passen, also wie er ausgenutzt wird. Vom Druckbogennutzen sind dann die Anzahl der zu bedruckenden Druckbogen und daraus folgend die Fertigungsdauer und der Materialverbrauch des Auftrags abhängig.
Insofern geht die Nutzenberechnung allen weiteren Kalkulationsschritten voraus.

Der Druckbogennutzen ist die Anzahl der geschlossenen Endformate (nicht Seiten) eines Objekts, die auf einen Druckbogen passen.

3 | Vollkostenrechnung

Druckbogennutzen beim vorliegenden Auftrag

Druckbogen (31,5 cm x 44 cm)

Das geschlossene Endformat DIN A4 passt zweimal auf einen Druckbogen. Der Druckbogennutzen ist somit 2. Auf der Rückseite des Bogens werden die Seiten 1 (Rückseite der Seite 2) und 4 (Rückseite der Seite 3) gedruckt und dann in der Mitte gefalzt. Es passen bei einem Nutzen von zwei und einem beidseitigen Druck alle vier Seiten auf den Druckbogen.
Wäre das Endformat des Prospekts DIN A3 (29,7 cm x 42 cm), hätte der Druckbogen einen Nutzen von 1.

Es ist aufgrund einer niedrig zu haltenden Fertigungsdauer (und somit aus Kostengründen) sinnvoll, eine möglichst hohe Anzahl an Seiten des Objekts auf einem Druckbogen zu drucken, also einen möglichst hohen Nutzen zu erzeugen.

Der Nutzen ist auch bei der Frage relevant, wie viele Druckbogen aus einem Rohbogen erzeugt werden können. Hierauf wird im Rahmen der Materialkostenkalkulation noch eingegangen.

3.2.2 Kalkulation der Fertigungskosten

Im Rahmen des oben genannten Druckauftrags muss Frau Kretschmann Fertigungskosten und Materialkosten kalkulieren. Zunächst ermittelt sie die Fertigungskosten.

Die Fertigungskosten sind die Kosten, die durch den Fertigungsprozess eines Druckprodukts entstehen:

Fertigungsprozess eines Druckprodukts in der Offset GmbH

Vergleiche hierzu Kapitel 3.1.1

3.2.2.1 Druckformherstellung
Unter der Druckform sind im Offsetdruck die Druckplatten zu verstehen, mit deren Hilfe die Druckfarbe auf den Druckbogen gebracht wird. Die Druckform kann hierbei aus einer oder mehreren Druckplatten bestehen, je nach Anzahl der zu druckenden Farben. Der Prozess der Druckformherstellung besteht aus
- der Bogenmontage,
- dem Formproof und
- der Druckplattenherstellung.

Bogenmontage

Bei der digitalen Bogenmontage werden die Seiten des Endprodukts auf der Druckbogenseite an einem Rechner positioniert. Da dieser Prozess früher manuell auf einer Folie an einem sogenannten Montagetisch erfolgte, nennt man diesen Arbeitsschritt nach wie vor Montage. Aus der zunächst digital montierten Druckform, die nach der Montage als Datei vorliegt, werden später die Druckplatten hergestellt. Die Bogenmontage ist mit der Anfertigung einer Aufbauanleitung zu vergleichen, nach der man später beispielsweise ein Möbelstück aus Fertigteilen zusammensetzt.

Bogenmontage

> Wird, wie bei dem zu druckenden Prospekt, ein zweiseitiger Druck (Bedrucken der Vorder- und Rückseite eines Druckbogens = *Schön- und Widerdruck*) durchgeführt, werden grundsätzlich zwei Druckformen montiert, einer für die Schön-Seite und eine für die Wider-Seite. Für jede Seite eines zu bedruckenden Druckbogens wird somit eine Druckform montiert.

Bogenmontage für den Auftrag

Druckbogen-Vorderseite

Druckbogen-Rückseite

Die Anzahl der zu montierenden Druckformen berechnet sich grundsätzlich wie folgt:

$$\text{Anzahl der zu montierenden Druckformen} = \frac{\text{Seiten des Objekts}}{\text{Druckbogennutzen}}$$

$$= \frac{4}{2}$$

$$= 2$$

Da für den vorliegenden Auftrag zwei Endformate auf ein Druckbogenformat montiert werden, auf diesem Druckbogen jedoch die Vorder- und Rückseite bedruckt werden, müssen später auch für beide Seiten die Druckplatten hergestellt werden. Somit müssen zwei Druckformen montiert werden.

Durch den doppelten Druckbogennutzen muss für diesen Kundenauftrag nicht für jede Seite des Prospekts eine Druckform montiert werden, sondern – aufgrund des *doppelten* Nutzens – nur für die *Hälfte* der Seitenzahl.

Die Anzahl der zu montierenden Druckformen halbiert sich deshalb im Vergleich zu einem einfachen Nutzen. Analog hierzu würde sich die Anzahl der zu montierenden Bogen bei vier Nutzen vierteln.

Achtseitige Broschüre zu vier Nutzen montiert

$$\text{Anzahl der zu montierenden Druckformen} = \frac{8 \text{ Seiten}}{4 \text{ Nutzen}}$$

$$= 2$$

Ausnahme von dieser Regel:
Eine Ausnahme von dieser Formel ist der Druck, bei dem auf einer Druckbogenseite mehrere identische Objekte montiert werden.

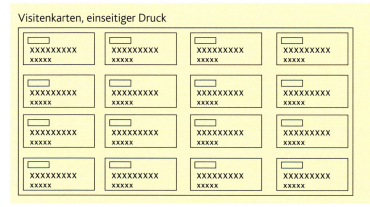

Hier wäre das Ergebnis gemäß obiger Rechnung 1/16 (montierte Druckformen). Trotzdem wird auch für einen derartigen Auftrag eine ganze Druckform montiert. Das Ergebnis des Quotienten bei der Berechnung der zu montierenden Druckformen muss also immer ganzzahlig größer oder gleich 1 sein.

Kosten der Bogenmontage:
Der Arbeitsvorgang der Bogenmontage gliedert sich in **Rüsten** und **Ausführen**.

Das Rüsten beinhaltet das Öffnen der Dateien und das Aufrufen des Ausschießschemas. Das Ausschießschema ist die Vorlage, nach der die Druckformen montiert werden.
Die Rüstzeit fällt bei jedem Auftrag einmal an. Die Ausführung wird von den Rechenvorgängen des Rechners bzw. des Netzwerks bestimmt und läuft weitgehend automatisiert ab.
Wie bereits in Kapitel 2.3.1 erläutert, wird in diesem Zusammenhang die Stundensatzkalkulation angewandt. Hierbei wird die benötigte Arbeitsdauer mit dem in der Platzkostenrechnung ermittelten Verrechnungssatz (Minutensatz) multipliziert.
- **Rüsten:** 7 Minuten
- **Ausführen:**
  Die Ausführungszeit für die Bogenmontage ist abhängig von den später herzustellenden Druckplattenformaten. Die Abstufungen der möglichen Druckplattenformate mit den dazugehörigen Ausführungszeiten der Offset GmbH sind in der folgenden Tabelle dargestellt.

	Bearbeitungszeit je Form (Min.)			
Bis Druckplattenformat (in cm)	36 x 52	48 x 65	52 x 74	72 x 102
Text ohne Bilder	3,0	4,0	5,0	6,0
Text mit Farbbildern	**5,5**	7,5	9,5	11,5

Die Bearbeitung von Texten mit Farbbildern dauert länger, weil die Datenmenge wesentlich größer ist als bei reinen Texten. Der Rechner benötigt mehr Zeit zur Verarbeitung.

Kosten der Bogenmontage für den Auftrag (Verrechnungssatz: 1,04 EUR/Min.):

Rüsten = Bearbeitungsdauer x Minutensatz

= 7 Min. x 1,04 EUR/Min.

= 7,28 EUR

Bei dem Prospekt handelt es sich um Text mit Farbbildern. Der Druckbogen hat das Format 31 cm x 44 cm. Somit werden für die Bogenmontage je 5,5 Minuten (Format *bis* 36 cm x 52 cm) benötigt.

Ausführen = montierte Druckformen x Bearbeitungsdauer x Verrechnungssatz

= 2 Stück x 5,5 Min./Stück x 1,04 EUR/Min.

= 11,44 EUR

Gesamtkosten der Bogenmontage: 18,72 EUR

Vergleiche hierzu Kapitel 2.3.1

Formproof

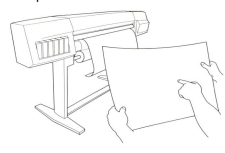

großformatiger Drucker

Hier geht es darum, die digital montierten Seiten zu kontrollieren. Mithilfe eines Druckers wird eine Art Probedruck erstellt (Formproof). Er soll zeigen, wie der Druckbogen aussieht, den später die Druckmaschine erzeugt.

Kosten des Formproofs

Die Kosten des Formproofs werden mit der Stückkosten- oder Divisionskalkulation errechnet.
In Anlehnung an die in Abschnitt 2.3.2 berechneten Stückkosten ergeben sich die folgenden Kosten:

	Kosten bei Formaten in EUR (Stückkosten: 11,95 EUR/m²)		
bis Format (in cm)	36 x 52	52 x 74	72 x 102
Kosten	**2,24 EUR**	4,60 EUR	8,78 EUR

Vergleiche hierzu Kapitel 2.3.2

Wie sich die Werte der Tabelle ermitteln, wird am Beispiel des Formproofs für den zu kalkulierenden Prospekt gezeigt (dunkles schattiertes Feld in der Tabelle). Da das Bogenformat 31 cm x 44 cm beträgt, wird hier das nächstgrößere Format (36 cm x 52 cm) berechnet:

Kosten je Proof = Stückkosten (pro m²) x Fläche des Formats (in m²)

= 11,95 EUR/m² x 36 cm x 52 cm

= 11,95 EUR/m² x 0,36 m x 0,52 m

= 11,95 EUR/m² x 0,1872 m²

= 2,24 EUR

Da zwei Druckformen für den Prospekt montiert werden, müssen zwei Formproofs erstellt werden.

Kosten des Formproofs = 2,24 EUR/Stück x 2 Stück

= 4,48 EUR

Druckplattenherstellung

Druckplattenherstellung

Als abschließender Arbeitsgang wird die Druckplatte hergestellt. Jede Druckplatte druckt nur eine Farbe auf den Druckbogen. Über die Farbmischung wird dann die entsprechende Farbabstufung auf dem Druckbogen erzeugt. Die vier Farben, mit denen im Offsetdruck alle Farben dargestellt werden können, nennen sich Cyan – Blau, Magenta – Rosa, Yellow – Gelb und Key – Schwarz (**CMYK**). Somit wird pro Farbe je eine Druckplatte benötigt. Um die Anzahl der für einen Auftrag benötigten Druckplatten zu errechnen, müssen die gedruckten Farben mit der Anzahl der montierten Druckformen multipliziert werden, denn für jede bedruckte Seite eines Druckbogens, die montiert wurde, wird ein Satz Druckplatten benötigt.

Für den Auftrag wird folgende Menge Druckplatten benötigt:

Druckplattenbedarf = montierte Druckformen x Anzahl der Farben

= 2 montierte Druckformen x 2 Farben

= 4 Druckplatten

Kosten der Druckplattenherstellung
Auch hier wird wie beim Formproof mit Stückkosten, also mit der Stückkostenkalkulation, gerechnet. Aus den Quadratmetersätzen der Druckformherstellung aus Abschnitt 2.3.2 ergeben sich für die Herstellung der angegebenen Druckplattenformate folgende Kosten:

Vergleiche hierzu Kapitel 2.3.2

	Kosten bei Formaten in EUR (Stückkosten: 64,08 EUR/m²)			
bis Format (in cm)	36 x 52	48 x 65	52 x 74	72 x 102
Kosten	12,00 EUR	19,99 EUR	24,66 EUR	47,06 EUR

Die Kostensätze der Tabelle errechnen sich analog zum Formproof. Das Format beträgt 36 cm x 52 cm, denn dieses Format wird für den Druckbogen (31 cm x 44 cm) benötigt. Für den zu kalkulierenden Prospekt bedeutet das:

Kosten pro Druckplatte = Stückkosten x Fläche des Formats

= 64,08 EUR/m² x 0,1872 m²

= 12,00 EUR/Stück

Fertigungskosten für 4 Druckplatten = 4 Stück x 12,00 EUR/Stück

= 48,00 EUR

3.2.2.2 Druck

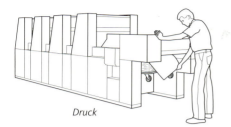
Druck

Um die Druckkosten zu kalkulieren, muss Frau Kretschmann zunächst den Druckbogenbedarf ermitteln. Dieser beeinflusst die Fertigungsdauer und somit auch die Fertigungskosten. Danach werden die auftragsbezogenen Kosten der Druckmaschine kalkuliert.

Ermittlung des Druckbogenbedarfs

Lässt man anfallende Zuschüsse zunächst außer Betracht, ergibt sich folgender **Netto-Druckbogenbedarf**:

Netto-Druckbogenbedarf des Auftrags

Netto-Druckbogen = Druckbogen je Exemplar x Auflagenhöhe

$$= \frac{\text{Seitenzahl des Objekts} \times \text{Auflagenhöhe}}{\text{Seiten je Druckbogen}}$$

$$= \frac{4 \text{ Seiten} \times 5\,000 \text{ Stück}}{4 \text{ Seiten}}$$

$$= 5\,000 \text{ Stück}$$

Um den Druckbogenbedarf für ein Exemplar zu erhalten, müssen die Seitenzahlen des Endprodukts durch die Seiten je Druckbogen dividiert werden. Die Seiten je Druckbogen ergeben sich durch den in Kap. 3.1.1 berechneten Druckbogennutzen unter Berücksichtigung der Tatsache, dass der Druckbogen beidseitig bedruckt wird (Schön- und Widerdruck).

Die Anzahl der Seiten je Druckbogen ist beim Schön- und Widerdruck somit immer doppelt so hoch wie der Druckbogennutzen.

Multipliziert man dieses Ergebnis mit der Auflagenhöhe, so erhält man den Netto-Druckbogenbedarf für die gesamte Auflage.

Eine Änderung des Nutzens hat folgenden Einfluss auf den Druckbogenbedarf:
Bemisst der Umfang des Prospekts acht Seiten, so benötigt man zwei Druckbogen pro Exemplar, wenn derselbe Druckbogennutzen erreicht werden soll.

Achtseitiger Prospekt, zweiseitiger Druck

$$\text{Netto-Druckbogen} = \frac{8 \text{ Seiten} \times 5\,000 \text{ Stück}}{4 \text{ Seiten}}$$

$$= 10\,000 \text{ Stück}$$

Die Formel ist in Bezug auf die Seiten je Druckbogen (also die Seitenanzahl im Nenner des Bruchs) unabhängig davon gültig, dass ggf. mehrere *gleiche* Seiten eines Objekts auf dem Bogen montiert werden. Umgekehrt würde sich nämlich der Druckbogenbedarf verringern, wenn ein Objekt mehrmals auf einen Bogen montiert werden kann. Hier ist dann in der Formel der Nenner des Quotienten entsprechend der Anzahl der Exemplare zu erhöhen.

Vergleiche hierzu Kapitel 3.2.2.1

Druckbogenbedarf der Visitenkarten, Auflage 800 Stück (s. Beispiel weiter oben)

$$\text{Druckbogenbedarf} = \frac{1 \text{ Seite} \times 800 \text{ Stück}}{16 \text{ Seiten}}$$

$$= 50 \text{ Stück}$$

Zuschüsse

Des Weiteren ist der sogenannte **Zuschuss** zu berechnen, der zum Netto-Druckbogenbedarf addiert wird. Dieser Zuschuss muss deshalb in der Papierkalkulation berücksichtigt werden, weil
- bei der Einrichtung der Maschine,
- beim Fortdruck und
- beim Falzen

Druckbogen als Ausschuss aufgrund mangelnder Qualität aussortiert werden.

Alle für einen Auftrag benötigten Bogen (inkl. Zuschüsse) nennt man Brutto-Druckbogen.

Die Folgenden in der Kalkulation zu verwendenden Werte sind branchenübliche Durchschnittswerte.

- Einrichtezuschuss:
  Für eine Druckmaschine werden grundsätzlich
  – 30 Bogen je Platte und
  – 40 Bogen für die Maschine
  berechnet.

Dieser **Einrichtezuschuss** entsteht vor allem durch die Probeläufe der Maschine, nach denen jeweils noch Korrekturen bei der Maschineneinstellung vorgenommen werden. Der Zuschuss ist von der Auflage unabhängig, weil er in immer gleicher Höhe anfällt.

- Fortdruckzuschuss:
  Der **Fortdruck** ist der eigentliche Druckvorgang, in dem die für den Kunden bestimmten Exemplare gedruckt werden.

Anzahl der Druckwerke	1	2	3 und mehr
Zuschuss je Druckgang (in % der Nettodruckbogen)	0,6	0,8	1,1

Die Zuschüsse sind zunächst von der Anzahl der Druckwerke abhängig. Je mehr Druckwerke belegt sind, desto höher ist der Prozentsatz, mit dem der Zuschuss berechnet wird.
Dieser Prozentsatz wird dann auf die **Druckzahl** je **Druckgang** bezogen. Die Druckzahl ist hierbei die Anzahl der Bogendurchläufe.

Druckzahl des Auftrags:

Druckzahl für den Schöndruck: 5 000 Druck (erster Druckgang, Seite 1 und 4)
Druckzahl für den Widerdruck: 5 000 Druck (zweiter Druckgang, Seite 2 und 3)

Vollkostenrechnung | 3

Die Druckzahl je Druckgang ist in der Regel identisch mit der Auflagenhöhe eines Objekts. Das liegt daran, dass jede Seite eines Objekts (für den Prospekt beispielsweise die Seite 4) in einem Druckgang so oft gedruckt werden muss, bis die geforderte Auflagenhöhe erreicht ist.
Ausnahmen bilden Objekte, bei denen mehrere *gleiche* Seiten auf einem Druckbogen gedruckt werden (bspw. Visitenkarten oder Flyer, die umschlagen gedruckt werden etc.). In diesen Fällen ist die Druckzahl je Druckgang durch die Anzahl der Exemplare, die auf einem Druckbogen montiert werden, zu dividieren.

Druck je Druckgang bei den Visitenkarten, Auflage 800 Stück (s. Beispiel oben)

$$= \frac{800 \text{ Stück}}{16 \text{ Seiten}}$$

$$= 50 \text{ Druck je Druckgang}$$

Vergleiche hierzu Kapitel 3.2.2.1

Exkurs Druckgang
Ein **Druckgang** ist folglich ein ununterbrochener Druckvorgang, nachdem ein Platten- bzw. ein Platten- und Farbwechsel ausgeführt wurde. Ein solcher Wechsel findet in folgenden Fällen statt:
- Ein neuer (Blanko-)Druckbogen wird bedruckt, unabhängig davon, ob es sich um den ersten oder jeden weiteren Druckbogen eines Auftrags handelt.

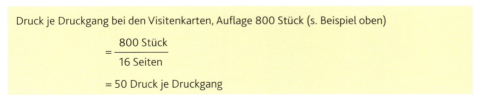

- Ein im Schöndruck bedruckter Druckbogen wird gewendet und mit anderen Seiten eines Objekts bedruckt.

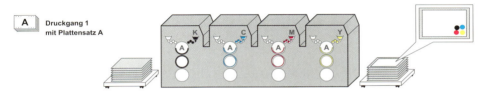
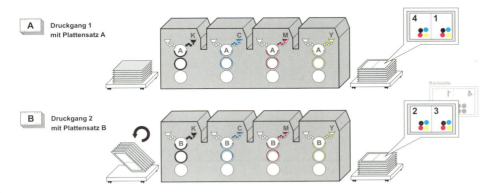

- Ein Objekt wird mit mehr Farben gedruckt als Druckwerke in der Maschine vorhanden sind (z. B. ein vierfarbiges Objekt wird mit einer Zweifarben-Maschine gedruckt): Nachdem die ersten beiden Farben gedruckt sind, werden die Platten für die dritte und vierte Farbe eingesetzt (Platten- und Farbwechsel). Die Abbildung hierzu finden Sie auf der Folgeseite.

3 | Vollkostenrechnung

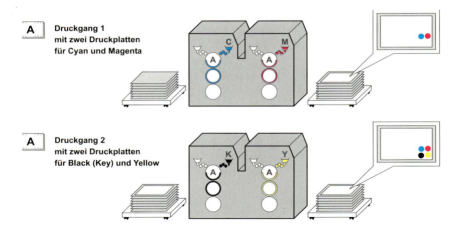

Druckgang 1 mit zwei Druckplatten für Cyan und Magenta

Druckgang 2 mit zwei Druckplatten für Black (Key) und Yellow

Ein erneuter Druckgang liegt auch beim umschlagenen Druck vor, wenn die Bogen nach dem Schöndruck erneut für den Widerdruck *ohne Plattenwechsel* in die Maschine eingelegt werden.

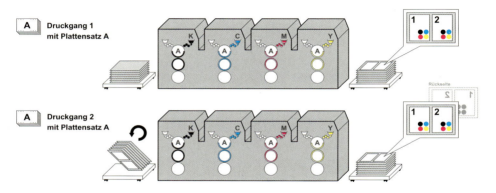

Druckgang 1 mit Plattensatz A

Druckgang 2 mit Plattensatz A

Anzahl der für den Prospekt benötigten Druckgänge

Druckgänge = Anzahl Platten- und Farbwechsel + Anzahl der Plattenwechsel

= 1 (erste zwei Platten Schöndruck inkl. Farbe) + 1 (zwei Platten Widerdruck)

= 2

Da der Prospekt im Schön- und Widerdruck gedruckt wird, besteht der gesamte Druckprozess bei diesem Auftrag aus zwei Druckgängen. Der Fertigungsprozess der Druckmaschine wird durch das erneute Einspannen der Druckplatten für den Widerdruck unterbrochen.

Die oben dargestellten Faktoren
- Anzahl der montierten Druckformen,
- Anzahl der vorhandenen Druckwerke und
- Anzahl der zu druckenden Farben

kann man auch in eine Formel fassen. Die Anzahl der Druckgänge errechnet sich dann wie folgt:

Vollkostenrechnung | 3

Anzahl der für den Prospekt benötigten Druckgänge

$$\text{Druckgänge} = \frac{\text{montierte Druckformen} \times \text{Anzahl der Farben}}{\text{(belegte) Druckwerke}}$$

$$= \frac{2 \text{ Druckformen} \times 2 \text{ Farben}}{2 \text{ (belegte) Druckwerke}}$$

$$= 2 \text{ Druckgänge (vgl. Rechnung weiter oben)}$$

Der Faktor im Zähler ergibt die Anzahl der benötigten Druckplatten (hier: vier Druckplatten), denn jede Bogenseite wird zweifarbig gedruckt. Die Division der benötigten Druckplatten durch die Anzahl der belegten Druckwerke ergibt folglich die Anzahl der Druckgänge. Denn je mehr Druckwerke vorhanden *und* belegt sind, desto weniger Druckgänge benötigt man, weil in einem Druckgang mehr Farben auf den Druckbogen aufgebracht werden können. Für die Anzahl der Druckgänge ist grundsätzlich von Bedeutung, wie viele Druckwerke *belegt*, also für den Auftrag benutzt werden. Würde folglich der Prospekt mit einer Vierfarbenmaschine (ohne Wendeeinrichtung[1]) gedruckt, würden zwar doppelt so viele Druckwerke zur Verfügung stehen, aber es könnten aufgrund des Zweifarben-Drucks (vgl. die Auftragsdaten) nur zwei Druckwerke genutzt und somit belegt werden.

Hätte die vorliegende Maschine ein Druckwerk, würde sich die Anzahl der Druckgänge auf vier verdoppeln, da in einem Druckgang nur eine Platte eingesetzt, und so auch nur eine Farbe in einem Druckgang gedruckt werden könnte.

$$\text{Druckgänge} = \frac{2 \text{ Druckformen} \times 2 \text{ Farben}}{1 \text{ Druckwerk}}$$

$$= 4 \text{ Druckgänge}$$

Bezieht man die Möglichkeit eines umschlagenen oder umstülpten Drucks ein, so ergibt sich folgende Rechnung:

Vierfarbiger umschlagener Druck eines Flyers, keine automatische Wendeeinrichtung:

$$\text{Druckgänge} = \frac{\text{montierte Druckformen} \times \text{Anzahl der Farben} \times 2}{\text{belegte Druckwerke}}$$

$$= \frac{1 \text{ Druckform} \times 4 \text{ Farben} \times 2}{2 \text{ belegte Druckwerke}}$$

$$= 4 \text{ Druckgänge}$$

Da bei einem umschlagenen Druck der Fortdruck nach dem Wenden der Bogen in einer Maschine *ohne* Wendeeinrichtung als Druckgang zählt, muss der gesamte Quotient mit dem Faktor zwei multipliziert werden. Die Anzahl der Druckgänge erhöht sich somit auch ohne einen Platten- bzw. Platten- und Farbwechsel[2].

- Falzzuschuss:
  Für den Verlust von bedruckten Bogen beim Falzen und Schneiden wird ein Zuschuss von 1 % der Nettodruckbogen berechnet. Der Fortdruck- und Falzzuschuss ist von der Auflage abhängig. Das heißt, je höher die Auflage ist, desto höher sind die oben angegebenen Zuschüsse.

---

1 Bei einer Maschine mit Wendeeinrichtung hingegen würde sich die Anzahl der belegten Druckwerke auf vier erhöhen und sich somit die Anzahl der Druckgänge auf einen reduzieren.
2 Dafür verringert sich bei bestimmten Objekten beim umschlagenen oder umstülpten Druck die Anzahl der zu montierenden Druckformen und die Druckzahl des Auftrags. Der Grund dafür ist, dass auf einem Bogen Vor- und Rückseite eines Exemplars gedruckt werden können (vgl. Abbildung und Erläuterungen weiter oben).

3 | Vollkostenrechnung

Der Fortdruck- und Falzzuschuss ist von der Auflage abhängig. Das heißt, je höher die Auflage ist, desto höher sind die oben angegebenen Zuschüsse.

Papierbedarf des Auftrags:		
Nettodruckbogen		5 000 Bogen
+ Fortdruckzuschuss	2 Druckgänge x (5 000 Nettodruck je Druckgang x 0,8 %)	80 Bogen
+ Falzzuschuss	5 000 Druckbogen x 1 %	50 Bogen
= auflagenvariable Bruttodruckbogen		5 130 Bogen
+ Einrichtezuschuss (fix)	Maschine 40 Bogen 4 Platten x 30 Bogen	40 Bogen 120 Bogen
= Bruttodruckbogen (gesamt)		5 290 Bogen

Kalkulation des Drucks

Wie auch die Bogenmontage erfolgt die Kalkulation des Druckprozesses durch eine Stundensatzkalkulation. Die Dauer der Produktionsschritte wird in der unten stehenden Tabelle in Minuten dargestellt:

Druck				
Maschinenklasse 3				
Maximales Bogenformat		36 cm x 52 cm		
Maximale Druckleistung pro Std.		8 000 Druck		
Stundensatz		75,43 EUR		
Verrechnungssatz		1,26 EUR		
Bruttodruckbogen		5 290 (Stück)		
Variable Bruttodruckbogen		5 130 (Stück)		

Rüsten		Dauer (Min.)	Menge	Kosten
Grundeinrichten		10	1	12,60 EUR
Platten- und Farbwechsel (2 Werke)		62	1	78,12 EUR
Plattenwechsel (2 Werke)		32	1	40,32 EUR
Ausführen				
Grundwert je Druckgang		8	2	20,16 EUR
Fortdruckwert je 1 000 Druck				
Papier	bis 69 g/m²	12,2		
	bis 150 g/m²	11,8	10 260	152,55 EUR
Karton	bis 350 g/m²	13		
	bis 500 g/m²	14,3		
Druckkosten				**303,75 EUR**

Prospekts wird mit einer Zweifarbenmaschine ausgeführt. Für den Schöndruck wird ein Platten- und Farbwechsel durchgeführt, weil die Platten eingespannt und die Farben eingelassen werden müssen. Da die Farbe nach dem ersten Druckgang in den Farbwerken vorhanden ist, müssen nur noch die weiteren für den Auftrag benötigten Druckplatten eingespannt werden (**Plattenwechsel**).

Das **Ausführen** setzt sich zusammen aus dem Grundwert je Druckgang und dem Fortdruckwert pro 1000 Druck.

- Grundwert je Druckgang:
  Der **Grundwert** deckt die niedrigere Leistung beim Anlaufen der Druckmaschine ab und ist nach *jedem Einrichtevorgang* (Platten- bzw. Platten- und Farbwechsel oder erneutes Einlegen der Druckbogen beim umschlagenen, umstülpten oder umdrehten Druck) zu berücksichtigen. Da für den Prospekt zweimal je zwei Druckplatten eingespannt werden, sind auch zwei Grundwerte zu berechnen. Die Anzahl der Grundwerte je Druckgang berechnet sich für den Prospekt folglich aus der Summe der Platten- und Farbwechsel.

Vergleiche hierzu Seite 93,94

- Fortdruckwert pro 1000 Druck:
  Hier wird die Dauer des Druckgangs ermittelt, in dem die Druckbogen nach dem Einrichten bedruckt werden. Die Bogen, die bereits beim Rüsten durch die Maschine gelaufen sind, werden hier nicht mehr mitberechnet, denn der Einrichtezuschuss fällt, wie bereits oben im Zusammenhang mit der Papierzuschussermittlung erläutert, nur beim Rüsten der Maschine an. Deshalb wird bei der Kalkulation der Fortdruckkosten lediglich der *auflagenvariable* Anteil der Bruttodruckbogen bedruckt. Die Frage, die sich beim Fortdruck stellt, lautet also, wie hoch die Druckzahl im Fortdruck für den *gesamten* Auftrag ist. Um diese Druckzahl zu berechnen, werden somit zunächst die **Druckgänge je Druckbogen** ermittelt. Dieser Wert muss dann mit den auflagenvariablen Bruttodruckbogen multipliziert werden.

Vergleiche hierzu Seite 92,93

Ermittlung der Druckkosten für den Prospekt:

Grundeinrichten = Anzahl der Arbeitsgänge x Bearbeitungsdauer x Minutensatz

$\qquad$ = 1 x 10 Min. x 1,26 EUR/Min.

$\qquad$ = 12,60 EUR

Platten- + Farbwechsel = Anz. der Arbeitsgänge x Bearbeitungsdauer x Minutensatz

$\qquad$ = 1 x 62 Min. x 1,26 EUR/Min.

$\qquad$ = 20,16 EUR

Plattenwechsel: analog

Druckgänge = Summe der Plattenwechsel + Summe Platten- und Farbwechsel

$\qquad$ = 1 + 1

$\qquad$ = 2

Grundwert je Druckgang = Druckgänge x Bearbeitungsdauer x Minutensatz

$\qquad$ = 2 x 11,8 Min. x 1,26 EUR/Min.

$\qquad$ = 29,74 EUR

Fortdruck

Fortdruck = Dauer je 1000 Druck x Druckzahl (in 1000 Druck) x Minutensatz

= Dauer je 1000 Druck x $\dfrac{\text{aufl.var. Bruttodruckbg. x Druckg. je Druckbg.}}{1000\ \text{Druck}}$ x Minutensatz

= 11,8 Min. x $\dfrac{5130\ \text{Bogen x 2 Druckgänge je Druckbogen}}{1000\ \text{Druck}}$ x 1,26 EUR/Min.

= 11,8 Min. x $\dfrac{10\,260\ \text{Druck}}{1000\ \text{Druck}}$ x 1,26 EUR/Min.

= 152,55 EUR

Erläuterungen zum Fortdruckwert:
Es werden beim vorliegenden Auftrag mit einer Zweifarben-Maschine im Fortdruck 5130 Druckbogen in Schön- und Widerdruck bedruckt. Auf einen Druckbogen entfallen somit 2 Druckgänge. Es laufen folglich 5130 Bogen je zweimal durch die Maschine (= 10 260 Druck). Die Fortdruckzeit von 11,8 Minuten bezieht sich hierbei auf 1000 Druck.

Wäre der Prospekt vierfarbig und würde dieser mit der gleichen Zweifarben-Maschine durchgeführt, würde sich die gesamte Druckzahl verdoppeln, da in jedem Druckgang nur zwei Farben auf den Bogen aufgebracht werden. Die dritte und vierte Farbe würden in einem weiteren Druckgang gedruckt. Die Druckzahl würde sich so auf 20 520 Druck erhöhen, weil sich die Druckgänge je Druckbogen auf vier erhöhen würden.

Vergleiche hierzu Seite 94

Fertigungskosten des Auftrags:	
Bogenmontage	18,72 EUR
Formproof	4,48 EUR
Druckplattenherstellung	48,00 EUR
Druck	303,75 EUR
Summe	**374,95 EUR**

3.2.3 Kalkulation der Materialkosten

Nachdem die Fertigungskosten ermittelt sind, müssen noch der Materialbedarf und die hierdurch entstehenden Materialkosten kalkuliert werden.

Die Materialkosten werden mithilfe der Zuschlagskalkulation ermittelt.
Das für den Druck benötigte Fertigungsmaterial sind
- das Papier in Form von Rohbogen,
- die Druckfarbe und
- die Druckplatten.

3.2.3.1 Papier

Nutzen des Rohbogens

Der Rohbogen ist der Bogen, der vom Lieferanten geliefert wird. Dieses stimmt in der Regel nicht mit dem Druckbogenformat überein.

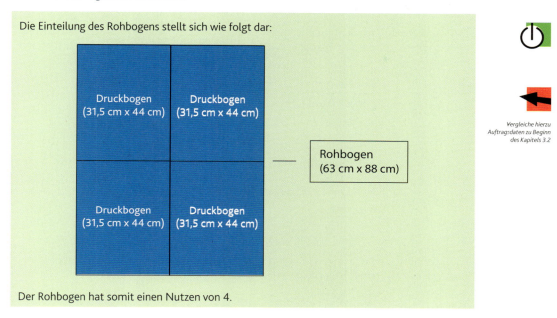

Vergleiche hierzu Auftragsdaten zu Beginn des Kapitels 3.2

Der Rohbogen hat somit einen Nutzen von 4.

Berechnung der Bezugskosten der Rohbogen

Die Rohbogen hat die Offset GmbH zu folgenden Konditionen bezogen:

500 Bogen-Listenpreis	147,83 EUR
Rabatt	10 %
Skonto	3 %
Bezugskosten	Lieferung frei Haus

Bezugskosten der Rohbogen (500 Stück):

```
Listeneinkaufpreis   147,83 EUR
Rabatt                14,78 EUR     10%
Zieleinkaufspreis   133,05 EUR
Skonto                 3,99 EUR     3%
Bareinkaufspreis    129,06 EUR
Bezugskosten              –
Einstandspreis      129,06 EUR
```

Materialkosten der Rohbogen

Bei der Ermittlung der Rohbogenanzahl ist zunächst der Nutzen (Druckbogen pro Rohbogen) zu beachten. Zudem darf der Druckbogen nicht genau so groß sein wie die bedruckte Fläche, damit an

den Rändern der Druckbogen noch eine Greiferkante (mindestens 0,5 cm) für den Papiereinzug verbleibt. Um die Kosten der Rohbogen zu ermitteln, wird die Anzahl der Druckbogen durch den Nutzen dividiert. Man erhält dann die benötigte Rohbogenmenge.
Im zweiten Schritt wird der 500-Bogenpreis auf die benötigte Rohbogenmenge bezogen.

> **Papierkosten des Auftrags**
>
> Das Druckbogenformat unter Berücksichtigung des Maschinenformats (36 cm x 52 cm) für diesen Auftrag (Format des Prospekts: 21 cm x 29,7 cm) beträgt 31 cm x 44 cm. Folglich hat der Rohbogen 4 Nutzen.
>
> $$\text{Rohbogen} = \frac{\text{Druckbogen}}{\text{Rohbogennutzen}}$$
>
> $$= \frac{5\,290 \text{ Bogen}}{4}$$
>
> $$= 1\,323 \text{ Bogen (ganzzahlig aufgerundet)}$$
>
> $$\text{Bezugskosten} = \frac{129{,}06 \text{ EUR} \times 1\,323 \text{ Bogen}}{500 \text{ Bogen}}$$
>
> $$= 341{,}49 \text{ EUR}$$
>
> Das Schneiden der Rohbogen wird von der Buch- und Offset Druckverarbeitung GmbH übernommen und als Fremdleistung in der Kalkulation berücksichtigt.

3.2.3.2 Farbe

Der Farbverbrauch ist abhängig von der Druckfläche und der Druckdichte. Die Druckdichte ist die Farbmenge pro Flächeneinheit. Eine Druckdichte bei der Farbe Cyan von beispielsweise 10 % bedeutet, dass insgesamt 10 % des Druckbogens mit Cyan bedruckt sind. Wenn man alle Rasterpunkte einer Farbe, die – je nach Helligkeit – unterschiedlich groß und über den gesamten Druckbogen verteilt sind, in eine Ecke des Druckbogens zusammenschieben würde, dann wären 10 % des Druckbogens mit dieser Farbe vollflächig bedruckt.

Die Offset GmbH berechnet den Farbverbrauch mit der sogenannten Farbverbrauchspauschale (s. Tabelle).

Farbmenge in g/Farbkosten in Euro je 1 000 Druck					
	max. Bogenformat in cm	Druckdichte bis			
		10%	20%	40%	60%
Schwarz	39 x 28	35/0,35	55/0,55	90/0,90	120/1,20
	36 x 52	60/0,60	90/0,90	145/1,45	205/2,05
	48 x 65	95/0,95	140/1,40	235/2,35	330/3,30
	52 x 74	115/1,15	175/1,75	290/2,90	405/4,05
	72 x 102	225/2,25	340/3,40	565/5,65	790/7,90

Farbmenge in g/Farbkosten in Euro je 1 000 Druck					
bunt (je Farbe)	39 x 28	35/0,60	55/0,90	90/1,45	120/1,95
	36 x 52	60/1,00	90/1,45	145/2,35	205/3,30
	48 x 65	95/1,55	140/2,25	235/3,80	330/5,30
	52 x 74	115/1,85	175/2,80	290/4,65	405/6,50
	72 x 102	225/3,60	340/5,45	565/9,05	790/12,65

Die kursiv gedruckten Zahlen stellen die Farbverbrauchswerte dar, die für den Auftrag relevant sind. Die Farbmenge bezieht sich hierbei auf 1 000 Druck. Da auch der Zuschuss mit bedruckt wird, ist die Bezugsgröße die Bruttodruckbogenzahl.

Farbverbrauch und Farbkosten des Auftrags:

Schwarz:

$$\text{Farbkosten} = \text{Kosten je 1 000 Druck} \times \frac{\text{Bruttodruckbg.} \times \text{Druckg. je Druckbogen (je Farbe)}}{1000}$$

$$= \frac{0{,}90 \text{ EUR} \times 5\,290 \text{ Bogen} \times 2}{1000}$$

$$= \frac{0{,}90 \text{ EUR} \times 10\,580 \text{ Druck}}{1000}$$

$$= 9{,}52 \text{ EUR}$$

Cyan:

Farbkosten = 24,86 EUR

Gesamte Farbkosten = 34,38 EUR

Weil beim Schön- und Widerdruck jeder Druckbogen zweimal bedruckt wird, muss für die Berechnung der Druckzahl die Anzahl der gesamten Bruttodruckbogen mit der Anzahl der Druckgänge je Druckbogen (Faktor 1 für Schöndruck und Faktor 2 für Schön- und Widerdruck) multipliziert werden. Für den Farbverbrauch ist es von Bedeutung, ob die jeweilige Farbe auf eine oder auf beide Seiten des Druckbogens gedruckt wird. Deshalb wird der Druckgang je Druckbogen immer in Bezug auf *eine* Farbe gerechnet.

Vergleiche hierzu Kapitel 3.2.2.2

3.2.3.3 Druckplatten

Wie bereits im Rahmen der Druckplattenherstellung in 3.2.2.1 erläutert, werden für den Auftrag vier Druckplatten benötigt:

Preis pro Platte	Anzahl der Platten	Gesamt
3,50 EUR	4	14,00 EUR

Vergleiche hierzu Kapitel 2.3.3

Die Materialkosten werden mithilfe der Zuschlagskalkulation ermittelt. Der Materialgemeinkostenzuschlagssatz ist der Kostenstellenrechnung entnommen.

Materialkosten des Auftrags:		
Papier	341,49 EUR	
Farbe	34,38 EUR	
Druckplatten	14,00 EUR	
Fertigungsmaterial	**389,87 EUR**	
Materialgemeinkosten	34,19 EUR	8,77 %
Summe	**424,06 EUR**	

Die Selbstkosten (Material- + und Fertigungskosten) der Offset GmbH ohne Fremdleistungen betragen somit:

Fertigungskosten	374,95 EUR
Materialkosten	424,06 EUR
Selbstkosten ohne Fremdleistungen	**799,01 EUR**

Kalkulation des Angebotspreises

Frau Kretschmann kalkuliert einen Gewinnzuschlag von 15 %. Die Verarbeitung (Schneiden vor und nach dem Druck, Falzen) geht als Fremdleistung in die Kalkulation ein. Die gesamten Leistungen und der Angebotspreis werden im Rahmen eines Kalkulationsschemas berechnet.

Fertigungsmaterial	**389,87 EUR**	
Materialgemeinkosten	34,19 EUR	8,77 %
Materialkosten	**424,06 EUR**	
Fremdleistungen	40,90 EUR	
Fremdleistungszuschlag	2,05 EUR	5,00 %
Fremdleistungskosten	**42,95 EUR**	

Fertigungskosten	374,95 EUR	
Selbstkosten	841,96 EUR	
Gewinnzuschlag	126,29 EUR	15,00 %
Barverkaufspreis	968,25 EUR	
Skonto 2 % (im Hundert)	20,38 EUR	
Provision 3 % (im Hundert)	30,58 EUR	3,00 %
Netto-Zielverkaufspreis	1 019,21 EUR	
Umsatzsteuer	193,65 EUR	19,00 %
Brutto-Zielverkaufspreis	1 212,86 EUR	

Der Aufbau und die Berechnung der Kalkulationsschemata, insbesondere die Berechnung von Skonto und Provision, werden im Abschnitt 3.3.1.1.1 genauer thematisiert.

3 | Vollkostenrechnung

Gesamtkalkulation

Nutzenberechnung

Seiten des Objekts	4
Druckbogennutzen	2

Fertigung

Bogenmontage

Rüsten

	Minutensatz	Dauer (Min.)	Kosten
	1,04 EUR	7	7,28 EUR

Ausführen

Anzahl Druckformen	Minutensatz	Dauer (Min.)	Kosten
2	1,04 EUR	5,5	11,44 EUR

Summe			18,72 EUR

Formproof

	montierte Bogen	Kosten je Proof	Kosten
	2	2,24 EUR	4,48 EUR

Druckplattenherstellung

Anzahl Druckformen	Farben	Druckplatten	je Platte	Kosten
2	2	4	12,00 EUR	48,00 EUR

Druck

Druckbogenbedarf

Druckwerke	2	
Seiten des Objekts	4	
Auflage (Stück)	5 000	
Seiten je Druckbogen	4	
Anzahl Exemplare je Druckbogen	1	
Nettodruckbogen		**5 000**

	Druckgänge	Druck je Druckgang	Zuschuss	
Fortdruckzuschuss	2	5 000	0,8 %	80
Falzzuschuss			1 %	50
weitere Zuschüsse				–
var. Bruttodruckbogen		**Stück**	**Stück**	**5 130**
Einrichtezuschuss	Maschine		40	40
Einrichtezuschuss	Platten	4	30	120
Bruttodruckbogen				**5 290**

Minutensatz	1,26 EUR			

Rüsten		Dauer (Min.)	Menge	Kosten
Grundeinrichten		10	1	12,60 EUR
Platten- und Farbwechsel		62	1	78,12 EUR
Plattenwechsel		32	1	40,32 EUR
Ausführen				

Gesamtkalkulation

Grundwert je Druckgang		8	2	20,16 EUR
Fortdruckwert je 1000 Bogen				
Papier	bis 69 g/m²	12,2		– EUR
	bis 150 g/m²	11,8	10260	152,55 EUR
Karton	bis 350 g/m²	13		– EUR
	bis 500 g/m²	14,3		– EUR
Druckkosten				**303,75 EUR**

Material

Farbe

	Druckdichte	Druck	EUR/1000 Bg.	Kosten
Cyan	40 %	10580	2,35 EUR	24,86 EUR
Magenta				– EUR
Yellow				– EUR
Schwarz	20 %	10580	0,90 EUR	9,52 EUR
Summe				**34,38 EUR**

Druckplatten

	Stück	Stückkosten		Kosten
	4	3,50 EUR		14,00 EUR

Papier

Bruttodruckbogen (Stück)	Nutzen	Rohbogen (Stück)	Kosten/500 Rohbg.	Kosten
5290	4	1323	129,06 EUR	341,49 EUR

Fertigungskosten

Bogenmontage	18,72 EUR
Formproof	4,48 EUR
Druckplattenherstellung	48,00 EUR
Druck	303,75 EUR
Summe	**374,95 EUR**

Materialkosten

Papier	341,49 EUR	
Farbe	34,38 EUR	
Druckplatten	14,00 EUR	
Fertigungsmaterial	**389,87 EUR**	
Materialgemeinkosten	34,19 EUR	8,77 %
Summe	**424,06 EUR**	

Selbstkosten ohne Fremdleistungen	**799,01 EUR**

3 | Vollkostenrechnung

1. Kalkulieren Sie die Fertigungskosten des Drucks für folgenden Auftrag:
   Objekt: Werbeplakat, einseitig (Text mit Farbbildern)
   Format: DIN A3 (29,7 cm x 42 cm)
   Druck: einseitig, 4 Farben (CMYK)
   Papier: 250 g/m²
   Auflage: 2 000 Stück

   Weitere Angaben:
   - Druckplatten liegen vor
   - Druckmaschine: Vierfarben-Offset Klasse I (48 cm x 65 cm)
   - Druckbogen liegen im Format 31,5 cm x 42 cm vor
   - Farbe befindet sich noch in den Farbwerken
   - Zuschuss:
     - Einrichtezuschuss: 160 Bogen
     - Fortdruckzuschuss insgesamt 1 % der Nettodruckbogen

   Leistungsdaten zur Druckmaschine:

Maximales Bogenformat		48 cm x 65 cm
Stundensatz (gem. Platzkostenrechnung)		131,77 EUR
Minutensatz		2,20 EUR
Rüsten		**Zeit (Min.)**
Grundeinrichten		7
Plattenwechsel (4 Werke)		63
Platten- und Farbwechsel (4 Werke)		88
Ausführen		
Grundwert je Druckgang		10
Fortdruck je 1 000 Druck		
Papier	bis 69 g/m²	9,6
	bis 150 g/m²	9
	bis 350 g/m²	12

2. Kalkulieren Sie die Fertigungskosten (Druckplattenherstellung und Druck). Beachten Sie dabei,
   - dass Sie zunächst den Druckbogenbedarf ermitteln (Nutzen beachten),
   - dass nach dem Platten- und Farbwechsel nur noch die Druckplatten gewechselt werden müssen und
   - dass für jede Farbe eine Platte benötigt wird.

   Objekt: Zeitschrift (Text mit Farbbildern)
   Umfang: 32 Seiten
   Endformat: 20,5 cm x 28 cm
   Papier: 100 g/m²
   Druck: zweiseitig, 4 Farben
   Auflage: 8 000 Stück

Weitere Angaben:
- Druckmaschine: Vierfarben-Offset, Klasse IIIb (72 cm x 102 cm)
- Kosten der Druckplattenherstellung: s. S. 90
- Druckbogen im Format 61 cm x 86 cm liegen geschnitten vor
- Druck zu 8 Nutzen pro Druckbogen
- Neben den üblichen Zuschüssen für Einrichtung und Fortdruck sowie Falz wird noch 1,5 % Zuschuss für die Heftung berechnet.
- Die Dateien mit den montierten Druckformen liegen bereits vor, sodass der Arbeitsprozess mit der Druckplattenherstellung beginnt.
- Die Weiterverarbeitung wird fremd vergeben und vom durchführenden Unternehmen dem Kunden in Rechnung gestellt.

Leistungsdaten zur Druckmaschine:

Minutensatz		6,32 EUR
Rüsten		Zeit (Min.)
Grundeinrichten		9
Platten- und Farbwechsel (4 Werke)		52
Plattenwechsel (4 Werke)		23
Ausführen		
Grundwert je Druckgang		12
Fortdruckwert je 1 000 Druck		
Papier	bis 69 g/m²	9,6
	bis 150 g/m²	8,6
	bis 350 g/m²	12

3 Kalkulieren Sie den Barverkaufpreis des Auftrags mit einem Gewinnzuschlag von 15 %.

Objekt: Kalender (Text mit Farbbildern)
Umfang: 13 Seiten, einseitig
Endformat: 29,7 cm x 42 cm
Papier: 100 g/m²
Druck: einseitig, 4 Farben
Auflage: 20 000 Stück

Weitere Angaben:
- Druckmaschine: Einfarben-Offset Klasse 3 (36 cm x 52 cm)
- Kosten der Druckplattenherstellung: s. S. 90
- Kosten für Bogenmontage und Formproof s. S. 89
- Rohbogenformat: 63 cm x 88 cm
- Druckbogen im Format 31,5 cm x 44 cm liegen geschnitten vor
- Bezugskosten der Rohbogen (1 000-Bogen-Preis): 200,00 EUR
- Bezugskosten der Druckplatten: 3,50 EUR/Stück
- Druckdichte:
  – Cyan   40 %
  – Magenta 20 %
  – Yellow 40 %
  – Schwarz 20 %

- Neben den üblichen Zuschüssen für Einrichtung und Fortdruck sowie Falz werden noch 0,5 % Zuschuss für die Heftung berechnet.
- Materialgemeinkostenzuschlagssatz: 10 %
- Weiterverarbeitung: 1,10 EUR je Kalender + 5 % Fremdleistungszuschlag

Leistungsdaten zur Druckmaschine:

Minutensatz	0,61 EUR
Rüsten	**Zeit (Min.)**
Grundeinrichten	7
Platten- und Farbwechsel (1 Werk)	28
Plattenwechsel (1 Werk)	17
Ausführen	
Grundwert je Druckgang	8
Fortdruckwert je 1 000 Druck	
Papier bis 69 g/m²	12,2
bis 150 g/m²	11,3
bis 350 g/m²	14,3

4 Kalkulieren Sie die Selbstkosten des Auftrags.
   Objekt: Zeitschrift (Text mit Farbbildern)
   Umfang: 40 Seiten
   Endformat: 14,35 cm x 21 cm (geschlossen)
   Papier: 60 g/m²
   Druck: zweiseitig, 4 Farben
   Auflage: 5 000 Stück

   Weitere Angaben:
   - Druckmaschine: Zweifarben-Offset Klasse 3 (36 cm x 52 cm)
   - Kosten der Plattenbelichtung: s. 3.2.2.1
   - Kosten für Bogenmontage und Formproof: s. 3.2.2.1
   - Rohbogenformat: 63 cm x 88 cm
   - Druckbogen: 31,5 cm x 42 cm (liegen geschnitten vor)
   - Bezugskosten der Rohbogen (1 000-Bogen-Preis): 99,40 EUR
   - Bezugskosten der Druckplatten: 3,50 EUR/Stück
   - Druckdichte:
     – Cyan   20 %
     – Magenta 40 %
     – Yellow   40 %
     – Schwarz 20 %
   - zusätzlicher Zuschuss für Heftung: 1 %
   - Materialgemeinkostenzuschlagssatz: 10 %
   - Die Weiterverarbeitung wird fremd vergeben.
     Fremdleistungskosten: 95,00 EUR + 5 % Zuschlag

Leistungsdaten zur Druckmaschine:

Minutensatz		1,34 EUR
Rüsten		**Zeit (Min.)**
Grundeinrichten		10
Platten- und Farbwechsel (2 Werke)		62
Plattenwechsel (2 Werke)		32
Ausführen		
Grundwert je Druckgang		8
Fortdruckwert je 1 000 Druck		
Papier	bis 69 g/m²	12,2
	bis 150 g/m²	11,8
Karton	bis 350 g/m²	13

5 Die Creativ OHG hat einen Auftrag zur Produktion einer Konzertkarte erhalten.

Auftragsdaten:
- Bearbeiten einer vom Kunden gelieferten Bilddatei
- Nachzeichnen einer vom Kunden gelieferten Grafik (Logo)
- Gestalten der Karte

Die Daten werden belichtungsfähig auf einer CD an die Druckerei geliefert.
Es werden folgende Zeiten kalkuliert:

Bildbearbeitung (Freistellung)	2 Stunden
Bearbeitung der Grafik	3 Stunden
Gestaltung	5,5 Stunden

a) Kalkulieren Sie den Auftrag mithilfe der Kostenstellendaten aus Übung 1, Kapitel 2.2. Gehen Sie dabei von einer Arbeitsplatzkapazität von 1 840 Stunden sowie einem Beschäftigungsgrad von 88 % und einem Nutzungsgrad von 96 % aus.
b) Ermitteln Sie den Brutto-Zielverkaufpreis mit einem kalkulierten Gewinnzuschlag von 10 %, 2 % Skonto und 1 % Provision.

3.2.4 Auflagenabhängige und auflagenunabhängige Kosten

Bei der Kalkulation von Druckleistungen ist es häufig sinnvoll, auflagenabhängige und auflagenunabhängige Kosten zu ermitteln. Man spricht hier auch von auflagenfixen und auflagenvariablen Kosten. Insbesondere bei folgenden Entscheidungssituationen liefert die Analyse der auflagenfixen und auflagenvariablen Kosten eines Auftrags wichtige Informationen:
- bei der Angebotserstellung für verschiedene Auflagenhöhen eines Auftrags,
- bei der Wahl der Maschine, auf der ein Auftrag gedruckt werden soll (Grenzmengenermittlung) und
- bei der Wahl des Druckverfahrens (Offset- oder Digitaldruck).

3.2.4.1 Kalkulation bei unterschiedlichen Auflagenhöhen

Die West GmbH fragt bei der Offset GmbH im Zusammenhang mit dem Prospekt an (vgl. Objektbeschreibung in Kapitel 3.1), wie hoch der Preis für eine Auflage von 7 000 Stück ist. Da der Auftrag noch nicht gedruckt wurde, muss Frau Kretschmann bei der Kalkulation einige Änderungen vornehmen.

Grundlegend ist wieder die Tatsache, dass es Leistungen gibt, die nur einmal anfallen, unabhängig davon, wie viele Stücke gedruckt werden. Andere Leistungen verursachen mit steigender Auflagenzahl auch steigende Kosten, weil hierfür die betrieblichen Ressourcen in höherem Maß in Anspruch genommen werden. Während im Rahmen der Erstellung des BAB eine Einteilung in Einzel- und Gemeinkosten von Bedeutung war, bietet sich hier *aus der Sicht eines Auftrags* die folgende Unterscheidung der Kosten an:

Kosten in Abhängigkeit von der Auflagenhöhe

Die Grundeinrichtung der Druckmaschine beispielsweise wird für jeden Auftrag einmal durchgeführt. Dieser Arbeitsgang ist unabhängig von der nach der Grundeinrichtung zu druckenden Auflage und somit auflagenfix.

Zur Kalkulation der Kosten für weitere 2 000 Prospekte (**Grenzkosten**) müssen lediglich die auflagenvariablen Kosten berücksichtigt werden, denn die auflagenfixen Kosten bleiben, wie oben erläutert, unverändert.

Frau Kretschmann kalkuliert hierbei zunächst die auflagenvariablen Selbstkosten der Offset GmbH. Über die Fremdleistungen (Schneiden, Falzen) muss der Preis bei der Buch- und Offset Druckverarbeitung GmbH eingeholt werden. Die Weiterverarbeitung bleibt deshalb im Weiteren außer Betracht.

Kalkulation der auflagenvariablen Kosten

Auflagenhöhe	5 000			
Fortdruckzuschuss	0,8 %			
Falzzuschuss	1 %			
500-Bogenpreis (EUR)	129,06			
Materialkosten	**Menge (Bg)**	**Kosten**		
Nettodruckbogen	5 000			
Fortdruckzuschuss	80			
Falzzuschuss	50			
Summe auflagenvariable Bruttodruckbogen	5 130		331,04 EUR	
Summe auflagenvariable Farbkosten			33,34 EUR	
Summe auflagenvariables Fertigungsmaterial:			364,38 EUR	
MGK	8,77 %		31,96 EUR	
Summe auflagenvariable Materialkosten			396,34 EUR	
Fertigungskosten				
Minutensatz	1,26 EUR			
Fortdruckwert je 1 000 Bogen		**Dauer (Min.)**	**Menge**	**Kosten**
Papier	bis 69 g/m²	12,2		
	bis 150 g/m²	11,8	10,260	152,55 EUR
Karton	bis 350 g/m²	13		
	bis 500 g/m²	14,3		
Summe auflagenvariable Fertigungsk.			152,55 EUR	
Summe auflagenvariable Kosten			548,89 EUR	
auflagenfixe Kosten			250,12 EUR	
Selbstkosten			799,01 EUR	

Vergleiche hierzu die Gesamtkalkulation Seite 105

Papierkosten

Die Summe aus Nettodruckbogen, Fortdruck- und Falzzuschuss wird, wie bereits in Kapitel 3.2.2.2 erläutert, zu den auflagenvariablen Bruttodruckbogen zusammengefasst. Die hierfür benötigte *Roh*bogenmenge verursacht somit auflagenvariable Kosten.

$$\text{auflagenvar. Papierkosten} = \frac{5\,130 \text{ (Druck-)Bogen}}{4 \text{ (Rohbogennutzen)}} \times \frac{129{,}06 \text{ EUR}}{500 \text{ (Roh-)Bogen}}$$

$$= 331{,}04 \text{ EUR}$$

Farbkosten
Die auflagenvariablen Farbkosten werden durch die Farbmenge bestimmt, die auf die auflagenvariablen Bruttodruckbogen im Schön- und Widerdruck gedruckt wird.

$$\text{auflagenvar. Farbkosten (schwarz)} = \frac{34{,}38 \text{ EUR}}{10\,580 \text{ Druck}} \times 10\,260 \text{ Druck}$$

$$= 33{,}34 \text{ EUR}$$

Die auflagenvariablen Farbkosten für Cyan errechnen sich analog.

Materialgemeinkosten
Bei der Ermittlung der auflagenvariablen Materialkosten müssen noch die Materialgemeinkosten berücksichtigt werden:

$$\text{MGK} = 364{,}38 \text{ EUR} \times 8{,}77\,\%$$
$$= 31{,}96 \text{ EUR}$$

Damit Frau Kretschmann die Grenzkosten für eine Auflagenerhöhung auf 7 000 Stück kalkulieren kann, muss sie zunächst die auflagenvariablen Kosten je 1 000 Stück berechnen:

Ermittlung der auflagenvariablen Kosten je 1 000 Stück

$$\text{auflagenvariable Kosten je 1\,000 Stück} = \frac{\text{gesamte auflagenvar. Kosten des Auftrags} \times 1\,000}{\text{Auflagenhöhe}}$$

$$= \frac{548{,}89 \text{ EUR} \times 1\,000 \text{ Stück}}{5\,000 \text{ Stück}}$$

$$= 109{,}78 \text{ EUR}$$

Nun können beliebige Auflagenhöhen für den Auftrag einfach kalkuliert werden. Für die angefragten 7 000 Stück ergibt sich somit dieser Angebotspreis:

Kalkulation für 7 000 Stück:

Selbstkosten = auflagenfixe Kosten + auflagenvariable Kosten
= 250,12 EUR + 109,78 EUR × 7
= 1 018,58 EUR

Grafisch stellt sich der Sachverhalt folgendermaßen dar:

Auflagenfixe und auflagenvariable Kosten

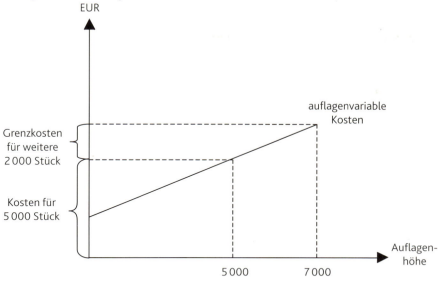

Auf die gesamte Auflagenhöhe von 7 000 Stück bezogen ergibt sich zudem der Effekt, dass die Stückkosten pro 1 000 Stück sinken.

Auftragsbezogene Stückkosten in 1 000 Stück

Stückkosten pro 1 000 Stück (bei 7 000 Stück) $= \dfrac{\text{Selbstkosten (in 1 000 Stück)}}{\text{Auflagenhöhe (in 1 000 Stück)}}$

$= \dfrac{1\,018{,}58 \text{ EUR}}{7}$

$= 145{,}51 \text{ EUR}$

zum Vergleich:
Stückkosten pro 1 000 Stück = 159,80 EUR
(bei 5 000 Stück)

Der Grund hierfür ist, dass sich der auflagenunabhängige Fixkostenblock auf eine größere Menge verteilt. Diesen Effekt nennt man **Fixkostendegression**. Diese ist in unten stehender Tabelle anhand weiterer Auflagenhöhen aufgezeigt:

Auflage	5 000	6 000	7 000	8 000	9 000	10 000
Selbstkosten	799,01 EUR	908,80 EUR	1 018,58 EUR	1 128,36 EUR	1 238,14 EUR	1 347,92 EUR
fixe Stückkosten	50,02 EUR	41,69 EUR	35,73 EUR	31,27 EUR	27,79 EUR	25,01 EUR
auflagenvariable Kosten	548,89 EUR	658,67 EUR	768,45 EUR	878,23 EUR	988,01 EUR	1 097,79 EUR
Stückkosten	159,80 EUR	151,47 EUR	145,51 EUR	141,05 EUR	137,57 EUR	134,79 EUR

Grafisch stellt sich die Fixkostendegression wie folgt dar:

Fixkostenderession

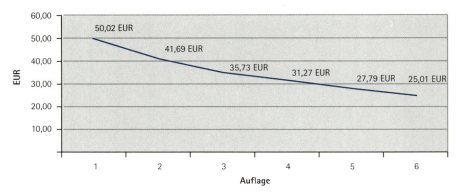

Die Grafik zeigt, dass sich die auflagenfixen Kosten pro 1 000 Stück mit zunehmender Auflagenhöhe verringern. Allerdings vollzieht sich dieser Verlauf nicht linear (also in einer fallenden Geraden), sondern **degressiv**. Das bedeutet, dass der Kostenvorteil der sich verringernden fixen Stückkosten mit zunehmender Auflagenhöhe geringer wird.

3.2.4.2 Grenzmengenermittlung zur Auswahl der Druckmaschine

> Die Offset GmbH verfügt über zwei unterschiedliche Druckmaschinen (vgl. Kapitel 2), die auch grundsätzlich für den Druck des Prospekts (vgl. Objektbeschreibung zu Beginn des Kapitel 3.2) zur Verfügung stehen. Beide Maschinen sind technisch in der Lage, den Prospekt zu drucken.
> Da auch die zweite Maschine kurzfristig zur Verfügung steht, stellt sich für Frau Kretschmann die Frage, mit welcher Maschine das gesamte Fertigungsverfahren kostengünstiger ist.

Um diese Frage zu beantworten, muss man die beiden Kostenverläufe der Druckmaschinen miteinander vergleichen und die Menge ermitteln, bei der die Kosten beider Maschinen bei gleichem Papiergewicht (Grammatur) und gleichem Druckbogennutzen gleich hoch sind (**Grenzmenge**). Bis zum eigentlichen Druck ist bei beiden Maschinen der Prozess für diesen Auftrag identisch, die auflagenfixen Kosten sind somit gleich. Die Kosten der Fertigungsschritte *vor* dem Druck würden sich nur dann unterscheiden, wenn beispielsweise mit einem anderen Nutzen gedruckt würde. Hierdurch würde sich ggf. die Anzahl der herzustellenden Druckplatten ändern. Dieser Fall soll an dieser Stelle jedoch nicht weiter erläutert werden.

Vollkostenrechnung | 3

Grenzmenge

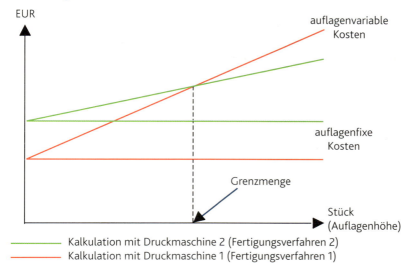

———— Kalkulation mit Druckmaschine 2 (Fertigungsverfahren 2)
———— Kalkulation mit Druckmaschine 1 (Fertigungsverfahren 1)

Die Grenzmenge ist in der obigen Abbildung der Punkt, an dem sich die beiden Kostenfunktionen schneiden. An dieser Stelle sind die Kosten gleich. Maschine 2 erzeugt höhere auflagenfixe Kosten. Durch den stärkeren Anstieg der auflagenvariablen Kosten der Druckmaschine 1 ist das Verfahren 2 deshalb ab einer bestimmten Auflagenhöhe kostengünstiger. Um die Grenzmenge rechnerisch zu ermitteln, müssen zunächst wieder die Selbstkosten in die auflagenfixen und auflagenvariablen Bestandteile aufgeteilt werden. Die auflagenfixen Kosten beim Fertigungsverfahren 1 betragen 250,12 EUR, die auflagenvariablen Kosten pro 1 000 Stück 109,78 EUR. Die Kostenfunktion, die dem roten Graphen zugrunde liegt (Fertigungsverfahren 1), lautet somit wie folgt:

Vergleiche hierzu Seite 112

Selbstkosten (Verfahren 1) = 250,12 EUR + 109,78 x

Die Variable x ist hierbei die Auflagenhöhe.

Für eine Auflage von beispielsweise 2 000 Stück entstehen folgende Fertigungskosten für den Druck:

Selbstkosten = 250,12 EUR + 109,78 EUR x 2 = 469,68 EUR

Die Kostenfunktion des Fertigungsverfahrens 2 (grüner Graph) lautet:

Selbstkosten (Verfahren 2) = 278,14 EUR + 103,31 x

Um nun die Grenzmenge zu ermitteln, muss die Auflagenhöhe berechnet werden, an der die Kosten gleich sind. Es wird also die Auflagenhöhe „x" gesucht, an dem die Kostenfunktionen den gleichen Wert annehmen. Man muss somit die beiden Kostenfunktionen gleichsetzen.

$$278{,}14 + 103{,}31\,x = 250{,}12 + 109{,}78\,x$$
$$\Leftrightarrow \quad 28{,}02 = 6{,}47\,x$$
$$\Leftrightarrow \quad 4{,}3307 = x$$

Weil die Grenzmenge in 1 000 Stück ausgedrückt ist, muss man das Ergebnis mit 1 000 multiplizieren, um die Auflagenhöhe zu berechnen, die die Grenzmenge bildet. Das Ergebnis lautet hier 4 330,7 Stück.

Da allerdings nur ganze Exemplare gedruckt werden können, muss hier ganzzahlig aufgerundet werden, denn erst ab einer Anzahl von 4 331 Stück ist der Druck mit der Maschine 2 kostengünstiger. Bis zu einer Anzahl von 4 330 Stück ist die Maschine 1 zu bevorzugen. Der Prospekt wäre bei der Auflage von 5 000 Stück also mit der Druckmaschine 2, sofern sie nicht mit anderen Aufträgen belegt ist, kostengünstiger zu drucken.

3.2.4.3 Grenzmengenermittlung zur Auswahl des Druckverfahrens

Herr Kuhnert erwägt, eine Digitaldruckmaschine Klasse 3 anzuschaffen. Auf der Messe DRUPA (Druck und Papier) erläuterte ein Vertriebsingenieur eines Herstellers, dass eine Digitaldruckmaschine vor allem bei kleineren Aufträgen durch geringe auflagenfixe Kosten Kostenvorteile habe. Dieses ist für Herrn Kuhnert deshalb interessant, weil sie so bei Aufträgen mit geringer Druckzahl (Visitenkarten, Eintrittskarten etc.) günstiger als die Mitbewerber fertigen könnte.

Frau Kretschmann soll nun mithilfe einer Grenzmengenberechnung für einen für den Digitaldruck typischen Auftrag ermitteln, ab welcher Auflagenhöhe ein Digitaldruck Kostenvorteile gegenüber dem Offsetdruck bringt.

Auftragsdaten:
- Objekt: Einladungskarten
- Druckdichte: CMY je 20 %, Schwarz 10 %
- Druck: einseitig
- Format: DIN A 4
- Papiergewicht: 90 g/m²
- Druckbogenformat: DIN A3 (29,7 cm x 42 cm), Druck zu zwei Nutzen

Vorab sind einige Unterschiede im Fertigungsprozess einer Digitaldruckmaschine im Vergleich zu einer Offsetdruckmaschine zu erläutern, die sich auf die Kalkulation auswirken:
- Eine Digitaldruckmaschine benötigt keine Druckplatten. Der recht aufwendige Prozess der Druckformherstellung entfällt deshalb.
- Der Platten- und Farbwechsel, der bei einer Offsetdruckmaschine für jeden Auftrag anfällt, findet folglich bei der Digitaldruckmaschine ebenfalls nicht statt. Der Grund hierfür ist, dass beim Digitaldruck die notwendigen Daten wie bei einem normalen Laserdrucker direkt vom Rechner über das Netzwerk zum Ausgabegerät gelangen.
- Bei einer Digitaldruckmaschine entfällt der Einrichtezuschuss weitgehend. Der Grund hierfür ist, dass Farbeinstellungen, die beim Einrichten der Offsetdruckmaschine vorgenommen werden (und deshalb die Zuschussbogen erfordern), beim Digitaldruck entfallen.
- An die Stelle der Farbe bei der Offset-Maschine tritt bei der Digitaldruckmaschine der Toner. Dieser stellt aufgrund der kaum bzw. nur sehr aufwendig möglichen Mengenermittlung Gemeinkostenmaterial bei der Platzkostenrechnung dar. Er fließt deshalb über die Gemeinkosten der Maschine und auf diese Weise über den Stundensatz in die Kalkulation ein.
- Der Tonerwechsel, also der „Farbwechsel" bei einer Digitaldruckmaschine, findet nicht auftragsbezogen statt, sondern dann, wenn die Kartusche verbraucht ist. Eine direkte Zurechenbarkeit zu einem bestimmten Auftrag ist somit nicht möglich. Der Arbeitsvorgang des Tonerwechsels ist somit den *Hilfszeiten* im Rahmen der Kapazitätsrechnung zuzurechnen. Die höhere Menge an Hilfsstunden reduziert den Nutzungsgrad und damit die Fertigungszeit. Die verminderte Fertigungszeit wiederum erhöht den Stundensatz der Maschine, sodass – wie beim Tonerverbrauch – auch der Tonerwechsel über den Stundensatz in der Kalkulation Berücksichtigung findet.

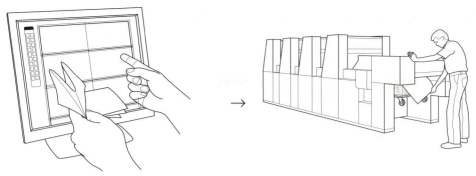

Bogenmontage (Rechner)   *Druckmaschine*
Computer to Press (Digitaldruck)

Um die Kosten zu vergleichen, muss nun wieder die Grenzmenge der beiden Fertigungsprozesse berechnet werden. Somit stellt sich der Sachverhalt genau so dar, wie in Abschnitt 3.2.4.2. Die vom Offset-Druck abweichenden Kosten entstehen
- beim Fertigungsmaterial (Papier, Farbe, Druckplatten),
- bei der Druckplattenherstellung (diese entfällt) und
- beim Druck.

Die Bogenmontage und der Formproof fallen in beiden Verfahren gleichermaßen an. Sie erhöhen die Fixkosten beider Druckverfahren und beeinflussen die Grenzmenge nicht. Diese Produktionsschritte müssen deshalb bei der Berechnung der Grenzmenge nicht betrachtet werden.

Kalkulation des Digitaldrucks

Minutensatz: 3,58 EUR			
Rüsten	Zeit (Min.)	Einheit	Kosten
Grundeinrichten	10	1	35,80 EUR
Ausführen			
Fortdruckwert je 1000 Seiten DIN A4	28	2	200,48 EUR
Summe			**236,28 EUR**

Das Format, das beim Fortdruck der Digitaldruckmaschine angegeben ist, ist DIN A4. Der Ausdruck im DIN-A3-Format beansprucht aufgrund der doppelten Formatgröße auch die doppelte Fertigungszeit. Deshalb wird beim Fortdruck bei der Verdoppelung des Formats auch der Wert in der Spalte Einheit verdoppelt, denn es läuft im Vergleich zum DIN-A4-Format die doppelte Menge (bedruckte Fläche) durch die Maschine. Es werden beispielsweise bei einer Auflage von 200 Stück DIN A3 folglich 400 Stück DIN A4 bedruckt.

Kalkulation der Selbstkosten

	fix	variabel	gesamt
Papier			
Kosten pro 1000 Druckbogen	– EUR	45,00 EUR	45,00 EUR
MGK	– EUR	3,95 EUR	3,95 EUR
Materialkosten	– EUR	48,95 EUR	48,95 EUR
Druck			
Grundeinrichten	35,80 EUR		35,80 EUR
Fortdruckwert je 1000 Bogen		200,48 EUR	200,48 EUR
Summe	35,80 EUR	249,43 EUR	285,23 EUR

Kostenfunktion des Digitaldrucks
Selbstkosten = 35,80 + 249,43 x

Kalkulation des Offsetdrucks

	fix	variabel	gesamt
Papier			
Kosten pro 1000 Druckbogen: 45,00 EUR	7,20 EUR	46,62 EUR	53,82 EUR
Farbe	1,13 EUR	7,30 EUR	8,43 EUR
Druckplatten	28,00 EUR		28,00 EUR
Fertigungsmaterial	36,33 EUR	53,92 EUR	90,25 EUR
MGK (8,81 %)	3,20 EUR	4,75 EUR	7,95 EUR
Materialkosten	39,53 EUR	58,67 EUR	98,20 EUR
Druckplattenherstellung	96,00 EUR		96,00 EUR
Druck			
Verrechnungssatz	1,93 EUR		
Grundeinrichten	19,30 EUR		19,30 EUR
Plattenwechsel (4 Werke)	– EUR		– EUR
Platten- und Farbwechsel (4 Werke)	119,66 EUR		119,66 EUR
Grundwert je Druckgang	15,44 EUR		15,44 EUR
Fortdruckwert je 1000 Druck		23,59 EUR	23,59 EUR
Summe:	289,93 EUR	82,27 EUR	372,20 EUR

Kostenfunktion des Offsetdrucks
Selbstkosten = 289,93 + 82,27 x

> **Grenzmengenermittlung**
> 289,93 + 82,27 x = 35,80 + 249,43 x
> $\Leftrightarrow$ 254,13 EUR = 167,16 EUR x
> $\Leftrightarrow$ 1,5202 = x
>
> Für die Produktion der Einladungskarten ist ab einer Auflage von 1521 Stück der Einsatz der Offsetdruckmaschine kostengünstiger. Der Grund hierfür sind die geringeren auflagenfixen Kosten. Bei großen Auflagen hat die Digitaldruckmaschine zudem aufgrund der geringeren Fortdruckleistung und des hohen Stundensatzes gegenüber der Offsetdruckmaschine Kostennachteile.

Auflagenabhängige und auflagenunabhängige Kosten
- *Auflagenfixe Kosten sind von der Auflagenhöhe unabhängig.*
- *Auflagenvariable Kosten steigen mit der Auflagenhöhe.*
- *Grenzkosten sind auflagenvariable Kosten, die für eine weitere Leistungseinheit (z. B. weitere 1 000 Stück) entstehen.*

Kalkulation bei unterschiedlichen Auflagenhöhen
- *Trennung von auflagenfixen und auflagenvariablen Kosten*
- *Kalkulation der auflagenvariablen Kosten der zusätzlich zu fertigenden Stückzahl (Grenzkosten)*
- *Addition der Kosten der ursprünglichen Auflage und der Grenzkosten*
- *Fixkostendegression: auflagenfixe Kosten verteilen sich auf eine höhere Menge => Die Fixkosten pro 1 000 Stück sinken => Stückkosten pro 1 000 Stück sinken*

$$\text{Stückkosten} = \frac{\text{Selbstkosten des Auftrags}}{\text{Auflagenhöhe}}$$

$$\text{auflagenfixe Stückkosten} = \frac{\text{auflagenfixe Kosten}}{\text{Auflagenhöhe}}$$

Grenzmengenermittlung zur Auswahl der Druckmaschine
- *Trennung von auflagenfixen und auflagenvariablen Kosten*
- *Bildung der Kostenfunktionen der alternativen Druckmaschinen*
- *Berechnung der Grenzmenge durch Gleichsetzen der Kostenfunktionen und Auflösung der Gleichungen nach x*

Grenzmengenermittlung zur Wahl des Druckverfahrens
- *Trennung von auflagenfixen und auflagenvariablen Kosten bei*
  - *Druckformherstellung (Druckplattenherstellung entfällt)*
  - *Druck*
  - *Fertigungsmaterial*
- *Ermittlung der Grenzmenge*

1 a) Ermitteln Sie zu Übung 1 (Kapitel 3.2) die auflagenfixen und auflagenvariablen Fertigungskosten.
   b) Berechnen Sie die Kosten bei einem Druck von 4 000 und 6 000 Stück.

2 a) Ermitteln Sie zu Übung 2 (Kapitel 3.2) die auflagenfixen und auflagenvariablen Fertigungskosten.
   b) Kalkulieren Sie die Kosten für einen Druck von 10 000 Stück.
   c) Berechnen Sie die Stückkosten bei den Auflagenhöhen von 8 000 und 10 000 Stück.
   d) Warum sinken die Stückkosten pro 1 000 Stück?
   e) Berechnen Sie die Grenzmenge des Auftrags (Auflagenhöhe) für den Einsatz einer alternativen Druckmaschine. Die Kostenfunktion der Selbstkosten des Auftrags bei Einsatz dieser alternativen Maschine lautet: 2 391,55 + 187,63 x

3 Ermitteln Sie für einen Auftrag die Grenzmenge (Druckzahl), ab der der Einsatz der Maschine 2
- bei einem Papiergewicht von 120 g/m² und
- bei einem durchzuführenden Platten- und Farbwechsel sowie einem Plattenwechsel (2 Druckgänge)

vorteilhaft ist.

Leistungsdaten der Druckmaschinen
Maschine 1

Maschinenklasse 3		
Maximales Bogenformat	36 cm x 52 cm	
maximale Druckleistung pro Std.	8 000	
Stundensatz	184,41 EUR	
Rüsten		Zeit (Min.)
Grundeinrichten		10
Platten- und Farbwechsel (2 Werke)		62
Plattenwechsel (2 Werke)		32
Ausführen		
Grundwert je Druckgang		8
Fortdruckwert je 1 000 Druck		
Papier	bis 69 g/m²	12,2
	bis 150 g/m²	11,8
Karton	bis 350 g/m²	13

Maschine 2

Maschinenklasse I		
Maximales Bogenformat	52 cm x 74 cm	
maximale Druckleistung pro Std.	15 000	
Stundensatz	274,20 EUR	
Rüsten		Zeit (Min.)
Grundeinrichten		8
Platten- und Farbwechsel (2 Werke)		42
Plattenwechsel (2 Werke)		23
Ausführen		
Grundwert je Druckgang		8
Fortdruckwert je 1 000 Druck		
Papier	bis 69 g/m²	5,8
	bis 150 g/m²	5,5
Karton	bis 350 g/m²	6,7

4   a) Ermitteln Sie zu Übung 4 (Kapitel 3.2) die auflagenfixen und auflagenvariablen Selbstkosten ohne Fremdleistung und kalkulieren Sie den Auftrag für eine Auflagenhöhe von 10 000 Stück.
    b) Berechnen Sie die Stückkosten pro 1 000 Stück für die beiden Auflagen.

5   a) Erstellen Sie die Kostenfunktion der Druckmaschine aus Übung 1 für ein Papiergewicht von 350 g/m² und einem durchzuführenden Plattenwechsel.
    b) Berechnen Sie die Druckkosten für 10 000, 15 000, 20 000, 25 000 und 30 000 Druck.
    c) Berechnen Sie die (Druck-) Stückkosten pro 1 000 Bogen.

6   Die Offset GmbH erhält einen Auftrag zum Druck einer Preisliste.
    Objekt: Preisliste (Text mit farbigen Abbildungen)
    Umfang: 1 Seite
    Endformat: DIN A4
    Papier: 60 g/m²
    Druck: einseitig, 2 Farben, Druck zu 2 Nutzen
    Auflage: 1 000 Stück
    Druckbogen: 43 cm x 31,5 cm

    Es stehen die neu angeschaffte Digitaldruckmaschine und die Maschine 1 zur Verfügung.
    Die Anschaffungskosten des Papiers betragen 50,00 EUR pro 500 Druckbogen + zusätzlich der Materialgemeinkosten (8,81 %).
    Die Kostenfunktion des Offset-Drucks lautet:
    Selbstkosten = 144,06 + 73,69 x.

    Vergleiche hierzu Seite 117
    a) Ermitteln Sie die Grenzmenge für den Auftrag, ab dem der Druck mit der Digitaldruckmaschine kostengünstiger ist und entscheiden Sie, mit welcher Maschine der Auftrag gedruckt werden soll.
    b) Ermitteln Sie die Selbstkosten des kostengünstigeren Verfahrens.

3.2.5 Nachkalkulation in Fertigungsbetrieben

> Um nachträglich den betrieblichen Erfolg des Auftrags, der mit einer Auflagenhöhe von 5 000 Stück gedruckt wurde, zu ermitteln, kontrolliert Frau Kretschmann, ob die für den Auftrag angesetzten Kosten mit den tatsächlich angefallenen Kosten übereinstimmen.

Diese sogenannte **Nachkalkulation** ist deshalb wichtig, damit rechtzeitig Fehler im Rahmen der **Vorkalkulation** aufgedeckt werden können.
Die Basis für die Nachkalkulation bilden die
- Stundenzettel der Mitarbeiter, die mit der Fertigung des Auftrags befasst waren und
- Materialentnahmebelege, die den auftragsbezogenen Materialverbrauch erfassen.

Vergleiche hierzu S. 104, 105

Diese Belege liefern für den Prospekt folgende Daten (alle Änderungen bei den (tatsächlichen) Leistungswerten zur Vorkalkulation sind dunkler schattiert).

3 | Vollkostenrechnung

Nutzenberechnung				
Seiten des Objekts	4			
Druckbogennutzen	2			
Fertigung				
Bogenmontage				
Rüsten				
		Minutensatz	Dauer (Min.)	**Kosten**
		1,04 EUR	7	**7,28 EUR**
Ausführen				
Anzahl Druckformen		Minutensatz	Dauer (Min.)	**Kosten**
2		1,04 EUR	5,5	**11,44 EUR**
Summe				**18,72 EUR**
Formproof				
		montierte Bogen	Kosten je Proof	**Kosten**
		2	2,24 EUR	**4,48 EUR**
Druckplattenherstellung				
Anzahl Druckformen	Farben	Druckplatten	je Platte	Kosten
2	2	4	12,00 EUR	**48,00 EUR**
Druck				
Druckbogenbedarf				
Druckwerke	2			
Seiten des Objekts	4			
Auflage (Stück)	5 000			
Seiten je Druckbogen	4			
Exemplare je Druckbogen	1			
Nettodruckbogen				5 000
	Druckgänge	Druck je Druckgang	Zuschuss	
Fortdruckzuschuss	2	5 000	0,5 %	50
Falzzuschuss			1 %	50
weitere Zuschüsse				–
var. Bruttodruckbogen		Stück	Stück	**5 100**
Einrichtezuschuss	Maschine		20	20
Einrichtezuschuss	Platten	4	20	80
Bruttodruckbogen				**5 200**
Minutensatz	1,26 EUR			
Rüsten		Dauer (Min.)	Menge	Kosten
Grundeinrichten		8	1	10,08 EUR
Platten- und Farbwechsel		45	1	56,70 EUR
Plattenwechsel		26	1	32,76 EUR

Vollkostenrechnung | 3

Nutzenberechnung				
Ausführen				
Grundwert je Druckgang		8	2	20,16 EUR
Fortdruckwert je 1000 Bogen				
Papier	bis 69 g/m²	12,2		– EUR
	bis 150 g/ m²	11,8	10,200	151,65 EUR
Karton	bis 350 g/m²	13		– EUR
	bis 500 g/m²	14,3		– EUR
Druckkosten				**271,35 EUR**
Material				
Farbe				
	Druckdichte	Druck	EUR/1000 Bogen	Kosten
Cyan	40 %	10 400	2,35 EUR	24,44 EUR
Magenta		10 400		– EUR
Yellow		10 400		– EUR
Schwarz	20 %	10 400	0,90 EUR	9,36 EUR
Summe				**33,80 EUR**
Druckplatten				
	Stück	Stückkosten		Kosten
	4	3,50 EUR		**14,00 EUR**
Papier				
Bruttodruckbogen (Stück)	Nutzen	Rohbogen (Stück)	Kosten/500 Rohbogen	Kosten
5 200	4	1300	129,06 EUR	335,56 EUR
Fertigungskosten				
Bogenmontage	18,72 EUR			
Formproof	4,48 EUR			
Druckplattenherstellung	48,00 EUR			
Druck	271,35 EUR			
Summe	**342,55 EUR**			
Materialkosten				
Papier	335,56 EUR			
Farbe	33,80 EUR			
Druckplatten	14,00 EUR			
Fertigungsmaterial	**383,36 EUR**			
Materialgemeinkosten	33,62 EUR	8,77 %		
Summe	**416,98 EUR**			
Selbstkosten: ohne Fremdleistungen	**759,53 EUR**			

3 | Vollkostenrechnung

Vergleiche hierzu Seite 105

Die von Frau Kretschmann durchgeführte Nachkalkulation hat ergeben, dass die tatsächlich angefallenen Selbstkosten niedriger waren als die Selbstkosten, die im Rahmen der Vorkalkulation ermittelt worden sind. Man spricht in diesem Fall von einer **Kostenüberdeckung**. Den umgekehrten Fall bezeichnet man als **Kostenunterdeckung**. Bei diesem Auftrag ist der Ausführende Herr Vennemeyer mit geringeren Zuschüssen und geringerer Rüstzeit ausgekommen.

Kostenüberdeckungen können des Weiteren beispielsweise entstehen durch
- einen Druck mit höherem Druckbogennutzen mit der Folge einer kürzeren Fortdruckzeit,
- geringere Bezugskosten des Fertigungsmaterials,
- niedrigere Stundensätze durch eine höhere Anzahl an (jährlichen) Fertigungsstunden an der Druckmaschine oder bei der Bogenmontage sowie
- niedrigere Stückkosten infolge einer höheren Auslastung des Plattenbelichters oder des Plotters.

Für die Kostenunterdeckung sind analog die gegenteiligen Entwicklungen verantwortlich.

Die hier entstandene Kostenüberdeckung hat einen höheren Gewinnzuschlag des Auftrags zur Folge, denn der vereinbarte Barverkaufspreis gemäß dem Angebot ist durch die vertragliche Vereinbarung gleichgeblieben.

Fertigungsmaterial	383,36 EUR	
Materialgemeinkosten	33,62 EUR	8,77 %
Materialkosten	**416,98 EUR**	
Fremdleistungen	40,90 EUR	
Fremdleistungszuschlag	2,05 EUR	5,00 %
Fremdleistungskosten	**42,95 EUR**	
Fertigungskosten	**342,55 EUR**	
Selbstkosten	**802,48 EUR**	
Gewinnzuschlag	165,77 EUR	20,66 %
Netto-Barverkaufspreis	**968,25 EUR**	

In diesem Fall hat sich der Angebotspreis auf der Basis der höheren Vorkalkulation positiv ausgewirkt. Es kann jedoch auch zu Kostenunterdeckungen kommen, die dann – sofern sie dauerhaft auftreten – negative Auswirkungen auf das Betriebsergebnis haben. Allerdings kann eine dauerhaft zu hohe Vorkalkulation die Chancen der Offset GmbH im Wettbewerb mit anderen Anbietern verschlechtern, denn die daraus resultierenden höheren Angebotspreise können dann die Offset GmbH aus dem Markt drängen.

Durch die Nachkalkulation wird diesen Fehlentwicklungen vorgebeugt. Frau Kretschmann kann so die Kalkulationsgrundlagen in Form von Fertigungszeiten und Materialverbrauch verändern.

1 a) Erstellen Sie auf der Basis der unten stehenden Daten eine Nachkalkulation des Auftrags aus Übung 5 (s. S. 109). Berechnen Sie hierzu den neu entstandenen Gewinnzuschlag auf der Basis des Angebotspreises (Barverkaufspreis) von 971,82 EUR.

Vollkostenrechnung | 3

Nachkalkulation	
Stundensatz	84,14 EUR/Std.
	Bearbeitungsdauer (Std.)
Bildbearbeitung (Freistellung)	1,50
Bearbeitung der Grafik	3,25
Gestaltung	6,50

b) Erstellen Sie auf der Basis der unten stehenden Tabelle eine weitere Nachkalkulation des Auftrags aus Übung 5 (Kapitel 3.2). Aufgrund von Überstunden im vergangenen Monat hat sich die Anzahl der Fertigungsstunden erhöht. Berechnen Sie hierzu den neu entstandenen Gewinnzuschlag unter Berücksichtigung der erhöhten Fertigungszeit.

Nachkalkulation	
Monatskosten der Kostenstellen	10 899,69 EUR
Fertigungszeit des Monats	144,74
	Bearbeitungsdauer (Std.)
Bildbearbeitung (Freistellung)	1,50
Bearbeitung der Grafik	3,25
Gestaltung	6,50

2 Erstellen Sie eine Nachkalkulation und berechnen Sie die Kostenüber- oder -unterdeckung des Auftrags. Die Auftragsdaten zur Vorkalkulation finden Sie in Übung 1 (Kapitel 3.2).

Nachkalkulation			
Rüsten		Zeit (Min.)	Menge
Grundeinrichten		8	1
Plattenwechsel (4 Werke)		66	1
Platten und Farbwechsel (4 Werke)		90	
Ausführen			
Grundwert je Druckgang		10	1
Fortdruckwert je 1000 Druck			
Papier	bis 69 g/m²	9,6	
	bis 150 g/m²	8,6	
	bis 350 g/m²	12	2,02

3.3 Vollkostenrechnung in Dienstleistungsbetrieben

Die Veranstaltungs-/Eventagentur iVent GmbH, die Werbeagentur West GmbH und der Geschäftsbereich AV-Medien sind Dienstleistungsbetriebe, die in der Regel projektbezogen arbeiten. Eine Massenfertigung ist diesen Betrieben aufgrund der gegebenen Einzigartigkeit ihrer Produkte für den jeweiligen Kunden nicht möglich. In Teilbereichen werden zwar Routinearbeiten durchgeführt, eine Unterscheidbarkeit der Produkte ist allerdings immer von den Auftraggebern gewünscht.
Bei der Buchhandlung Medi@Point GmbH & Co. KG handelt es sich um einen klassischen Handelsbetrieb. Allerdings werden den Buchhändlern in Deutschland für einen Großteil ihres Sortiments die Preise von den Verlagen vorgegeben (**Buchpreisbindung**). Einzig für importierte ausländische Bücher bzw. Bücher, die aus der Buchpreisbindung herausgefallen sind, gelten diese strengen Vorgaben nicht.

Als **Kostenträger** bezeichnen AV-Betriebe sowie Event- und Werbeagenturen das einzelne Projekt, den einzelnen Auftrag oder den einzelnen Etat. Die Selbstkosten- und Preiskalkulation (auch „Angebotskalkulation") für den jeweiligen Kostenträger basiert auf den Daten der Kostenarten- und Kostenstellenrechnung.

Die Kosten werden dabei in folgende Begriffspaare unterschieden:

		Kostenarten nach ihrer Reaktion auf Beschäftigungsänderungen	
		Variable Kosten	Fixe Kosten
Kostenarten nach ihrer Zurechenbarkeit	Einzelkosten	Materialkosten	Personalkosten
	Gemeinkosten	Verbrauchsanteil der Energiekosten	Grundgebühren der Energiekosten

Dabei ist zu beachten, dass die Begriffspaare nicht miteinander kombiniert werden! Entweder sind die Kosten variabel (von der Ausbringungsmenge abhängig) oder sie sind fix (von der Ausbringungsmenge **un**abhängig). Alternativ sind es Einzelkosten (dem jeweiligen Kostenträger direkt zurechenbar) oder Gemeinkosten (dem jeweiligen Kostenträger **nicht** direkt zurechenbar). Somit kann es direkt zurechenbare Einzelkosten geben, wie z. B. Personalkosten, die fix sind, da es sich um Gehaltszahlungen an fest angestellte Mitarbeiter handelt. Genauso gibt es Gemeinkosten, wie z. B. die Stromkosten in einer Werbeagentur, die einen variablen Anteil (Stromverbrauch) und einen fixen Anteil (Grundgebühr) beinhalten.

Vergleiche hierzu Kapitel 3.3.3

Da in den folgenden Kapiteln die Kosten hauptsächlich aus dem Blickwinkel ihrer Zurechenbarkeit auf den Kostenträger betrachtet werden, folgt eine kurze genauere Auseinandersetzung mit den Einzel- und Gemeinkosten. Allein im Kapitel 3.3.3 werden die Kosten auch aus dem Blickwinkel ihrer Reaktion auf Beschäftigungsänderungen betrachtet.

- **Einzelkosten** sind Kosten, die für jeden Kostenträger eindeutig bestimmt werden können. Der Anteil der Personalkosten mit Einzelkostencharakter wird den Kostenträgern mithilfe von Stundenzetteln, Gehaltslisten und Stundenverrechnungspreisen als **Direktkosten** zugerechnet. Einzelkosten werden auch als Direktkosten bezeichnet.
- In den Angebotspreis muss neben Einzelkosten und Gewinn jedoch auch einkalkuliert werden, dass in jedem Unternehmen Verwaltungskosten und andere nicht direkt zurechenbare Kosten gemeinsam für alle Kostenträger entstehen. Diese werden als **Gemeinkosten** oder **Overhead** bezeichnet. So entsteht z. B. ein Teil der Personalkosten im Verwaltungsbereich und hat damit Gemeinkostencharakter.

Gemeinkosten lassen sich nicht direkt auf die Kostenträger zurechnen. Jede Branche hat ihre **Kalkulationsverfahren** entwickelt, um die insgesamt anfallenden Gemeinkosten des Unternehmens mithilfe eines **Umlageverfahrens** auf die einzelnen Kostenträger umzulegen, damit eine kostendeckende (und gewinnbringende) Kalkulation gewährleistet ist. Die Umlage erfolgt mithilfe des **Gemeinkostenzuschlags**, auch **Handlungskostenzuschlag** genannt.

In Werbeagenturen werden die Gemeinkosten auch **Overheads** genannt. Zusammen mit dem Gewinn bilden die Overheads das **Cross Income**. Das Cross Income wird sonst auch als **Rohertrag** oder **Rohgewinn** bezeichnet. Wenn vom Umsatz die Einzelkosten/Direktkosten subtrahiert werden, verbleibt der Rohgewinn, der über die Deckung der Gemeinkosten hinaus einen Überschuss als Gewinn einbringen sollte.

Die Vorkalkulation wird von der verantwortlichen Projektleitung in Zusammenarbeit mit dem Controlling erstellt. Dabei ist die Projektleitung für die Kalkulation der Einzelkosten und das Controlling für die Kalkulation und Verteilung der Gemeinkosten sowie des Gewinnanteils verantwortlich.

3.3.1 Vorwärtskalkulation einer Werbeagentur

Der Werbeagentur West GmbH liegt eine Anfrage der Pro Öko Einrichtungshaus GmbH vor. Die Pro Öko Einrichtungshaus GmbH gibt der Werbeagentur West GmbH allerdings kein Budget vor, sondern will einen Angebotspreis erfahren. Zur Ermittlung des Angebotspreises muss die Werbeagentur West GmbH alle anfallenden und zu erwartenden Selbstkosten kalkulieren und addieren. Außerdem ist der Gewinn zu kalkulieren und auf die Selbstkosten zu schlagen. Um darauf vorbereitet zu sein, dass der Kunde Skonto und/oder Rabatt geltend macht, sind auch diese beiden Positionen in die Vorwärtskalkulation einzubeziehen. Das Ergebnis aus der Addition der genannten Teilbeträge ist der Angebotspreis.

Würde der Kunde der Werbeagentur West GmbH ein Budget vorgeben, so müsste die West GmbH versuchen, mit diesem Betrag auszukommen. Sie würde dann das Budget als Vorgabe verwenden und in einer Rückwärtskalkulation berechnen, welche Kosten für die Erfüllung des Auftrages maximal entstehen dürfen.

3.3.1.1 Ermittlung des Pauschalpreises

Die Pro Öko Einrichtungshaus GmbH will vor der Auftragsvergabe einen festen und verlässlichen Angebotspreis erfahren.

Die Planung ergibt, dass zur Realisierung des Projektes wahrscheinlich Fremdkosten in Höhe von 55 000,00 EUR und ca. 200 Arbeitsstunden in der Werbeagentur anfallen werden. Das Controlling der Werbeagentur hat nun aus diesen Plandaten einen festen und verlässlichen Angebotspreis zu berechnen. Dieser Angebotspreis muss einerseits der Werbeagentur genügend finanziellen Spielraum für unvorhergesehene Probleme lassen, andererseits darf er nicht so hoch sein, dass der potenzielle Kunde zur Konkurrenz ausweicht.

Neben dem hier vorgestellten Kalkulationsschema für Einzelaufträge lebt die Werbeagentur von Etats. Von großen Kunden werden Etats vergeben. Sie schließen eine laufende Betreuung mit entsprechenden Werbemaßnahmen ein.

Schaffung der Datenbasis für die Kalkulation

Bevor die Kalkulation des vorliegenden Auftrages durchgeführt werden kann, müssen der Gemeinkosten- und der Gewinnzuschlagssatz bestimmt werden. Die meisten Werbeagenturen erstellen keinen BAB, da die im BAB unterstellte Arbeitsteilung hier nicht vorgefunden werden kann. Somit muss ein anderes Verfahren zur Bestimmung der Zuschlagssätze gefunden werden. Werbeagenturen behelfen sich mit den Daten der Vergangenheit und nehmen diese als Grundlage für die Kalkulationen. Gegebenenfalls erfolgt mittels Nachkalkulation eine Überprüfung und Korrektur der im Folgenden gefundenen Größen.

Vergleiche hierzu Kapitel 3.3.7

Die konkrete Kalkulation des vorliegenden Auftrages erfolgt im Anschluss.

> Die West GmbH benutzt für die Pauschalpreisermittlung das folgende branchenübliche Kalkulationsschema:
>
> ```
>     Summe aller Fremdkosten
>   + direkte Personalkosten
>   = Direktkosten
>   + Gemeinkostenzuschlag      (auf die direkten Personalkosten kalkuliert)
>   = Selbstkosten
>   + Gewinnzuschlag            (auf die Selbstkosten kalkuliert)
>   = Barverkaufspreis
>   + Skonto
>   = Zielverkaufspreis
>   + Rabatt
>   = Angebotspreis exkl. USt.
> ```
>
> *Kalkulationsschema der Werbebranche*

Um die Zuschlagssätze ermitteln zu können, sind in die einzelnen Positionen die Werte des gesamten Vorjahres einzusetzen.

> **Fremdkosten**
>
> Die Fremdkosten sind jene Kosten, die zur Umsetzung eines Projektes notwendig sind. Es sind Kosten für Leistungen, die von unternehmensexternen Dienstleistern erbracht werden. Hierzu gehören z. B. der Fotograf, die Freelancer, die Lithoanstalt und ggf. Kosten eines Verlages für die Anzeigenschaltung.

Die zu erwartenden Fremdkosten sind für jeden Auftrag vor der Auftragserteilung möglichst genau zu schätzen. In der Regel weichen die tatsächlichen Fremdkosten von der kalkulierten Größe ab. Sie dürfen deshalb nicht zu eng bemessen werden, weil sonst die Werbeagentur die übersteigenden Fremdkosten tragen muss. Andererseits darf auch nicht zu großzügig kalkuliert werden, weil der Kunde gegebenenfalls abspringt.

> Im vergangenen Geschäftsjahr fielen externe Fremdproduktionskosten in Höhe von 4 500 000,00 EUR und Honorarkosten in Höhe von 350 000,00 EUR an. Insgesamt entstanden somit 4 850 000,00 EUR Fremdkosten.

Direkte Personalkosten

Die direkten Personalkosten des letzten Jahres können aus der Ergebnistabelle abgelesen werden. In der nachfolgenden Ergebnistabelle sind aus diesem Grund bereits die gesamten Personalaufwendungen in Direktkosten und Gemeinkosten aufgeteilt worden. Die direkten Personalkosten betragen demnach 940 000,00 EUR.

Kontenbezeichnung	KLR–Bereich Betriebsergebnis		Direktkosten	Gemeinkosten
	Kosten	Leistungen		
Umsatzerlös		7 250 000,00		
Honorarertrag		25 000,00		
Provisionsertrag		45 000,00		
Mietertrag				
Ertrag aus Auflösung von Rückstellungen				
Ertrag aus Beteiligungen				
Zinsertrag				
Produktionsaufwand für Medi@ AG (inkl. Lizenzaufwand und Gema-Gebühren)	4 500 000,00		X	
Honoraraufwand	350 000,00		X	
Personalaufwand (Direktkosten)	940 000,00		X	
Personalaufwand (Gemeinkosten)	40 000,00			X
Mietaufwand	180 000,00			X
Abschreibungen auf Sachanlagen	260 000,00			X
Abschreibungen auf Forderungen	108 336,00			X
Zinsaufwand	93 035,00			X
Büroaufwand (inkl. Kommunikationsaufwand)	150 000,00			X
Verlust aus dem Verkauf von Anlagevermögen				
Verlust aus Wertpapierverkauf				
Spenden, nicht Public Relations				
Sonstiger betrieblicher Aufwand	150 000,00			X
Steuernachzahlung				
Gewerbesteuerzahlung	400 000,00			X
	7 171 371,00	7 320 000,00		
	148 629,00			
	7 320 000,00	7 320 000,00		

Bestimmung der Direkt- und Gemeinkosten

Der Zwischenstand des Kalkulationsschemas sieht folgendermaßen aus:

	Fremdkosten	4 850 000,00 EUR
+	direkte Personalkosten	940 000,00 EUR
=	**Direktkosten**	**5 790 000,00 EUR**

Gemeinkostenzuschlag

Der Gemeinkostenzuschlagssatz ist in der Kalkulation der Werbeagentur West GmbH ein prozentualer Aufschlag auf die Kundenstundenkosten (direkte Personalkosten). Er lässt sich aus der Abgrenzungstabelle ermitteln, indem die Gemeinkostenpositionen addiert werden (1 381 371,00 EUR). Anschließend werden die Gemeinkosten zu den Personaldirektkosten ins Verhältnis gesetzt:

$$\frac{1\,381\,371{,}00\ \text{EUR} \times 100}{940\,000{,}00\ \text{EUR}} = 146{,}95\,\%$$

Der Gemeinkostenzuschlagsatz beträgt 146,59 % der direkten Personalkosten.

3 | Vollkostenrechnung

	Fremdkosten	4 850 000,00 EUR
+	direkte Personalkosten	940 000,00 EUR
=	Direktkosten	5 790 000,00 EUR
+	Gemeinkostenzuschlag (146,95 %)	1 381 371,00 EUR
=	**Selbstkosten**	**7 171 371,00 EUR**

Gewinnzuschlag

Auf die Selbstkosten wird der Gewinnzuschlag berechnet. Der Gewinnzuschlag lässt sich ebenfalls aus der Abgrenzungstabelle des Vorjahres ableiten.
Der Betriebsgewinn betrug im vergangenen Jahr 148 629,00 EUR.

$$\frac{148\,629,00 \text{ EUR} \times 100}{7\,171\,371,00 \text{ EUR}} = 2,07\,\%$$

	Fremdkosten	4 850 000,00 EUR
+	direkte Personalkosten	940 000,00 EUR
=	Direktkosten	5 790 000,00 EUR
+	Gemeinkostenzuschlag (146,95 %)	1 381 371,00 EUR
=	Selbstkosten	7 171 371,00 EUR
+	Gewinnzuschlag (2,07 %)	148 629,00 EUR
	Barverkaufspreis	7 320 000,00 EUR

Rabatt und Skonto

> Rabatt wird in Handelsunternehmen gewährt, wenn der Kunde eine größere Menge abnimmt. In Werbeagenturen wird Rabatt gewährt, wenn der Kunde häufiger/regelmäßig Aufträge erteilt.
> Skonto wird gewährt, wenn der Kunde schnell (innerhalb einer vorgegebenen Zeitspanne) zahlt. Häufig wird hierfür ein Zeitraum von 10 bis 14 Tagen gewählt. Längere Skontofristen können vereinbart werden, wenn die Verhandlungsposition des Kunden entsprechend stark ist.
> Rabatt und Skonto werden in die Berechnung des Angebotspreises eingerechnet. Würde dies nicht geschehen, ginge eine Rabatt-/Skontogewährung zulasten des Gewinns. Umgekehrt bedeutet es eine Gewinnsteigerung, wenn der Kunde keinen Rabatt/Skonto aushandelt bzw. die Skontofrist verstreichen lässt.

Kalkulation für den Kunden der Werbeagentur West GmbH

> Aufgrund der vorhandenen und berechneten Daten kalkuliert Frau Hermann den Angebotspreis.

Fremdkosten

Es werden 55 000,00 EUR an Fremdkosten für Fotografen, externe Grafiker und Freelancer angesetzt.

Direkte Personalkosten

Um den internen Stundensatz ermitteln zu können, benötigt die Geschäftsführerin die Anzahl der Stunden, welche ein Mitarbeiter im Jahr für Kunden arbeiten kann, und die Personalkosten. Im folgenden Beispiel wird von einer offiziellen Arbeitszeit von acht Stunden am Tag ausgegangen. Ein normales Kalenderjahr umfasst 365 Tage mit 52 Wochenenden und mindestens neun Feiertagen. Dies ergibt die zur Verfügung stehende Arbeitsplatzkapazität. Hiervon werden 30 Urlaubstage gewährt und es wird eine durchschnittliche Abwesenheit durch Krankheit von sechs Tagen angenommen. Das daraus folgende Ergebnis gibt die Arbeitstage/-stunden an, welche die Mitarbeiter durchschnittlich in der Agentur arbeiten. Allerdings werden nicht 100 % dieser Zeit am Kunden gearbeitet. Regelmäßig fallen organisatorische Arbeiten wie Teambesprechungen, Verwaltungsarbeiten wie Stundenerfassungen und interne oder externe Schulungen an. Frau Hermann hat aufgrund der Erfahrung der letzten Jahre einen Satz von 18 % Agenturstunden angesetzt. Die verbleibenden 177 Tage oder 1 416 Stunden arbeitet jeder Mitarbeiter direkt am Kundenprojekt.

Kapazitätsrechnung	Tage	Stunden
Kalendertage	365	2 920
Samstage, Sonntage	104	832
Zu entlohnende Tage	**261**	**2 088**
Feiertage (maximale Anzahl, wenn alle auf einen Wochentag fallen)	9	72
Arbeitsplatzkapazität	**252**	**2 016**
Urlaub	30	240
Krankheit	6	48
Arbeitstage/-stunden der Agentur	**216**	**1 728**
Agenturstunden (allgemeine Stunden) 18 %	39	312
Kundenbezogene Stunden	**177**	**1 416**

Berechnungsschema der kundenbezogenen Stunden

Die Berechnung der direkten Personalkosten erfolgt, indem die gesamten direkten Personalkosten des abgelaufenen Geschäftsjahres durch die von allen Mitarbeitern geleisteten kundenbezogenen Stunden geteilt werden.

$$\frac{940\,000{,}00 \text{ EUR}}{8 \text{ MA} \times 1\,416 \text{ Stunden}} = 82{,}98 \text{ EUR/Std.}$$

Acht Mitarbeiter (von den Auszubildenden bis zur Geschäftsführerin) arbeiten für 940 000,00 EUR Personalkosten jeweils 1 416 Stunden im Jahr an Kundenprojekten. Es entstehen stündlich pro Mitarbeiter 82,98 EUR direkte Personalkosten.

3 | Vollkostenrechnung

Kalkulationsschemata	Rechenweg	Kalkulation der Werbeagentur West GmbH	
Summe aller Fremdkosten			55 000,00 EUR
+ direkte Personalkosten		200 Std. x 82,98 EUR	16 596,00 EUR
= Direktkosten			71 596,00 EUR
+ Gemeinkostenzuschlag		146,95 %	24 387,82 EUR
= Selbstkosten	vom Hundert		95 983,82 EUR
+ Gewinnzuschlag		2,07 %	1 986,87 EUR
= Barverkaufspreis			97 970,69 EUR
+ Skonto		3,00 %	3 030,02 EUR
= Zielverkaufspreis	im Hundert		101 000,71 EUR
+ Rabatt		5,00 %	5 315,83 EUR
= Angebotspreis exkl. USt.			106 316,54 EUR

Kalkulation einer Werbeagentur

Vergleiche hierzu Seite 130

Anmerkungen zur Berechnung

Der Gemeinkosten- und der Gewinnzuschlag werden mittels Standardprozentrechnung von ihren Bezugsgrößen berechnet (Vom-Hundert-Rechnung).

Skonto und Rabatt hingegen sind keine Aufschläge auf vorstehende Bezugsgrößen. Der Kunde berechnet Rabatt vom Angebotspreis exklusive Umsatzsteuer (USt.) und Skonto vom verbleibenden Zielverkaufspreis. Der Angebotspreis stellt für den Kunden 100 % dar. Hiervon berechnet er laut obiger Tabelle 5 % Rabatt (**Zielverkaufspreis = 95 % des Angebotspreises**). Für die Skontoberechnung stellt der Zielverkaufspreis die 100-Prozent-Marke dar, von der 3 % Skonto abgezogen werden (**Barverkaufspreis = 97 % des Zielverkaufspreises**).

Für die Kalkulation ergibt sich deshalb die Problematik, dass weder der Angebotspreis noch der Zielverkaufspreis, sondern nur der Barverkaufspreis feststeht (Im-Hundert-Rechnung).

Skonto-Berechnung

$$\frac{\text{Barverkaufspreis in EUR} \times \text{Skonto in \%}}{\text{Barverkaufspreis in \%}} = \text{Skontobetrag}$$

$$\frac{97\,970,69\ \text{EUR} \times 3\,\%}{97\,\%} = 3\,030,02\ \text{EUR}$$

Der Zielverkaufspreis ist das Ergebnis aus der Addition von Barverkaufspreis und Skonto.

Rabatt-Berechnung

Vom Angebotspreis (100 %) ausgehend entspricht der Zielverkaufspreis 95 % (100 % – 5 % Rabatt).

$$\frac{\text{Zielverkaufspreis in EUR} \times \text{Rabatt in \%}}{\text{Zielverkaufspreis in \%}} = \text{Rabattbetrag}$$

$$\frac{101\,000,71\ \text{EUR} \times 5\,\%}{95\,\%} = 5\,315,83\ \text{EUR}$$

Der Angebotspreis ist das Ergebnis aus der Addition von Zielverkaufspreis und Rabatt.

3.3.1.2 Ermittlung des Preises mittels Kundenstundensatz

> Die Pro Öko Einrichtungshaus GmbH will eine genaue Darstellung der Kundenstunden haben. Damit erhält sie statt des vorangegangenen pauschalen Angebotspreises die im Folgenden dargestellte detaillierte Kostenaufstellung.

Viele Kunden wünschen keine pauschalen Abrechnungen, sondern wollen vielmehr die konkret für ihren Auftrag aufgewendeten Zeiten honorieren. Außerdem ist es für den Kundenbetreuer bzw. Etatverantwortlichen einfacher, einen festen Stundensatz zu nennen, als den Kunden auf die Ergebnisse einer aufwendigeren Kostenkalkulation zu vertrösten. Um neue Kunden zu gewinnen oder bestehende Geschäftskontakte zu halten, ist unter anderem auch der Kundenstundensatz ausschlaggebend.

Für die Berechnung wird auf einige Ergebnisse aus Kapitel 3.3.1.1 zurückgegriffen.

Vergleiche hierzu Kapitel 3.3.1.1

Die Geschäftsführerin der Werbeagentur West GmbH will vermeiden, dass Mitarbeiter und Kunden Einblick in die Kostenkalkulation und Gewinnsituation des Unternehmens erhalten. Deshalb bietet es sich an, für die **Etat-/Preisverhandlungen** einen **Kundenstundenpreis** vorzugeben, mit dem die für den Auftrag veranschlagten Agenturstunden zu berechnen sind.

Statt des Kalkulationsschemas aus Kapitel 3.3.1.1 wird unter Verwendung des Kundenstundensatzes wie folgt kalkuliert:

Kalkulationsschemata	Rechenweg	Kalkulation der Werbeagentur West GmbH	
Summe aller Fremdkosten			64 705,88 EUR
+ Kundenstunden		200 x 210,00 EUR	42 000,00 EUR
= Barverkaufspreis			106 705,88 EUR
+ Skonto		3,00 %	3 300,18 EUR
= Zielverkaufspreis	im Hundert		110 006,06 EUR
+ Rabatt		5,00 %	5 789,79 EUR
= Angebotspreis exkl. USt.			115 795,85 EUR

Erläuterung der Daten des Kalkulationsschemas
Um den Barverkaufspreis zu erhalten, werden laut diesem Kalkulationsschema zu den notwendigen Fremdkosten nur die Kundenstundenkosten addiert. Um dennoch die anfallenden Gemeinkosten und den notwendigen Gewinn erhalten zu können, werden diese beiden Positionen in die Fremdkosten und die Kundenstundenkosten eingerechnet.
Im Falle der Fremdkosten wird hierfür häufig noch die sogenannte **AE-Provision** (Annoncen-Expeditions-Provision) in Höhe von 15 % verwendet. Im Rahmen der „Kick-Back-Diskussion" ist dieses Vorgehen jedoch in die Kritik geraten.

Exkurs AE-Provision und Kick-Back
Für die Vermittlung von Anzeigen erhalten die Werbeagenturen (ursprünglich: „Annoncen Expeditionen", später: „Werbemittler") von den Zeitungsverlagen traditionell eine Provision in Höhe von 15 % des Kundennettos.

Zur Klärung der Begriffe und der Zusammenhänge folgt die Abrechnung einer Zeitungsanzeigenserie:

Objekt:	Anzeige für das „Congress Centrum Hamburg"	
Anzeigenschaltung:	„Hamburger Morgen"	
Erscheinungsdatum:	6 Termine (06.02., 08.02., 13.02., 15.02., 20.02., 22.02.)	
Format:	150 mm, zweispaltig	
Farbe:	s/w	
mm-Grundpreis:	6,38 EUR	
Gesamt:	11 484,00 EUR	Grundpreis = Kundenbrutto
– 5 % Rabatt	574,20 EUR	
	10 909,80 EUR	Kundennetto = Agenturbrutto
– 15 % AE-P	1 636,47 EUR	
	9 273,33 EUR	Agenturnetto
+ 19 % USt.		
Belegexemplare an „Werbeagentur West GmbH"		

Abrechnung einer Zeitungsanzeigenserie

Die 15 % AE-Provision werden laut Verlagsabrechnung vom **Kundennetto/Agenturbrutto** als Vom-Hundert-Rechnung ermittelt. Das Ergebnis ist das **Agenturnetto**. Die Agentur erhält vom Kunden 10 909,80 EUR netto ohne USt. und überweist an den Verlag 9 273,33 EUR. Die Differenz von 1 636,47 EUR (AE-Provision) stellt für die Agentur den Rohgewinn dieser Anzeigenschaltung dar. Für die kreative Arbeit erhält die Agentur eine weitere Zahlung vom Kunden.

Dieses Verfahren ist für viele Kunden nicht durchsichtig bzw. es ist ihnen nicht bekannt. Im Zuge einer vertrauensvollen Zusammenarbeit zwischen Agentur und Kunden sollte die AE-Provision dem Kunden offen gelegt und ihm zur Verfügung gestellt werden. Solange diese und andere Bonifikationen zugunsten der Werbeagenturen nicht aufgedeckt bzw. eingestellt werden, hat der Kunde das latente Risiko, dass sich die Agentur in ihrer Auswahl des besten Werbemediums von diesen Zahlungen beeinflussen lassen könnte.

Für den Auftrag der Pro Öko Einrichtungshaus GmbH fallen 55 000,00 EUR Fremdkosten an. Diese Fremdkosten sind für die West GmbH ihr Agenturnetto. Die Fremdkosten stellen somit für die Berechnung der AE-Provision 85 % dar. Es ergibt sich folgende Formel:

AE-Provision

$$\frac{\text{Fremdkosten in EUR} \times 15\%}{85\%} = \text{AE-Provision}$$

$$\frac{55\,000,00 \text{ EUR} \times 15\%}{85\%} = 9\,705,88 \text{ EUR}$$

Im obigen Kalkulationsschema werden für die Fremdkosten 55 000,00 EUR + 9 705,88 EUR AE-Provision = 64 705,88 EUR eingetragen.

Vollkostenrechnung | 3

Der Kundenstundensatz berechnet sich nach folgendem Schema:

Direkte Personalkosten einer Agenturstunde
+ Gemeinkostenzuschlag
= Selbstkosten einer Agenturstunde
+ Gewinnzuschlag
= Kundenstundenpreis

82,98 EUR		
+ 121,94 EUR	146,95 %	Gemeinkostenzuschlag
= 204,92 EUR		
+ 4,24 EUR	2,07 %	Gewinnzuschlag
= 209,16 EUR		

Der Kundenstundensatz wird auf volle 10,00 EUR aufgerundet. Somit ergibt sich in diesem Fall ein Kundenstundensatz in Höhe von 210,00 EUR. Aufgrund des pauschalen Ansatzes von 15 % AE-Provision führt diese Form der Preisermittlung mit 115 795,85 EUR zu einem höheren Angebotspreis als im Kapitel 3.3.1.1 mit 106 316,54 EUR.

Vergleiche hierzu Kapitel 3.3.1.1

3.3.2 Vorwärtskalkulation einer Werbefilmproduktion

Das Geschäftsfeld AV-Medien (Film/TV, Auftragsproduktion) hat von der Jupiter Musik GmbH und der Decaux GmbH Anfragen zur Produktion jeweils eines Werbefilmes erhalten. Die erwarteten Einzelkosten (Produktions- und Personaleinzelkosten) für den Auftrag von Jupiter Musik GmbH werden mit 458 498,03 EUR und für den Auftrag von Decaux GmbH mit 249 011,86 EUR angesetzt. Die Krankenhaus Einrichtungshaus GmbH fragt erstmals beim Geschäftsfeld AV-Medien an. Sie hat allerdings nur ein Budget von 90 000,00 EUR zur Verfügung. Die notwendigen Einzelkosten werden 82 500,00 EUR betragen.
Der Geschäftsführer Herr Quarzburg benötigt für die Preisverhandlungen die entsprechenden Kalkulationen.

Herr Quarzburg verwendet das folgende Kalkulationsschema der Werbefilmbranche:

Summe aller Einzelkosten
+ Gemeinkostenzuschlag   15 %   der Einzelkosten
+ Gewinnzuschlag   11,5 % der Einzelkosten
= Barverkaufspreis
+ Skonto
= Zielverkaufspreis
+ Rabatt
= Angebotspreis exkl. USt.

Kalkulationsschema der Werbefilmbranche

In der Werbefilmindustrie werden der Standardgemeinkostenzuschlag von 15 % und der Standardgewinnzuschlag von 11,5 % zum **Markup** zusammengefasst, d. h., auf die Summe aller Einzelkosten wird ein Markup von 26,5 % berechnet. Das Markup kann auch als **Rohgewinn** bezeichnet werden.

3 | Vollkostenrechnung

Den jeweiligen Barverkaufspreis und den insgesamt zu erwartenden Umsatz berechnet Herr Quarzburg wie folgt:

Geschäftsfeld AV-Medien (Film/TV, Auftragsproduktion)	Kostenträgerblatt Periode				
Vorkalkulation Angebotskalkulation Sollkalkulation		gesamt	Kostenträger Jupiter Musik GmbH	Kostenträger Decaux GmbH	Kostenträger Krankenhaus Einrichtungshaus GmbH
Summe Einzelkosten – Soll		790 009,89	458 498,03	249 011,86	82 500,00
Markup/15 % Gemeinkosten	15,00 %	118 501,48	68 774,70	37 351,78	12 375,00
Summe Gesamtkosten		908 511,37	527 272,73	286 363,64	94 875,00
Markup/11,5 % Gewinn	11,50 %	90 851,13	52 727,27	28 636,36	9 487,50
Barverkaufspreis		999 362,50	580 000,00	315 000,00	104 362,50

Vorkalkulation einer Werbefilmproduktion

Die Barverkaufspreise sind die Grundlagen, um – entsprechend dem Schema zur Kalkulation des Angebotspreises laut Kapitel 3.3.1.1 – über die Zielverkaufspreise zu den Angebotspreisen zu gelangen. Das Standard-Markup ist den Auftraggebern i. d. R. bekannt. Somit werden sie im Rahmen der Auftragsverhandlungen versuchen, das Markup zu reduzieren. Eine Reduzierung des Markup würde eine Reduzierung des Gewinns in gleicher Höhe bedeuten, sofern die tatsächlichen Gemeinkosten genau 15 % der Einzelkosten betragen. Unternehmen der Werbefilmbranche müssen sich darauf einrichten, mit maximal 15 % Gemeinkostenzuschlag und 11,5 % Gewinnzuschlag auszukommen.

Diese Angebotskalkulation kann auch als **Vor-** oder **Sollkalkulation** bezeichnet werden. Herr Quarzburg sollte bei der Jupiter Musik GmbH 580 000,00 EUR und bei der Decaux GmbH 315 000,00 EUR Barverkaufspreis durchsetzen, um die kalkulierten Kosten und den kalkulierten Gewinn realisieren zu können. Das Projekt der Krankenhaus Einrichtungshaus GmbH muss Herr Quarzburg allerdings dankend ablehnen, da mit dem vorhandenen Budget noch nicht einmal die Gesamtkosten gedeckt werden können.

3.3.3 Rückwärtskalkulation eines Hörbuchverlages

> Das Geschäftsfeld AV-Medien (Musik, Sampler und Hörbuch) will ein Hörbuch über 200 Minuten auf drei CDs mit einer Auflage von 1500 Exemplaren herstellen und vertreiben. Der Bruttoladenpreis soll 20,00 EUR betragen. Dabei soll u. a. ermittelt werden, ab welcher Absatzmenge ein Gewinn realisiert werden kann.

Die Bruttoverkaufspreise sind bei Musik- und Hörbuchproduktionen häufig aufgrund von Preissegmenten vorgegeben. Für die Höhe des Bruttoverkaufspreises ist unter anderem die Ausstattung der CD/DVD ausschlaggebend. Folgende Kriterien können dabei wichtig sein:
- Handelt es sich um eine oder mehrere CD/DVD?
- Wie viele Titel sind enthalten?
- Wer interpretiert wessen Musik? Wer liest welchen Text?

Somit muss das Geschäftsfeld AV-Medien (Musik, Sampler und Hörbuch) vom Bruttoverkaufspreis ausgehend berechnen, ob die Einzel- und Gemeinkosten sowie ein angemessener Gewinn realisiert werden können. Dieses Vorgehen wird als **Rückwärtskalkulation** bezeichnet.

> Herr Contzen ist sich nicht sicher, ob die gesamte Produktion abgesetzt werden kann. Deshalb kalkuliert er einerseits mit einem Vollabsatz von 1 500 Stück und andererseits mit einem Teilabsatz von 1 000 Stück.

Eine Besonderheit der Kalkulation eines Hörbuches ist, dass ein sehr hoher Anteil der gesamten Kosten absatzunabhängige fixe Kosten sind. Dazu gehören **Buy Outs** (Festbetrag für die Arbeit und die Übernahme der entsprechenden Rechte z. B. eines Künstlers), Fremdleistungen (Grafiker, Regie etc.), Nutzungsgebühren (Studio), Herstellkosten, Werbung/Promotion und Auslieferungskosten. Die absatzabhängigen variablen Kosten sind nur umsatzabhängige Honorare.

Herr Contzen geht von folgenden Details aus:

Bruttoverkaufspreis (inkl. 19 % USt.)	20,00 EUR
Fixkosten	
Grafiker	200,00 EUR
Lektorat	700,00 EUR
Studio	2 000,00 EUR
Illustration	200,00 EUR
Regie	500,00 EUR
Verlagslizenz Buy Out	– EUR
Garantiehonorar Verlag	600,00 EUR
Sprecherlizenz Buy Out	1 000,00 EUR
Garantiehonorar Sprecher	– EUR
Übersetzerhonorar Buy Out	– EUR
Herstellung inkl. EAN für Gesamtauflage/Multibox	2 000,00 EUR
Pauschale für Werbung und Promotion in % des Umsatzes der Gesamtauflage	15 %
variable Kosten	
Auslieferungskosten in % vom Nettoverkaufspreis	5 %
Vertreterkosten in % vom Nettoverkaufspreis	5 %
Händlerprovision in % vom Nettoverkaufspreis	40 %
Verlagslizenzhonorar in % vom Umsatz	5 %
Sprecherhonorar in % vom Umsatz	0 %

Die Höhen der einzelnen Kostenpositionen sind abhängig von der Qualität und dem Umfang der Leistung, dem Bekanntheitsgrad der agierenden Personen, dem Verbreitungsraum und der Höhe der Auflage. So sind für das Lektorat 500,00 EUR bis 1 000,00 EUR bei 3 CDs für den Text üblich. Die Verlagslizenzen kosten ebenfalls zwischen 500,00 EUR und 1 000,00 EUR. Nur bekannte Sprecher erhalten eine Umsatzbeteiligung, sonst werden bei diesem Arbeitsaufwand ca. 1 000,00 EUR bezahlt. Die Position „Herstellung inkl. EAN für Gesamtauflage/Multibox" enthält die Kosten für eine achtseitige vierfarbige Beilage, die Herstellung der CDs, die Konfektionierung und die Gema-Gebühren. Die Gesellschaft für musikalische Aufführungs- und mechanische Vervielfältigungsrechte (Gema) leitet die Gebühren in diesem Fall an die Gesellschaft für Verwertung von Leistungsschutzrechten (GVL) weiter. Die „Pauschale für Werbung und Promotion …" bezieht sich auf den Umsatz der Gesamtauflage, da die initiale Werbung und Promotion auf einen Abverkauf der Gesamtauflage abzielt. Bei der Berechnung der Auslieferungskosten wurden eventuelle Retouren nicht berücksichtigt.

3 | Vollkostenrechnung

Hörbuchkalkulation für eine Gesamtauflage von: **1500 Stück** 3 CD/200 Min.

		EUR	%	verkaufte Expl. 1500 Gesamt EUR	pro Expl. EUR	verkaufte Expl. 1000 Gesamt EUR	pro Expl. EUR
1	Bruttoverkaufspreis (inkl. 19 % USt.)			30 000,00	20,000	20 000,00	20,000
2	Nettoverkaufspreis			25 210,08	16,807	16 806,72	16,807
3	Händlerprovision in % vom Nettoverkaufspreis		40,00 %	10 084,03	6,723	6 722,69	6,723
4	**Umsatz/HAP (Zeile 2 minus Zeile 3)**			**15 126,05**	**10,084**	**10 084,03**	**10,084**
5	Grafiker			200,00	0,133	200,00	0,200
6	Lektorat			700,00	0,467	700,00	0,700
7	Studio			2 000,00	1,333	2 000,00	2,000
8	Illustration			200,00	0,133	200,00	0,200
9	Regie			500,00	0,333	500,00	0,500
10	Verlagslizenz Buy Out			0,00	0,000	0,00	0,000
11	Garantiehonorar Verlag	600,00		600,00	0,400	600,00	0,600
12	Sprecherlizenz Buy Out	1000,00		1000,00	0,667	1000,00	1,000
13	Garantiehonorar Sprecher	0,00		0,00	0,000	0,00	0,000
14	Übersetzerhonorar Buy Out			0,00	0,000	0,00	0,000
15	Herstellung inkl. EAN für Gesamtauflage/Multibox			2 000,00	1,333	2 000,00	2,000
16	Pauschale für Werbung und Promotion in % des Umsatzes der Gesamtauflage		15,00 %	2 268,91	1,513	2 268,91	2,269
17	Zwischensumme projektfixe Kosten (Zeile 5 bis Zeile 16)			9 468,91	6,313	9 468,91	9,469
18	Auslieferungskosten in % vom Nettoverkaufspreis		5,00 %	1 260,50	0,840	840,34	0,840
19	Vertreterkosten in % vom Nettoverkaufspreis		5,00 %	1 260,50	0,840	840,34	0,840
20	Verlagslizenzhonorar in % vom Umsatz nach Abzug des Garantiehonorars		5,00 %	156,30	0,104	0,00	0,000
21	Sprecherhonorar in % vom Umsatz nach Abzug des Garantiehonorars		0,00 %	0,00	0,000		0,000
22	Zwischensumme projektvariable Kosten (Zeile 18 bis Zeile 21)			2 677,31	1,785	1 680,67	1,681
23	Erfolg (Zeile 4 minus Zeile 17 minus Zeile 22)			2 979,83	1,987	−1 065,55	−1,066

Kalkulation eines Hörbuches

Vergleiche hierzu Kapitel 3.1.4

Details zur Hörbuchkalkulation

Die Hörbuchkalkulation unterscheidet nach projektfixen und projektvariablen Kosten (diese Begriffe entsprechen den auflagenfixen und auflagenvariablen Kosten im Kapitel 3.1.4). Eine Unterscheidung nach Einzel- und Gemeinkosten ist nicht möglich, da sämtliche anfallenden Kosten Einzelkosten dieser Hörbuchproduktion sind. Im übergeordneten Unternehmenskontext stellen die Kosten der einzelnen Projekte die Einzelkosten dar und werden mit den Gemeinkosten des Unternehmens zu den Gesamtkosten zusammengefasst. Entsprechend hat der Erfolg des einzelnen Projektes die anteiligen Gemeinkosten des Unternehmens zu decken.

Um zu hohe Rundungsdifferenzen zu vermeiden, werden die Beträge pro Exemplar mit drei Nachkommastellen ausgewiesen.

Der Verlag und der Sprecher können entweder ein umsatzabhängiges Honorar mit einem Garantiehonorar als Minimum oder ein Buy Out erhalten. Abhängig von der Verhandlungsmacht und den Verkaufschancen wird das umsatzabhängige Honorar mit Minimumzahlung oder das Buy Out vereinbart. Beim Buy Out werden die Arbeit und die entsprechenden Rechte mit einem Festbetrag entgolten.

Beim umsatzabhängigen Honorar mit Garantiehonorar geht der Verlag/Sprecher nur ein sehr geringes Risiko ein, während diese Form der Honorierung für das Geschäftsfeld AV-Medien (Musik, Sampler und Hörbuch) ein höheres Risiko darstellt:

Sollte sich das Hörbuch schlecht verkaufen, so muss trotzdem das Garantiehonorar gezahlt werden. Verkauft sich das Hörbuch gut, so ist dem Verlag/Sprecher das höhere umsatzabhängige Honorar zu zahlen.

Solange der Prozentanteil das vereinbarte Minimum nicht übersteigt, wird das Minimum gezahlt. Sobald das Minimum überschritten wird, muss der Prozentanteil ausgezahlt werden.

In der Berechnung von Herrn Contzen wirkt sich die Umsatzbeteiligung des Verlages in der Form aus, dass der Verlag bis zu einem Absatz von 1190 Stück das Minimum von 600,00 EUR und ab 1190 Stück (Grenzmenge) die Umsatzbeteiligung erhält.

10,084 EUR x 1190 Stück x 5 % = 600,00 EUR
10,084 EUR x 1191 Stück x 5 % = 600,50 EUR

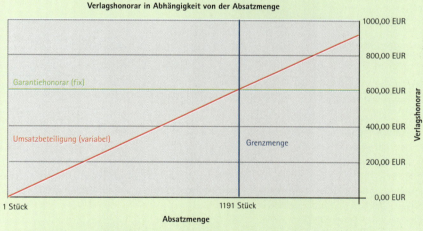

Sprecherhonorar in Abhängigkeit von der Absatzmenge

Für die Kosten- und Leistungsrechnung bedeutet diese Vereinbarung, dass das Minimum zu den umsatzunabhängigen **fixen Kosten** zählt. Sobald eine Umsatzbeteiligung gezahlt wird, ist diese ein umsatzabhängiger **variabler Kostenfaktor**. In der Kalkulation wird deshalb das Verlagshonorar in den fixen Bestandteil von 600,00 EUR (Zeile 11) und den variablen Bestandteil (Zeile 20) aufgeteilt.

Herr Contzen erfährt aufgrund seiner Kalkulation, dass bei den vorgegebenen Rahmendaten eine verkaufte Menge von 1000 Stück einen Verlust in Höhe von 1065,55 EUR bzw. 1,066 EUR je Stück verursachen würde. Hingegen erwirtschaftet der Verkauf der gesamten Auflage einen Projektgewinn in Höhe von 2 979,83 EUR bzw. 1,987 EUR je Stück. Der Projektgewinn verbleibt nach Abzug der Einzelkosten dieses Projektes.

3.3.4 Kalkulation einer Fernseh-/Filmproduktion

Das Geschäftsfeld AV-Medien (Film/TV, Auftragsproduktionen) soll für das ZDF ein wöchentliches Männermagazin erstellen. Für das erste Jahr sind 42 Sendungen mit 10-wöchiger Sommerpause vorgesehen. Es soll im Studio sowie außen im In- und Ausland produziert werden. Die jeweilige Sendung soll ca. 45 Minuten lang sein.

Grundlegend für die Kalkulation eines Filmprojektes sind das Exposé, Storyboard und Drehbuch, welche von der Redaktion/Regie in Zusammenarbeit mit den Auftraggebern erstellt wurden. Insbesondere das Drehbuch enthält wesentliche inhaltliche und gestalterische Informationen zu den zu erwartenden Kosten der Produktion sowie Hinweise zur Festlegung der Produktionszeiten. Hinzu kommen die Umsetzungsvorstellungen des Regisseurs (Besetzung, Ausstattung usw.). Der Drehplan mit seinem realistischen Zeitplan ermöglicht die relativ einfache Berechnung vieler Kalkulationspositionen.

Position	Kalkulationsgrundlagen
Teamgagen	Zeit/Sendungen x vereinbarte Gage
Darstellergagen	Drehtage x Tagesgage
Anmietungen Motive, Büros, Equipment	Drehtage/-wochen x Anmietungspreis
Material Bild, Ton, Büromaterial	Benötige Materialmenge x Preis
Übrige Aufwendungen	Reisekosten, Transportkosten, Telekommunikation etc.
Versicherungen	Prämien

Kostendetails Filmproduktion

Andere Kalkulationspositionen sind schwieriger im Voraus zu bestimmen.
- So ist bei materialzerstörenden Szenen (z. B. Autounfall, Sprung mit der Abendgarderobe in einen Pool ...) entsprechend den notwendigen Wiederholungen Material vorzuhalten.
- Ebenfalls bei der Kalkulation noch nicht unbedingt vorhersehbar ist, ob benötigte Originalmotive gefunden und angemietet werden können. Gegebenenfalls ist ein aufwendiger und kostenintensiver Nachbau im Studio notwendig.
- Häufig steht zum Zeitpunkt der Kalkulation die Besetzung noch nicht fest. Wie hoch die tatsächliche Gage sein wird, kann daher nur geschätzt werden.

Um die Finanzierung gerade bei Kinofilmprojekten sichern zu können, ist die Kalkulation sehr frühzeitig zu erstellen. Dies birgt das Risiko, dass mit vielen nicht endgültig abgestimmten Positionen kalkuliert werden muss. Hinzu kommt die Problematik, dass die Kalkulationen häufig viel zu eng erfolgen, um die Finanzierbarkeit zu sichern. Während der Realisation müssen entsprechend Kürzungen vorgenommen werden. Um nicht das gesamte Projekt zu riskieren, lassen die Produzenten ihrer Fantasie im Bereich der Kostenzusammenstellung freien Lauf. Aufgabe der Auftraggeber ist es, die Kalkulation gezielt auf Ungereimtheiten hin zu untersuchen.

Eine Film- oder Fernsehproduktionskalkulation kann in der verkürzten Form folgendes Aussehen haben:

	EUR		EUR
Entwicklungs- und Vorbereitungskosten			_____
Rechte und Manuskripte			_____
Gagen und Löhne			
a) Produktions- und Regiestab	_____		
b) Sonstiger Stab	_____		
c) Darsteller, Musiker und Sprecher	_____		_____
Arbeitsräume, Geräte u. Ä.			_____
Trick			_____
Filmmaterial und -bearbeitung			_____
Reisekosten			_____
Versicherungen			_____
Allgemeine Filmkosten			_____
	= Fertigungskosten	A	_____
Überschreitungsreserve (… % auf A)			_____
		B	_____
Handlungskosten (… % auf A)			_____
		C	_____
Gewinn (… % auf A)			_____
	= Herstellungskosten	D	_____
Produzentenhonorar (… % auf D)			_____
		E	_____

Kalkulationsschema einer Fernseh-/Filmproduktion

In der Film- und Fernsehkostenrechnung werden statt der Standardbegriffe und zusätzlich zu diesen folgende spezielle Begriffe verwendet:

		%-Sätze bezogen auf die Fertigungskosten	
Standardbegriffe	**Spezialbegriffe**	**Kinofilmproduktion**	**Produktion für das öffentlich-rechtliche Fernsehen**
Einzelkosten	Fertigungskosten		
—	Überschreitungsreserve	max. 8,0 %	nach Absprache
Gemeinkosten	Handlungskosten	max. 7,5 %	max. 6,0 %
Gewinnzuschlag	Gewinnzuschlag		7,5 %
—	Produzentenhonorar	2,5 % der **Herstellungskosten**	

Zuordnung der fachspezifischen Begriffe

Die Kalkulation wird ergänzt durch zahlreiche Anlagen mit detaillierten Auflistungen der einzelnen Kostenpositionen.

Die Produktion für private Auftraggeber wird als Dienstleistung mit 19 % USt. belastet, während die Produktion für öffentlich-rechtliche Auftraggeber als Lizenzübertragung mit 7 % USt. besteuert wird.

Der vorliegende Auftrag wird mit folgenden Daten kalkuliert:

Entwicklungs- und Vorbereitungskosten		88 074,00 EUR
Rechte und Manuskripte		60 900,00 EUR
Gagen und Löhne		
a) Produktions- und Regiestab	1 337 800,00 EUR	
b) Sonstiger Stab	52 860,00 EUR	
c) Darsteller, Musiker und Sprecher	235 200,00 EUR	1 625 860,00 EUR
Arbeitsräume, Geräte u. Ä.		1 243 200,00 EUR
Trick		28 920,00 EUR
Filmmaterial und -bearbeitung		577 050,00 EUR
Reisekosten		559 848,00 EUR
Versicherungen		
Allgemeine Filmkosten		145 850,00 EUR
	= Fertigungskosten A	4 329 702,00 EUR
Handlungskosten (6 % auf A)		259 782,12 EUR
	C	4 589 484,12 EUR
Gewinn (7,5 % auf A)		324 727,65 EUR
	= Herstellungskosten D	4 914 211,77 EUR

Kalkulation einer Sendereihe

Die einzelne 45-minütige Sendung kostet damit netto 117 005,04 EUR.

Im Film-/Fernsehbereich wird die Kalkulation i. d. R. dem Auftraggeber offen gelegt. Dies geschieht, um für den Auftraggeber Kostentransparenz zu schaffen. Den einzelnen Positionen müssen dabei auch die Angebote der verschiedenen Subunternehmer als Beleg beigefügt werden. Ohne eine ausführliche Kostenaufstellung gibt es prinzipiell keine Auftragserteilung.

3.3.5 Kalkulation eines Buches

Der Buchverlag Bell Medi@ GmbH will ein neues Fachbuch für Geologen auf den Markt bringen. Dieses Buch soll vier Jahre lang verkauft werden und es wird erwartet, dass 1 500 Exemplare im Jahr verkauft werden können.
Aufgabe der Projektmanagerin Frau Cathrin Zweig ist es, den Ladenverkaufspreis zu bestimmen. Dabei muss sie berücksichtigen, dass der Buchverlag aufgrund der Buchpreisbindung gezwungen ist, einen Preis für das Buch zu finden, welcher für die gesamte Verkaufsdauer kostendeckend ist.

Im Rahmen der Erstellung und Vermarktung eines Buches können folgende Kosten anfallen: Betreuung der Autoren, Honorare der Autoren, Honorare der Herausgeber, Autorentreffen, Lektorat, Layout, Druck, Bindung, Verpackung, Vertrieb und Marketing.

Außerdem erhält der Buchhandel 20 % bis 40 % vom Bruttoverkaufspreis für seine Tätigkeit. Die Höhe des Buchhändlerrabattes wird bestimmt durch die Marktstellung des Buchhändlers und des Buchverlages sowie der erwarteten Marktgängigkeit des Buches.

Für das vorliegende Projekt stellt Frau Zweig folgende Daten zusammen:
- Die Verkaufsdauer soll vier Jahre betragen.
- Es sollen insgesamt 6 000 Bücher hergestellt und verkauft werden.
- Der Buchhandel erhält 25 % Rabatt vom Bruttoverkaufspreis.
- Mit den Autoren wurde ein Honorar von 6,5 % vom Bruttoverkaufspreis vereinbart.
- Die Kosten der Herstellung belaufen sich auf 39 000,00 EUR.
- Die Vertriebskosten werden 6 500,00 EUR betragen.
- Die Marketingkosten werden mit 4 000,00 EUR veranschlagt.
- Personalkosten werden in Höhe von 18 500,00 EUR anfallen.
- Außerdem werden sonstige Ausgaben mit 1 400,00 EUR kalkuliert.
- Der Buchverlag erwartet einen Gewinn von 20 % des Bruttoverkaufspreises.

Für die Berechnung des Bruttoverkaufspreises sind außerdem 7 % Umsatzsteuer zu berücksichtigen. Die betraglich bereits eindeutigen Positionen ergeben insgesamt 69 400,00 EUR.

In der Buchkalkulation ergibt sich die Schwierigkeit, dass die Umsatzsteuer per Im-Hundert-Berechnung und die anderen Prozentsätze per Vom-Hundert-Berechnung vom Bruttoverkaufspreis berechnet werden. Diese Komplikation kann gelöst werden, indem die Umsatzsteuer in eine Vom-Hundert-Berechnung überführt wird:

Vergleiche hierzu Seite 132

7 % Umsatzsteuer von einem Bruttobetrag in Höhe von 100,00 EUR ergeben ≈ 6,54 EUR (Im-Hundert-Rechnung). Somit würde bei einer Vom-Hundert-Rechnung ≈ 6,54 % von 100,00 EUR ebenfalls ≈ 6,54 EUR ergeben.

Vom Bruttoverkaufspreis werden damit folgende Prozentsätze abgezogen:
- ≈ 6,54 % Umsatzsteuer
- 25,00 % Buchhändlerrabatt
- 6,50 % Autorenhonorar
- 20,00 % Gewinn
= ≈ 58,04 % Abzüge vom Bruttoverkaufspreis

Da der Bruttoverkaufspreis 100 % entspricht, bleiben nach Abzug der ≈ 58,04 % noch ≈ 41,96 %. Dies sind die betraglich eindeutigen Positionen in Höhe von 69 400,00 EUR. Mit folgender Rechnung wird der Bruttoverkaufspreis aller 6 000 Bücher berechnet:

$$\frac{69\,400 \times 100\,\%}{\approx 41{,}96\,\%} \approx 165\,395{,}61 \text{ EUR}$$

Wenn mit allen Nachkommastellen gerechnet wird, beläuft sich der Bruttoverkaufspreis aller 6 000 Bücher auf 165 403,72 EUR beziehungsweise 27,57 EUR je Buch.
Zur Kontrolle dieser Daten folgt die Rückwärtsrechnung vom Bruttoverkaufspreis:

Bruttoverkaufspreis	165 403,72
– Umsatzsteuer (7 %)	10 820,80
– Buchhändlerrabatt (25 %)	41 350,93
– Autorenhonorar (6,5 %)	10 751,24
– Gewinn (20 %)	33 080,74
	69 400,00

Frau Zweig entscheidet sich aufgrund der vorliegenden Daten dazu, den Bruttoverkaufspreis auf 28,00 EUR festzulegen. Bei diesem Preis berücksichtigt Frau Zweig einen kleinen Puffer für Planabweichungen. Der maximal mögliche Bruttoverkaufspreis für 6 000 Bücher liegt damit bei 168 000,00 EUR.

(Vor-)Kalkulationen im Dienstleistungsbereich der Medienbranche basieren auf den analysierten Kosten und werden auch als Kostenträgerkalkulationen bezeichnet.

Es wird zwischen Einzelkosten und Gemeinkosten oder auch Direktkosten und Overhead unterschieden.
Overhead + und Gewinn wird auch als Cross Income, Rohertrag oder Rohgewinn bezeichnet.

Die Gemeinkosten/Overhead werden mithilfe eines Umlageverfahrens auf die einzelnen Kostenträger verteilt. Ein BAB wird in der Regel nicht verwendet.

Die Vorwärtskalkulation einer Werbeagentur setzt sich zusammen aus:

```
  Fremdkosten
+ direkten Personalkosten
= Direktkosten
+ Gemeinkostenzuschlag auf die direkten Personalkosten
= Selbstkosten
+ Gewinnzuschlag auf die Selbstkosten
= Barverkaufspreis
```

Bei der Berechnung von Rabatt und Skonto muss die Im-Hundert-Berechnung beachtet werden.

Skonto

$$\frac{\text{Barverkaufspreis in EUR} \times \text{Skonto in \%}}{\text{Barverkaufspreis in \%}} = \text{Skontobetrag}$$

Rabatt

$$\frac{\text{Zielverkaufspreis in EUR} \times \text{Rabatt in \%}}{\text{Zielverkaufspreis in \%}} = \text{Rabattbetrag}$$

Zur Berechnung der direkten Personalkosten müssen die kundenbezogenen Stunden bestimmt werden.

Die AE-Provision (Annoncen-Express-Provision) wird ebenfalls mittels Im-Hundert-Berechnung bestimmt.

AE-Provision

$$\frac{\text{Fremdkosten in EUR} \times 15\,\%}{85\,\%} = \text{AE-Provision}$$

Berechnung des Kundenstundenpreises

```
  Direkte Personalkosten einer Agenturstunde
+ Gemeinkostenzuschlag
= Selbstkosten einer Agenturstunde
+ Gewinnzuschlag
= Kundenstundenpreis
```

Bei der Vorwärtskalkulation der Werbefilmproduktion werden der Gemeinkostenzuschlag (15 %) und der Gewinnzuschlag (11,5 %) zum Markup zusammengefasst und auf die Summe der Einzelkosten berechnet.

Kalkulationsschema der Werbefilmproduktion

Summe aller Einzelkosten
+ Gemeinkostenzuschlag   15 %   der Einzelkosten
+ Gewinnzuschlag   11,5 % der Einzelkosten
= Barverkaufspreis
+ Skonto
= Zielverkaufspreis
+ Rabatt
= Angebotspreis exkl. USt.

Die Ausgangsbasis der Rückwärtskalkulation eines Hörbuchverlages ist der HAP (Händlerabgabepreis).
Eine Schwierigkeit bei der Rückwärtskalkulation eines Hörbuchverlages stellen die umsatzabhängigen Honorare in Verbindung mit einem Garantiehonorar dar. Je nach verkaufter Menge handelt es sich bei dieser Position um fixe oder variable Kosten.

Kalkulationsschema eines Hörbuchverlages

Hörbuchkalkulation für eine Gesamtauflage von: X CD / XXX Min.			Stück	verkaufte Expl.		verkaufte Expl.	
		EUR	%	Gesamt EUR	pro Expl. EUR	Gesamt EUR	pro Expl. EUR
1	Bruttoverkaufspreis (inkl. 19 % Ust.)						
2	Nettoverkaufspreis						
3	Händlerprovision in % vom Nettoverkaufspreis						
4	Umsatz/HAP (Zeile 2 minus Zeile 3)						
5	Grafiker						
6	Lektorat						
7	Studio						
8	Illustration						
9	Regie						
10	Verlagslizenz Buy Out						
11	Garantiehonorar Verlag						
12	Sprecherlizenz Buy Out						
13	Garantiehonorar Sprecher						
14	Übersetzerhonorar Buy Out						
15	Herstellung inkl. EAN für Gesamtauflage/Multibox						
16	Pauschale für Werbung und Promotion in % des Umsatzes der Gesamtauflage						
17	Zwischensumme projektfixe Kosten (Zeile 5 bis Zeile 16)						
18	Auslieferungskosten in % vom Nettoverkaufspreis						
19	Vertreterkosten in % vom Nettoverkaufspreis						
20	Verlagslizenzhonorar in % vom Umsatz nach Abzug des Garantiehonorars						
21	Sprecherhonorar in % vom Umsatz nach Abzug des Garantiehonorars						
22	Zwischensumme projektvariable Kosten (Zeile 18 bis Zeile 21)						
23	Erfolg (Zeile 4 minus Zeile 17 minus Zeile 22)						

*Für die **Kalkulation einer Film- oder Fernsehproduktion** kann zusammenfassend folgendes Kalkulationsschema verwendet werden:*

	EUR	EUR
Entwicklungs- und Vorbereitungskosten		_____
Rechte und Manuskripte		_____
Gagen und Löhne		
a) Produktions- und Regiestab	_____	
b) Sonstiger Stab	_____	
c) Darsteller, Musiker und Sprecher	_____	
Arbeitsräume, Geräte u. Ä.		_____
Trick		_____
Filmmaterial und -bearbeitung		_____
Reisekosten		_____
Versicherungen		_____
Allgemeine Filmkosten		_____
	= Fertigungskosten A	_____
Überschreitungsreserve (… % auf A)		
	B	_____
Handlungskosten (… % auf A)		
	C	_____
Gewinn (… % auf A)		
	= Herstellungskosten D	_____
Produzentenhonorar (… % auf D)		
	E	_____

Die möglichen Verrechnungssätze werden in Deutschland von den Auftraggebern vorgegeben. Diese unterscheiden sich in private und öffentlich-rechtliche Auftraggeber.

Für die Kalkulation eines Buches ist ein marktgängiger und dem Segment entsprechender Ladenverkaufspreis zu bestimmen. Dafür sind die Abzugssätze vom Ladenverkaufspreis zu ermitteln. Eine Schwierigkeit bei der Ermittlung dieser Abzugssätze stellt die Umsatzsteuer dar, da der Steuersatz nur für eine Im-Hundert-Berechnung seine Gültigkeit hat. Für die Buchpreiskalkulation wird der Umsatzsteuersatz in einen Vom-Hundert-Prozentsatz gewandelt. Außerdem sind gegebenenfalls betraglich feststehende Kosten zu sammeln. Der Ladenverkaufspreis wird, soweit möglich, etwas über dem errechneten Preis festgelegt, um einen Puffer für Planabweichungen zu erhalten.

Werbeagentur

1. Nach ersten Gesprächen mit einem potenziellen Kunden hat die Werbeagentur West GmbH folgende Rahmendaten des Auftrages erarbeitet:
   - notwendige Fremdkosten: 15 000,00 EUR
   - Arbeitsstunden: 80
   - Kundenstundensatz: 130,00 EUR

   Erstellen Sie eine Angebotskalkulation unter Verwendung von 15 % AE-Provision.

Angebotskalkulation für einen Kundenauftrag

2. Die DirectMarketing-Agentur OHG stellt ihren Kunden die Fremdkosten inkl. 15 % AE (Kundennetto = 100 %) in Rechnung. Es ist außerdem Vertragsbestandteil, dass Änderungen der vorkalkulierten Fremdkosten und der vorkalkulierten Agenturstunden, die aufgrund von Kundenwünschen während der Projektabwicklung entstehen, einer Zusatzvereinbarung bedürfen.

Vollkostenrechnung | 3

Abgrenzungstabelle zu Übung 2

Rechnungskreis I			Rechnungskreis II					
Erfolgsbereich			Abgrenzungsbereich (neutrales Ergebnis)				KLR-Bereich	
Gesamtergebnis/Finanzbuchhaltung			Unternehmensbezogene Abgrenzungen		Betriebsbezogene Abgrenzung und kostenrechnerische Korrekturen		Betriebsergebnis	
Kontenbezeichnung	Aufwand	Ertrag	Neutraler Aufwand	Neutraler Ertrag	Betrieblicher Aufwand laut GuV	Betrieblicher Ertrag laut GuV/ Verrechnete Kosten	Kosten	Leistungen
Umsatzerlös		2810000,00						
Honorarertrag		5 000,00						
Provisionsertrag		1500,00						
Zinsertrag		300,00						
Produktionsaufwand (inkl. Lizenzaufwand u. Gema-Gebühren)	1750 500,00							
Honoraraufwand	35 000,00							
Personalaufwand	500000,00							
Mietaufwand	45000,00							
Abschreibungen auf Sachanlagen	55300,00							
Zinsaufwand	3 500,00							
Büroaufwand (inkl. Kommunikationsaufwand)	65500,00							
Verlust aus dem Verkauf von Anlagevermögen	2 300,00							
Verlust aus Wertpapierverkauf	800,00							
Spenden, nicht Public Relations	550,00							
Sonstiger betrieblicher Aufwand	55700,00							
Steuernachzahlung	12 500,00							
Gewerbesteuerzahlung	23000,00							
Unternehmerlohn								
	2549650,00	2816800,00						
	267150,00							
	2816800,00	2816800,00						

a) Die DirectMarketing-Agentur OHG arbeitet an 251 Tagen im Jahr jeweils 8 Stunden. Die fünf Mitarbeiter sind aufgrund von Urlaub und Krankheit im Schnitt jeweils 38 Tage nicht in der Agentur. Durchschnittlich sind die Mitarbeiter jeweils 230 Stunden im Jahr mit nicht projekt-/kundenbezogenen Aufgaben beschäftigt.
Ermitteln Sie den Prozentsatz der nicht kundenbezogenen Stunden sowie die Anzahl der kundenbezogenen Stunden.
b) Vervollständigen Sie die oben dargestellte Abgrenzungstabelle.
Beachten Sie dabei folgende Hinweise:
  - Es wird ein monatlicher Unternehmerlohn in Höhe von 6 000,00 EUR kalkuliert.
  - Die kalkulatorischen Abschreibungen betragen 45 000,00 EUR.
c) Errechnen Sie mithilfe der Abgrenzungstabelle den Gemeinkostenzuschlagssatz und den Gewinnzuschlagssatz.
d) Ermitteln Sie die Personalkosten je Stunde.
e) Kalkulieren Sie die **Fremdkosten** unter Berücksichtigung des Gemeinkosten- und des Gewinnzuschlagssatzes. (Der Agentur werden 25 000,00 EUR inkl. USt. in Rechnung gestellt.)
f) Kalkulieren Sie den **Kundenstundensatz** unter Berücksichtigung des Gemeinkosten- und des Gewinnzuschlagssatzes. (Der Kundenstundensatz wird auf volle 10,00 EUR aufgerundet.)
g) Erstellen Sie die vollständige Angebotskalkulation unter der Annahme, dass 60 Agenturstunden benötigt werden.

Werbefilmproduktion

3 Das Geschäftsfeld AV-Medien (Film/TV, Auftragsproduktion) soll für die Werbeagentur West GmbH und für die Decaux GmbH jeweils einen Werbefilm produzieren.
Von folgenden Einzelkosten kann für die Vorkalkulation ausgegangen werden:

Auftraggeber	Produktionskosten in EUR	Personalkosten in EUR
West GmbH	248 000,00	172 000,00
Decaux GmbH	123 000,00	85 000,00

Erstellen Sie die Vorkalkulation für beide Projekte und als Summe für das Unternehmen insgesamt. Verwenden Sie dafür die Standard-Markup-Sätze. Weisen Sie die Gemeinkosten, die Gesamtkosten und den Gewinn aus.

Hörbuchkalkulation

4 Es soll ein Hörbuch mit drei CDs und einer Spieldauer von 200 Minuten produziert werden.
Führen Sie die Kalkulation des Projektes für eine Absatzmenge von 5 000 und von 3 000 Stück anhand folgender Daten durch. Verwenden Sie dazu das nachfolgende Schema.

Gesamtauflage	5 000 Stück
Verkauf der Gesamtauflage	5 000 Stück
Verkauf von	3 000 Stück
Bruttoverkaufspreis (inkl. 19 % USt.)	20,00 EUR
Fixkosten	
Grafiker	250,00 EUR
Lektorat	300,00 EUR
Studio	1 800,00 EUR
Illustration	150,00 EUR
Regie	550,00 EUR
Verlagslizenz Buy Out	– EUR
Garantiehonorar Verlag	650,00 EUR
Sprecherlizenz Buy Out	1 500,00 EUR

Garantiehonorar Sprecher	– EUR
Übersetzerhonorar Buy Out	– EUR
Herstellung inkl. EAN für Gesamtauflage/Multibox	6 000,00 EUR
Pauschale für Werbung und Promotion in % des Umsatzes der Gesamtauflage	15 %
variable Kosten	
Auslieferungskosten in % vom Nettoverkaufspreis	5 %
Vertreterkosten in % vom Nettoverkaufspreis	5 %
Händlerprovision in % vom Nettoverkaufspreis	40 %
Verlagslizenzhonorar in % vom Umsatz	5 %
Sprecherhonorar in % vom Umsatz	0 %

Hörbuchkalkulation für eine Gesamtauflage von: **5 000** Stück
3 CD/200 Min.

		EUR	%	verkaufte Expl. 5000 Gesamt EUR	pro Expl. EUR	verkaufte Expl. 3000 Gesamt EUR	pro Expl. EUR
1	Bruttoverkaufspreis (inkl. 19 % Ust.)						
2	Nettoverkaufspreis						
3	Händlerprovision in % vom Nettoverkaufspreis						
4	Umsatz/HAP (Zeile 2 minus Zeile 3)						
5	Grafiker						
6	Lektorat						
7	Studio						
8	Illustration						
9	Regie						
10	Verlagslizenz Buy Out						
11	Garantiehonorar Verlag						
12	Sprecherlizenz Buy Out						
13	Garantiehonorar Sprecher						
14	Übersetzerhonorar Buy Out						
15	Herstellung inkl. EAN für Gesamtauflage/Multibox						
16	Pauschale für Werbung und Promotion in % des Umsatzes der Gesamtauflage						
17	Zwischensumme projektfixe Kosten (Zeile 5 bis Zeile 16)						
18	Auslieferungskosten in % vom Nettoverkaufspreis						
19	Vertreterkosten in % vom Nettoverkaufspreis						
20	Verlagslizenzhonorar in % vom Umsatz nach Abzug des Garantiehonorars						
21	Sprecherhonorar in % vom Umsatz nach Abzug des Garantiehonorars						
22	Zwischensumme projektvariable Kosten (Zeile 18 bis Zeile 21)						
23	Erfolg (Zeile 4 minus Zeile 17 minus Zeile 22)						

Filmproduktion

5 Es soll eine Dokumentation für einen privaten Fernsehsender produziert werden. Dafür sind bereits die folgenden notwendigen Kosten ermittelt worden:
- Entwicklungs- und Vorbereitungskosten   15 500,00 EUR
- Rechte und Manuskripte   10 300,00 EUR
- Gagen und Löhne
  - Produktions- und Regiestab   25 000,00 EUR
  - Sonstiger Stab   5 800,00 EUR
  - Darsteller, Musiker und Sprecher   36 600,00 EUR
- Arbeitsräume, Geräte u. Ä.   34 000,00 EUR

- Trick   15 600,00 EUR
- Filmmaterial und -bearbeitung   16 800,00 EUR
- Reisekosten   6 700,00 EUR
- Allgemeine Filmkosten   5 900,00 EUR

Erstellen Sie die Kalkulation für diese Produktion.

Buchverlag

6 Berechnen Sie den Bruttoverkaufspreis für ein Buch mit folgenden Daten. Runden Sie den Preis auf volle Euro auf.
- Die Verkaufsdauer soll zwei Jahre betragen.
- Jährlich sollen 1 000 Bücher verkauft werden.
- Der Buchhandel erhält 30 % Rabatt vom Bruttoverkaufspreis.
- Mit den Autoren wurde ein Honorar von 5 % vom Bruttoverkaufspreis vereinbart.
- Die Kosten der Herstellung belaufen sich auf 9 500,00 EUR.
- Die Vertriebskosten werden 2 200,00 EUR betragen.
- Die Marketingkosten werden mit 2 000,00 EUR veranschlagt.
- Personalkosten werden in Höhe von 4 000,00 EUR anfallen.
- Außerdem werden sonstige Ausgaben mit 1 000,00 EUR kalkuliert.
- Der Buchverlag erwartet einen Gewinn von 20 % des Bruttoverkaufspreises.

Für die Berechnung des Bruttoverkaufspreises sind außerdem 7 % Umsatzsteuer zu berücksichtigen.

3.3.6 Prozesskostenkalkulation für Non-Print-Leistungen

Die Multimedia Dienstleistungen GbR hat einen Auftrag zur Erstellung eines Internet-Auftritts für ein Autohaus erhalten. Die Homepage soll u. a. das Unternehmen vorstellen und auch Informationen über neue Modelle sowie aktuelle Sonderangebote im Neuwagenbereich enthalten. Zudem sollen für Interessenten die aktuellen Bestände der Gebrauchtwagenabteilung abrufbar sein.

Im Vergleich zur Fertigung in einem Betrieb der Druckindustrie handelt es sich bei der Produktion einer CD oder anderer Multimedia-Leistungen um wenig standardisierte Leistungen. Aufgrund dieser Tatsache entsteht hierbei ein hoher **Beratungsaufwand**, der – neben der reinen Fertigungsleistung – in die Selbstkosten einfließen muss. Auch die Leistungen im Rahmen der **Projektleitung und -überwachung** sind erheblich und müssen möglichst verursachungsgerecht dem Leistungsprozess zugeordnet werden.

In der Druckindustrie sind die Prozesse sehr standardisiert. Daher kann man davon ausgehen dass in Bezug auf die Kalkulation ein direkter Zusammenhang zwischen dem Umfang der Kosten der Endkostenstellen und denen der Vorkostenstellen (AV/TL, Verwaltung) besteht. Dieser Zusammenhang wird in der Industriekalkulation dadurch berücksichtigt, dass die Endkostenstellen durch die Umlage mit den Kosten der Vorkostenstellen belastet werden. Ein umfangreicher Auftrag trägt somit einen hohen Anteil der Kosten der Vorkostenstellen und umgekehrt. Es wird also unterstellt, dass ein großer Leistungsumfang in Form einer langen Fertigungsdauer auch einen großen Leistungsumfang in den Vorkostenstellen verursacht.

Vergleiche hierzu Kapitel 2.2

Mit dieser Methode wird allerdings nicht berücksichtigt, dass im Multimedia-Bereich ein erheblicher Teil des Leistungserstellungsprozesses von den Vorkostenstellen erbracht wird (z. B. Screendesign, Strukturplanung eines Internet-Auftritts). Die Höhe der Auflage einer CD-Produktion hat beispielsweise keinen Einfluss auf den Umfang des Akquisitions- oder Projektplanungsaufwands. Eine lineare

Umlage der Vorkostenstellen im BAB, in denen die oben genannten Leistungen erbracht werden, würde bei Multimedia-Leistungen diesen kostenmäßigen Zusammenhang falsch abbilden. Dies wäre aufgrund der oben erläuterten Aspekte nicht verursachungsgerecht und würde beispielsweise einen – aus der Sicht der Auflage – umfangreichen Auftrag mit allerdings geringem Akquisitions-, Projektplanungs- oder Beratungsaufwand mit Kosten belasten, die dieser gar nicht verursacht.

Aus den oben genannten Gründen wird für Multimedia-Produkte eine sogenannte **Prozesskostenkalkulation** durchgeführt.

3.3.6.1 Bestimmung der Prozesskostensätze

Bei der Bestimmung der Prozesskostensätze werden für alle Kostenstellen die dort erbrachten betrieblichen Prozesse zusammengestellt. Der Unterschied zu den bei der Offset GmbH bestehenden Leistungsprozessen ist der, dass diese nicht nur für die Fertigungs-, sondern auch für die Vorkostenstellen ermittelt werden. Die Kosten der Vorkostenstellen werden dann nicht einfach auf die Endkostenstellen umgelegt. Sie bleiben im Unterschied zum BAB der Offset GmbH bestehen. Auf diese Weise gehen die einzelnen Leistungsprozesse direkt in die Auftragskalkulation ein und nicht, wie bei der Kalkulation von Druck-Leistungen, indirekt über die Umlage und auf diese Weise in den jeweiligen Kalkulationssatz der Kostenstelle.

Die Prozesse der „Multimedia Dienstleistungen GbR" stellen sich wie folgt dar:

Verwaltung	AV/TL	Fertigungsstelle 1-3
leistungsabhängige Prozesse		
Kalkulation	Strukturplanung	Prototyp in HTML erstellen
Rechnungsprüfung	Projektplanung	Implementieren Content Management
Projektcontrolling	Zwischenpräsentation	Texte
	Screendesign	Bilder
		Dateien
		Videos
		Datenbank auf Server einrichten
		Test
leistungsunabhängige Prozesse		
EDV	–	–
Finanzbuchhaltung	–	–
Gehaltsabrechnung	–	–

3 | Vollkostenrechnung

Nach Analyse der Prozesse ist zu erkennen, dass in der Kostenstelle **Verwaltung** nach wie vor Prozesse existieren, die nicht direkt einem Auftrag zuzurechnen sind. Diese Tätigkeiten sind die sogenannten **leistungsunabhängigen Prozesse**. Die **leistungsabhängigen Prozesse** können, weil sie in einem unmittelbaren Zusammenhang mit dem Auftrag stehen, direkt diesem Auftrag zugerechnet werden. Die leistungsunabhängigen Prozesse sind nicht direkt zurechenbar und müssen mit einer Umlage innerhalb der Kostenstelle auf die leistungsabhängigen Prozesse der Verwaltungskostenstelle zugeschlagen werden. Die Prozesskosten und deren Berechnung sind in der unten stehenden Tabelle dargestellt.

BAB der Multimedia Dienstleistungen GbR

Gesamtkosten	AP 1	AP 2	AP 3	Verwaltung	AV / TL
272 500,00	50 000,00	50 000,00	50 000,00	62 500,00	60 000,00
63 000,00	12 000,00	12 000,00	12 000,00	15 000,00	12 000,00
335 500,00	**62 000,00**	**62 000,00**	**62 000,00**	**77 500,00**	**72 000,00**
8 000,00	2 000,00	2 000,00	2 000,00	1 000,00	1 000,00
8 000,00	2 000,00	2 000,00	2 000,00	1 000,00	1 000,00
6 400,00	1 600,00	1 600,00	1 600,00	800	800
33 000,00	9 000,00	9 000,00	9 000,00	4 000,00	2 000,00
47 400,00	**12 600,00**	**12 600,00**	**12 600,00**	**5 800,00**	**3 800,00**
13 813,95	2 511,63	2 511,63	2 511,63	3 139,53	3 139,53
15 750,00	4 000,00	4 000,00	4 000,00	2 500,00	1 250,00
2 205,00	560,00	560,00	560,00	350,00	175,00
6 000,00	1 200,00	1 200,00	1 200,00	800	1 600,00
37 768,95	**8 271,63**	**8 271,63**	**8 271,63**	**6 789,53**	**6 164,53**
420 668,95	**82 871,63**	**82 871,63**	**82 871,63**	**90 089,53**	**81 964,53**

* AP = Arbeitsplatz

Vollkostenrechnung | 3

Kostenstelle Verwaltung

Jahreskosten	90 089,53 EUR						
Prozesse	Gesamtdauer	Jahreskosten	Prozessmenge	Grundzeit (Std.)	Prozesskosten (Grundwert)	Umlage	Prozesskosten
Kalkulation	**500**	**39 169,36 EUR**	**250**	**2**	**156,68 EUR**	**100,72 EUR**	**257,40 EUR**
Rechnungsprüfung	100	7 833,87 EUR	1000	0,1	7,83 EUR	5,03 EUR	12,86 EUR
Projektcontrolling	100	7 833,87 EUR	40	2,5	195,85 EUR	125,90 EUR	321,75 EUR
Summe leistungsabh. Prozesse	700	54 837,10 EUR				x 64,29 %	
EDV	100	7 833,87 EUR					
Finanzbuchhaltung	200	15 667,74 EUR					
Gehaltsabrechnung	150	11 750,81 EUR					
Summe leistungsunabh. Prozesse	450	35 252,42 EUR	Umlagesatz	64,29 %			
Kapazität (Std.)	1150	90 089,53 EUR					

Kostenstelle AV/TL

Jahreskosten	81 964,53 EUR					
Prozesse	Gesamtdauer	Jahreskosten	Prozessmenge	Grundzeit (Std.)	Prozesskosten	
Strukturplanung	200	9 935,09 EUR	40	5	248,38 EUR	
Projektplanung	200	9 935,09 EUR	80	2,5	124,19 EUR	
Zwischenpräsentation	450	22 353,96 EUR	150	3	149,03 EUR	
Screendesign	800	39 740,38 EUR	40	20	993,51 EUR	
Summe	**1650**	**81 964,53 EUR**				

3 | Vollkostenrechnung

Kostenstellen Arbeitsplätze 1-3					
Jahreskosten	82 871,63				
Prozesse	Gesamt-dauer (Std.)	Jahreskosten	Prozess-menge	Grundzeit (Std.)	Prozess kosten
Prototyp in HTML	280	14 779,65 EUR	40	7	369,49 EUR
Implementieren CM	240	12 668,27 EUR	40	6	316,71 EUR
Texte	100	5 278,45 EUR	1000	0,1	5,28 EUR
Bilder	250	13 196,12 EUR	500	0,5	26,39 EUR
Dateien	200	10 556,90 EUR	800	0,25	13,20 EUR
Videos	100	5 278,45 EUR	25	4	211,14 EUR
Datenbank auf Server einrichten	120	6 334,14 EUR	40	3	158,35 EUR
Test	280	14 779,65 EUR	40	7	369,49 EUR
	1570	82 871,63 EUR			

Die Berechnung der einzelnen Spalten wird am Beispiel der Verwaltung mit dem Prozess der Kalkulation (in der Tabelle dunkler schattiert) aufgezeigt:
- Die **Gesamtdauer** aller anfallenden Kalkulationen beträgt 500 Stunden pro Jahr.
- Die **Grundzeit** ist die Zeit, die *normalerweise* für eine Kalkulation aufgewendet werden muss.

Vergleiche hierzu Seite 160

$$\text{Grundzeit} = \frac{\text{Gesamtdauer}}{\text{Prozessmenge}} = \frac{500 \text{ Std.}}{250 \text{ Prozesse}} = 2 \text{ Std./Kalkulation}$$

Die Prozessmenge ist die Anzahl der Kalkulationen, die in einem Jahr ausgeführt werden. Die Prozesskosten sind die Kosten, die je Kalkulation anfallen. Diese berechnen sich wie folgt:

$$\text{Prozesskosten (Grundwert)} = \frac{\text{Jahreskosten}}{\text{Prozessmenge}} = \frac{39\,169{,}36 \text{ EUR}}{250 \text{ Prozesse}} = 156{,}68 \text{ EUR/Kalkulation}$$

Der Umlagesatz ist der Prozentsatz, mit dem die (Rest-)Gemeinkosten der leistungsunabhängigen Prozesse auf die leistungsabhängigen Prozesse umgelegt werden.

Diese leistungsunabhängigen Prozesse fallen in der *Multimedia Dienstleistungen GbR* lediglich in der Verwaltungskostenstelle an.

$$\text{Umlagesatz} = \frac{\sum \text{leistungsunabhängige Prozesse} \times 100}{\sum \text{leistungsabhängige Prozesse}} = \frac{35\,252{,}42 \text{ EUR} \times 100}{54\,837{,}10 \text{ EUR}} = 64{,}29 \%$$

Die gesamten Prozesskosten einer Kalkulation berechnen sich wie folgt:

Prozesskosten (Grundwert) x Umlagesatz + Prozesskosten (Grundwert)
= 156,68 EUR x 64,29 % + 156,68 EUR = 257,40 EUR

Auf diese Weise trägt jeder Prozess innerhalb der Verwaltungskostenstelle einen Anteil an den Kosten mit, die nicht direkt einem Leistungsprozess zurechenbar sind.

3.3.6.2 Kalkulation mithilfe der Prozesskostensätze

Der Internet-Auftritt beinhaltet die folgenden Spezifizierungen:
- 20 Texte,
- 10 Bilder,
- 2 Videos,
- 1 Content-Management für den Bereich „Gebrauchtwagen".

Ähnlich wie bei der Kalkulation eines Druck-Produkts werden in der Kalkulation zunächst die einzelnen Fertigungsschritte festgelegt, die dann mit Kosten belegt werden. Der Unterschied ist hier jedoch, dass auch Prozesse, die im BAB einer Druckerei über die Umlage der Sekundärkosten als Black-Box in den Primärkostenstellen untergingen, hier im Leistungserstellungsprozess explizit berücksichtigt werden. Das bedeutet, dass Prozesse wie beispielsweise die Aufstellung des Projektplans – diese Tätigkeit würde nach der herkömmlichen Methode der Kostenstelle AV/TL zugeordnet und über die Umlage nur *indirekt* bei den Selbstkosten berücksichtigt – *direkt* dem Auftrag zugerechnet werden.

Folgende Prozesse sind bei der Kalkulation des Internet-Auftritts zu berücksichtigen:

Hauptprozesse	Teilprozesse
Akquisitionsphase	
	Strukturplanung
	Kalkulation
	Screendesign
	Projektplan
Projektmanagement	
	Zwischenpräsentation
	Projektcontrolling
	Rechnungsprüfung
Produktion	
	Prototyp in HTML erstellen
	Implementieren des CM
	Texte einfügen
	Bilder einfügen
	Dateien einfügen
	Videos einfügen
Testphase	
	Datenbank auf Server einrichten
	Testing

Wie bereits erläutert sind die Prozesse aufgrund der Individualität der Leistung nur schwer zu standardisieren. Während beispielsweise die Fortdruckzeit einer Druckmaschine genau gemessen werden kann, ist die Erstellung eines **Prototyps in HTML** je nach Anzahl der Funktionen und Seiten für jeden Auftrag unterschiedlich komplex. Aus diesem Grund werden nicht alle Prozesse mit dem gleichen Kostensatz (Prozesskosten) bewertet. Um den unterschiedlichen Komplexitätsgrad der Teilprozesse in der Kalkulation widerspiegeln zu können, wird der Grundwert der Prozesskosten mit unterschiedlichen Komplexitätsfaktoren multipliziert.

> Screendesign = Grundwert Prozesskosten x Komplexitätsfaktor
>
> = 993,51 EUR x 1 = 993,51 EUR

Einige Prozesse, wie beispielsweise das Einfügen von Texten, fallen mehrfach an. Hierbei werden die Kosten durch den Faktor Stückzahl erhöht.

> Einfügen von Texten = Grundwert Prozesskosten x Stückzahl x Komplexitätsfaktor
>
> = 5,28 EUR x 20 x 1 = 105,60 EUR

Unterschiedliche Komplexitätsfaktoren entstehen beispielsweise durch
- den Umfang der Einzelleistungen bei der Erstellung der Kalkulation,
- die Klassifizierung in Erst- oder Wiederholungsauftrag, bei letzterem sind beispielsweise die Strukturplanung, das Screendesign oder das Content-Management bereits vorhanden,
- Qualität und gegebenenfalls notwendige Nachbearbeitung von einzufügenden Bildern,
- die voraussichtliche Dauer der Zwischenpräsentationen inklusive der Entfernung zum Kunden,
- den Umfang der Testphase, die von dem Umfang der Seiten, der Anzahl der Links und der Dauer von ggf. eingefügten Videos beeinflusst wird.

Hauptprozesse	Teilprozesse	Stückzahl	Komplexitätsfaktoren				Prozesskosten in EUR	Kosten in EUR
			1	2	4	8		
Akquisitionsphase								
	Strukturplanung	1	x				248,38	248,38
	Kalkulation	1	x				257,40	257,40
	Screendesign	1	x				993,51	993,51
	Projektplan	1	x				124,19	124,19
Projektmanagement								
	Zwischenpräsentation	1			x		149,03	596,12
	Projektcontrolling	1			x		321,75	1 287,01
	Rechnungsprüfung	20		x			12,86	257,27

3 | Vollkostenrechnung

Hauptprozesse	Teilprozesse	Stückzahl	Komplexitätsfaktoren		Prozesskosten in EUR	Kosten in EUR
Produktion						
	Prototyp in HTML erstellen	1		x	369,49	1477,96
	Implementieren des CM	1		x	316,71	1266,84
	Texte einfügen	20	x		5,28	105,60
	Bilder einfügen	10		x	26,39	1055,60
	Dateien einfügen	5	x		13,20	66,00
	Videos einfügen	2	x		211,14	422,28
Testphase						
	Datenbank auf Server einrichten	1	x		158,35	158,35
	Testing	1		x	369,49	1477,96

Durch das Summieren der einzelnen Prozesskosten erhält man die Selbstkosten des Projekts. Die einzufügenden Dateien, Videos, Texte und Bilder werden von externen Dienstleistern geliefert und stellen somit Fremdleistungskosten dar.

Es ergibt sich somit das folgende Kalkulationsschema:

Herstellkosten	9 794,47 EUR	
Fremdleistungskosten	3 981,48 EUR	
Selbstkosten	**13 775,95 EUR**	
Gewinn	1 377,60 EUR	10 %
Netto-Angebotspreis	**15 153,55 EUR**	

1 Berechnen Sie
   a) die jeweilige Grundzeit,
   b) den jeweiligen Grundwert der Prozesskosten zu den in der Tabelle dargestellten Prozessen:

Prozesse	Gesamtdauer	Kosten	Prozessmenge
Strukturplanung	250	15 000,00 EUR	40
Projektplanung	180	18 000,00 EUR	80
Zwischenpräsentation	500	25 000,00 EUR	100
Screendesign	1000	45 000,00 EUR	40

2 Die Kostenstelle Verwaltung weist folgende Prozesskosten vor Umlage auf:

Prozesse	Gesamtdauer	Kosten	Prozessmenge
leistungsabhängig			
Kalkulation	400	40 000,00 EUR	80
Rechnungsprüfung	50	8 000,00 EUR	250
Projektcontrolling	600	30 000,00 EUR	15
Summe	**1 050**	**78 000,00 EUR**	
leistungsunabhängig			
EDV	60	12 000,00 EUR	
Finanzbuchhaltung	50	6 000,00 EUR	
Gehaltsabrechnung	20	1 000,00 EUR	
Summe	**130**	**19 000,00 EUR**	
Kapazität (Std.)	**1 180**		

a) Ermitteln Sie den Umlagesatz der oben dargestellten Kostenstelle.
b) Berechnen Sie die jeweilige Umlage und die leistungsabhängigen Prozesskosten nach Umlage der leistungsunabhängigen Prozesskosten.

3 Für einen Auftrag eines Kunden werden sechs Prozesse in jeweils unterschiedlich hoher Stückzahl durchgeführt. Kalkulieren Sie diesen Auftrag unter Berücksichtigung der unterschiedlich hohen Komplexität der Prozesse.

Prozess Nummer	Stück	Komplexität	Prozesskosten
Prozess 1	5	2	50,00 EUR
Prozess 2	2	4	40,00 EUR
Prozess 3	3	2	10,00 EUR
Prozess 4	7	3	10,00 EUR
Prozess 5	12	5	80,00 EUR
Prozess 6	8	1	120,00 EUR

4 Die Firma Media Design hat einen Auftrag zur Erstellung eines Internet-Auftritts einer Sportgeschäft-Kette erhalten. Das Sportgeschäft möchte hierbei neben der allgemeinen Bekanntmachung auch einen Shop-Bereich einrichten lassen, sodass die Kunden auch online das Warenangebot abfragen und Artikel erwerben können.

a) Berechnen Sie zur Vorbereitung der Projektkalkulation die Prozesskosten der einzelnen Prozesse, die in den Kostenstellen anfallen.
b) Kalkulieren Sie das Projekt, indem Sie die Kosten für die einzelnen Teilprozesse berechnen.

3 | Vollkostenrechnung

Kostenstelle Verwaltung							
Jahreskosten	80 389,53						
Prozesse (Grundwert)	Gesamtdauer	Kosten	Prozessmenge	Grundzeit (Std.)	Prozesskosten (vor Umlage)	Umlage	Prozesskosten (Grundwert)
Kalkulation	600		150				
Rechnungsprüfung	80		800				
Projektcontrolling	500		40				
Summe	**1180**						
EDV	200						
Finanzbuchhaltung	100						
Gehaltsabrechnung	40						
Summe	**340**		Umlage				
Kapazität (Std.)	1520						

Kostenstelle AV/TL						
Jahreskosten	147 214,53					
Prozesse	Gesamtdauer	Kosten	Prozessmenge	Grundzeit (Std.)	Prozesskosten	
Strukturplanung	150		40			
Projektplanung	80		40			
Zwischenpräsentation	600		200			
Screendesign	1200		60			
Summe	**2 030**					

Kostenstelle Arbeitsplatz 1

Jahreskosten	95 471,63 EUR				
Prozesse	Gesamtdauer	Kosten	Prozessmenge	Grundzeit (Std.)	Prozesskosten
Prototyp in HTML	180		30		
Implementieren CM	300		60		
Texte	80		400		
Bilder	300		1000		
Dateien	100		500		
Videos	200		50		
Datenbank auf Server einrichten	80		20		
Test	150		20		
	1390				

Kostenstelle Arbeitsplatz 2

Jahreskosten	47 735,82 EUR				
Prozesse	Gesamtdauer	Kosten	Prozessmenge	Grundzeit (Std.)	Prozesskosten
Prototyp in HTML	90		15		
Implementieren CM	150		30		
Texte	40		200		
Bilder	150		500		
Dateien	50		250		
Videos	100		25		
Datenbank auf Server einrichten	40		10		
Test	75		10		
	695				

3 | Vollkostenrechnung

Hauptprozesse	Teilprozesse	Stückzahl	Komplexitätsfaktoren			Prozesskosten Grundwert	Kosten
			1	4	8		
Akquisitionsphase	Strukturplanung						
	Kalkulation						
	Screendesign						
	Projektplan						
Projektmanagement	Zwischenpräsentation						
	Projektcontrolling						
	Rechnungsprüfung						
Produktion	Prototyp in HTML erstellen						
	Implementieren des CM						
	Texte einfügen						
	Bilder einfügen						
	Dateien einfügen						
	Videos einfügen						
Testphase	Datenbank auf Server einrichten						
	Test						

Leistungsvorgaben
- Die Prozesse der Akquisitionsphase haben einen normalen Aufwand (KF 1).
- Die Erstellung des Prototyps in HTML hat einen mittleren Aufwand (KF 4).
- Es müssen sechs Zwischenpräsentationen durchgeführt werden, die voraussichtlich alle sehr zeitaufwendig sind (KF 8).
- Das Projektcontrolling hat aufgrund der sehr genau durchzuführenden Kostenkontrolle einen mittleren Aufwand (KF 4).
- Einzufügen sind:
  – 35 Texte (je KF 1)
  – 20 Bilder, die alle nachbearbeitet werden müssen (je KF 4)
  – 2 Videos (je KF 1)
  – 5 Dateien (je KF 1)

3.3.7 Nachkalkulation in Dienstleistungsbetrieben

Im Gegensatz zu Fertigungsbetrieben sind bei Dienstleistungsbetrieben andere Kostenveränderungen zu berücksichtigen. Dazu zählen z. B. die Fremdkosten.

In den folgenden Abschnitten soll die Nachkalkulation exemplarisch für die Werbeagentur und die Werbefilmproduktion durchgeführt werden. Die Nachkalkulation anderer Dienstleistungsbereiche lassen sich von den vorliegenden ableiten.

√Vergleiche hierzu Kapitel 3.1.5

3.3.7.1 Nachkalkulation einer Werbeagentur
Pauschalpreis

> Der Auftrag der Pro Öko Einrichtungshaus GmbH wurde zum kalkulierten Pauschalangebotspreis erteilt und ist zwischenzeitlich erfolgreich abgeschlossen worden. Da einige Kostenfaktoren in anderem Umfang entstanden sind als kalkuliert, soll eine Nachkalkulation durchgeführt werden.

Die Summe der Fremdleistungen ist über den Kalkulationsansatz angestiegen, weil die Kosten eines notwendigen Anbieters unerwartet gestiegen sind und außerdem der notwendige Umfang der Fremdleistungen zu optimistisch eingeschätzt wurde. Die Summe der eingegangenen Rechnungen beläuft sich somit nicht auf 55 000,00 EUR, sondern auf 58 500,00 EUR.

Vergleiche hierzu Kapitel 3.3.1

Die ausgewerteten Stundenzettel der Mitarbeiter des Projektes ergeben statt 200 Stunden nur 187 Stunden Arbeit am Projekt. Die Personalkosten je Stunde sind nicht gestiegen. Die Gemeinkosten laut Ergebnistabelle sind von 1 381 371,00 EUR auf 1 412 518,00 EUR angestiegen. Der Gemeinkostenzuschlagssatz ist von 146,95 % auf 150,27 % der direkten Personalkosten gestiegen.

Die Nachkalkulation weist entsprechend folgende Daten aus:

Kalkulationsschema	Nachkalkulation der Werbeagentur West GmbH		Werte der Vorkalkulation
Summe aller Fremdkosten		58 550,00 EUR	55 000,00 EUR
+ direkte Personalkosten	187 Std. x 82,98 EUR	15 517,26 EUR	16 596,00 EUR
= Direktkosten		74 067,26 EUR	71 596,00 EUR
+ Gemeinkostenzuschlag	150,27 %	23 317,79 EUR	24 387,82 EUR
= Selbstkosten		97 385,05 EUR	95 983,82 EUR
Umsatzerlös		97 970,69 EUR	97 970,69 EUR
Gewinn		585,64 EUR	1 986,87 EUR

Nachkalkulation der Werbeagentur

Analyse des Soll-Ist-Vergleichs
Der Kunde hatte den Angebotspreis exklusive USt. in Höhe von 106 316,54 EUR akzeptiert und nach Abzug von Rabatt und Skonto 97 970,69 EUR überwiesen. Damit hat die Werbeagentur abschließend einen Gewinn in Höhe von 585,64 EUR erzielt. In der Vorkalkulation ist allerdings noch von einem Gewinn in Höhe von 1 986,87 EUR ausgegangen worden. Der Gewinn ist damit um 1 401,23 EUR niedriger als kalkuliert ausgefallen.

Die gestiegenen Fremdleistungskosten konnten durch die schnellere Abwicklung des Auftrages nur teilweise ausgeglichen werden. Somit hat die projektverantwortliche Person die Einzelziele nicht erreicht und konnte es auch in der Summe nicht vermeiden, dass die Direktkosten um 2 471,26 EUR über der Vorkalkulation lagen.

Das Controlling hat gestiegene Gemeinkosten zu vertreten, trotzdem muss es sich mit einem geringeren Gemeinkostenbeitrag dieses Projektes abfinden. Der Gemeinkostenzuschlagssatz ist zwar um 3,32 Prozentpunkte gestiegen, bezieht sich allerdings in diesem Projekt auf eine geschrumpfte Basis der direkten Personalkosten. Damit sinkt der Gemeinkostenanteil dieses Projektes um 1 070,03 EUR.

Detaillierte Abrechnung mit dem Kundenstundensatz

> Der Parallelauftrag der Pro Öko Einrichtungshaus GmbH wurde unter der Bedingung der detaillierten Kostendarstellung vergeben. Die Kosten haben sich genauso wie beim Pauschalpreis entwickelt.

Der Kunde hat für diesen Auftrag einen Preis von 115 799,11 EUR akzeptiert. Nach Abzug von Rabatt und Skonto wurden 106 708,88 EUR an die West GmbH überwiesen. Nach Abzug der Kosten, laut der Nachkalkulation des Pauschalpreises, in Höhe von 97 356,64 EUR, verbleibt ein Gewinn in Höhe von 9 352,24 EUR.

Der Grund für die Abweichung zwischen der Kalkulation mittels Pauschalpreis und der detaillierten Kalkulation liegt in der AE-Provision in Höhe von 15 % auf die erwarteten Fremdkosten bei der detaillierten Kalkulation. Ohne die 9 705,88 EUR AE-Provision wäre allerdings ein Verlust in Höhe von 353,64 EUR entstanden.

3.3.7.2 Nachkalkulation einer Werbefilmproduktion

Das Geschäftsfeld AV-Medien (Film/TV, Auftragsproduktion) hat für die Aufträge der Kunden Jupiter Musik GmbH und Decaux GmbH (Fortsetzung von Kapitel 3.3.2) folgende tatsächliche Kosten (Ist) gehabt:

	Gesamt (EUR)	Jupiter Musik GmbH (EUR)	Decaux GmbH (EUR)
Produktionskosten	371 000,00	248 000,00	123 000,00
Direkte Personalkosten	316 600,00	221 200,00	95 400,00
Gemeinkosten	122 500,00	?	?

Vergleiche hierzu Kapitel 3.3.2

Die direkten Personalkosten wurden laut Stundenzettel ermittelt. Herr Quarzburg hat mit der Decaux GmbH den kalkulierten Barverkaufspreis in Höhe von 315 000,00 EUR vereinbaren können. Die Jupiter Musik GmbH hat den Preis heruntergehandelt. Es konnte nur ein Barverkaufspreis von 550 000,00 EUR erzielt werden.

Aus den obigen Daten ergibt sich folgende Nachkalkulation:

Geschäftsfeld AV-Medien   Kostenträgerblatt Periode ....
(Film/TV, Auftragsproduktion)

Nachkulation Istkalkulation		Gesamt (EUR)	Kostenträger Jupiter Musik GmbH (EUR)	Kostenträger Decaux GmbH (EUR)
Produktionskosten		371 000,00	248 000,00	123 000,00
Direkte Personalkosten lt. Stundenzettel		316 600,00	221 200,00	95 400,00
Einzelkosten – Ist		**717 600,00**	**489 200,00**	**228 400,00**
Gemeinkostenzuschlag lt. Ergebnistabelle	17,07 %	122 500,00	83 510,31	38 989,69
Gesamtkosten – Ist		840 100,00	572 710,31	267 389,69
Umsatz/Erlös (laut Vertrag)		865 000,00	550 000,00	315 000,00
Gewinn/Verlust		24 900,00	– 22 710,31	47 610,31

Nachkalkulation Werbefilmproduktion

Erläuterungen zur Nachkalkulation der Werbefilmproduktion

Die Produktionskosten werden mit den direkten Personalkosten zu den Einzelkosten zusammengefasst. Auf die Einzelkosten sind in der Vorkalkulation die Gemeinkosten von 15 % berechnet worden. In der Nachkalkulation muss genauso verfahren werden. Allerdings ist jetzt nicht der Zuschlagssatz, sondern der Betrag der Gemeinkosten, die während der Produktionszeit der beiden Aufträge angefallen sind, bekannt. Da die Gemeinkosten im Verhältnis zu den angefallenen Einzelkosten zu verrechnen sind, ist das Verhältnis der gesamten Gemeinkosten zu den gesamten Einzelkosten zu ermitteln.

Berechnung des Gemeinkostenzuschlagssatzes

$$\frac{\text{Gemeinkosten} \times 100\%}{\text{Einzelkosten}} = \text{Gemeinkostenzuschlag} \qquad \frac{122\,500,00 \text{ EUR} \times 100\%}{717\,600,00 \text{ EUR}} = 17,07\%$$

Der so ermittelte Gemeinkostenzuschlagssatz ist der Verteilungsschlüssel, mit dem die gesamten Gemeinkosten auf die beiden Projekte verrechnet werden können. Auf den jeweiligen Betrag der Projekt-Einzelkosten ist dieser Gemeinkostenzuschlagssatz anzuwenden, um den entsprechenden Anteil an den Gemeinkosten zu ermitteln. Die Summe der beiden Gemeinkostenzuschläge muss gleich den gesamten Gemeinkosten sein. Einzel- und Gemeinkosten ergeben zusammen die Gesamtkosten des einzelnen Projektes. Werden die Gesamtkosten vom erzielten Umsatz abgezogen, so verbleibt der Erfolg (Gewinn oder Verlust) des Projektes.

Vergleiche hierzu Kapitel 3.3.2

Analyse der Nachkalkulation
Die Realisation weicht in folgenden Punkten von der Vorkalkulation ab:

	Projekt Jupiter Musik GmbH	**Projekt Decaux GmbH**
Einzelkosten	Überschreitung um 30 701,97 EUR	Unterschreitung um 20 611,86 EUR
Gemeinkosten	Überschreitung um 14 735,61 EUR	Überschreitung um 1 637,91 EUR
Erfolg	Unterschreitung um 75 437,58 EUR	Überschreitung um 18 973,95 EUR

Der Projektleiter des Projektes Jupiter Musik GmbH hat seine eigene Einzelkostenvorgabe um 6,70 % überschritten, während der Projektleiter des Projektes Decaux GmbH seine Einzelkostenvorgaben um 8,28 % unterschritten hat. Der Projektleiter des Projektes Jupiter Musik GmbH reduziert mit seiner Überschreitung der kalkulierten Kosten den Projektgewinn. Der Projektleiter des Projektes Decaux GmbH hat mit seiner zu hohen Kalkulation unnötigerweise Ressourcen für sein Projekt belegt, ohne sie zu nutzen. Die Ressourcen (z. B. eingesetztes Personal, Räumlichkeiten und Material) hätten gegebenenfalls von anderen oder weiteren Projekten genutzt werden können. Außerdem kann ein mit dem zu hohen Kalkulationssatz einhergehender zu hoher Angebotspreis zur Abwanderung von Kunden führen. Die Gemeinkosten liegen um 16 373,52 EUR über der Kalkulation. Das Controlling hat die eigenen Vorgaben nicht einhalten können. Deshalb ist der Gemeinkostenzuschlagssatz von 15 % auf 17,07 % angestiegen, obwohl die gesamten Einzelkosten höher liegen als kalkuliert. Letztlich konnte der kalkulierte Gewinn von 81 363,63 EUR nicht erreicht werden. Aus Sicht der Vollkostenrechnung ist im Nachhinein für das Geschäftsfeld AV-Medien das Projekt Jupiter Musik GmbH unrentabel. Es hätte nicht durchgeführt werden dürfen, da die zugeordneten Kosten nicht vollständig gedeckt werden konnten.

Gründe für Abweichungen
- *Die tatsächlichen Fremdkosten weichen von der Vorkalkulation ab.*
- *Die tatsächlichen Personalkosten weichen von der Vorkalkulation ab.*
- *Die tatsächlichen Gemeinkosten weichen von der Vorkalkulation ab.*
- *Der tatsächliche Gemeinkostenzuschlagssatz weicht von der Vorkalkulation ab.*
- *Die kalkulierten Verkaufspreise konnten nicht durchgesetzt werden.*

Der Erfolg (Gewinn oder Verlust) bildet die Restgröße und weicht entsprechend den anderen Daten von der Vorkalkulation ab.

Auswirkungen von Abweichungen
Eine Überschreitung der vorkalkulierten Kosten (Kostenunterdeckung) hat zur Folge, dass der Projektgewinn sinkt.
Eine Unterschreitung der vorkalkulierten Kosten (Kostenüberdeckung) hat zur Folge, dass Ressourcen für die Produktion belegt wurden, ohne sie zu nutzen. Gegebenenfalls hätte ein weiteres Projekt mit diesen Ressourcen produziert werden können.

1 Nachkalkulation einer Fernsehauftragsproduktion

Sie sind im Controlling der kleinen Fernsehauftragsproduktionsfirma TV-Acts GmbH tätig. Die Nettoherstellungskosten Ihrer Produktionen werden mit 6 % Handlungskostenzuschlag und 7,5 % Gewinnzuschlag kalkuliert.

Ihnen liegt die noch unvollständige Abgrenzungstabelle mit den GuV-Daten aus dem Jahresabschluss vor (vgl. S. 155). Die kalkulatorischen Abschreibungen sollen abweichend von der bilanziellen AfA mit 8 000,00 EUR erfasst werden.

a) Vervollständigen Sie die Abgrenzungstabelle und ermitteln Sie für die Kosten- und Leistungsrechnung das Betriebsergebnis.
b) Errechnen Sie den im abgelaufenen Jahr realisierten Handlungskostenzuschlag.
c) Errechnen Sie den im abgelaufenen Jahr realisierten Gewinnzuschlag.
d) Beurteilen Sie anhand der Ihnen jetzt vorliegenden Zahlen den betrieblichen Erfolg der TV-Acts GmbH gegenüber den Angebotskalkulationen im abgeschlossenen Jahr.
e) Warum sollte in der Kosten- und Leistungsrechnung ein kalkulatorischer AfA-Betrag berücksichtigt werden, der von dem bilanziellen AfA-Betrag abweicht?

3 | Vollkostenrechnung

Rechnungskreis I			Rechnungskreis II					
Erfolgsbereich			Abgrenzungsbereich – Neutrales Ergebnis				KLR-Bereich	
Gesamtergebnis/Finanzbuchhaltung			Unternehmensbezogene Abgrenzungen		Betriebsbezogene Abgrenzung und kostenrechnerische Korrekturen		Betriebsergebnis	
Kontenbezeichnung	Aufwand	Ertrag	Neutraler Aufwand	Neutraler Ertrag	Betrieblicher Aufwand laut GuV	Betrieblicher Ertrag laut GuV/ Verrechnete Kosten	Kosten	Leistungen
Nettoherstellkosten/Umsatzerlös Kunde A		450 000,00						
Nettoherstellkosten/Umsatzerlös Kunde B		315 000,00						
Mieterträge		1 500,00						
Erträge/Auflösg. Rückstellungen		2 000,00						
Erträge/Beteiligungen		500,00						
Zinserträge		200,00						
Nettofertigungskosten/Kunde A	399 000,00							
Nettofertigungskosten/Kunde B	290 000,00							
Personalgemeinkosten	5 900,00							
Mietaufwand	16 000,00							
Abschreibung	5 500,00							
Zinsaufwand	4 000,00							
Büroaufwand	5 000,00							
Verluste/Anlagenabgang	500,00							
Verluste/Wertpapierverkauf	300,00							
Spenden, nicht Public Relations	2 000,00							
Sonstiger betrieblicher Aufwand	4 000,00							
Steuernachzahlung	5 000,00							
Gewerbesteuer	9 000,00							
	746 200,00	769 200,00						
	23 000,00							
	769 200,00	769 200,00						

2 Nachkalkulation eines Kundenstundenpreises

Im letzten Jahr haben Sie mit zwei Freunden ein Grafik-Design-Büro in der Rechtsform einer GmbH eröffnet. Aufgrund Ihrer damaligen Branchenbeobachtungen und unter Beachtung, dass Sie neu am Markt auftreten, haben Sie den Preis für die Designerstunde mit 60,00 EUR festgelegt.

Nachdem das erste Jahr überstanden wurde, wollen Sie wissen, ob Ihr Stundensatz kostendeckend ist.

Folgende Angaben stehen Ihnen zur Verfügung:
- Drei fest beschäftigte Designer

Gehalt:
- Designer A erhält ein Bruttomonatsgehalt in Höhe von 4 000,00 EUR
- Designer B erhält ein Bruttomonatsgehalt in Höhe von 3 750,00 EUR
- Designer C erhält ein Bruttomonatsgehalt in Höhe von 3 550,00 EUR
- Jeder Designer erhält außerdem
  - ein 13. Monatsgehalt,
  - 50 % Urlaubsgeld vom Bruttomonatsgehalt

Der Arbeitgeber trägt seinen Sozialversicherungsanteil in Höhe von 20,65 % des jeweiligen Bruttogehaltes.

Arbeitszeit:
- Die tatsächliche Arbeitszeit beträgt 39 Stunden in der Woche.
- Im Jahr gibt es 261 Arbeitstage und 9 bezahlte Feiertage.
- Jeder Designer nimmt 30 Urlaubstage.
- Der durchschnittliche Krankenstand beträgt 6 Tage.
- Durchschnittlich sind die Designer an 8 Tagen im Jahr für Fortbildungen abwesend.
- 45 Arbeitstage werden jährlich für nicht projektbezogene Arbeiten verwendet.

Zuschläge:
- Der Gemeinkostenzuschlag (inklusive kalkulatorischer Kosten) auf die Personaleinzelkosten beläuft sich auf 15 %.
- Der Gewinnzuschlag auf die Selbstkosten beträgt 5 %.

Führen Sie die entsprechenden Berechnungen durch und erläutern Sie Ihr Ergebnis.

4 Teilkostenrechnung

4 Teilkostenrechnung

Häufig steht gerade ein Betrieb in der Medienbranche vor der Situation, dass der Kunde mit einem festgelegten Budget in Preisverhandlungen eintritt und entschieden werden muss, ob zu den vom Kunden angebotenen Konditionen ein Auftrag angenommen oder abgelehnt wird. Man muss sich also dem Markt und somit dem Wettbewerb stellen. Es kann auch in diesem Zusammenhang mitunter vorkommen, dass bei einem Angebot nicht alle betrieblichen Kosten gedeckt werden, es jedoch trotzdem wirtschaftlich sinnvoll ist, einen Auftrag anzunehmen.
Um eine solche Entscheidung zu treffen, ist es allerdings notwendig, dass Frau Kretschmann eine weitere Methode der Kostenrechnung anwendet.

4.1 Teilkostenrechnung in Fertigungsbetrieben

In Kapitel 2 und 3 wurden die Jahreskosten einer Kostenstelle und mithilfe der Kapazitätsrechnung ein Stunden- und ein Minutensatz berechnet. In diesem Minutensatz sind alle Kosten einer Kostenstelle berücksichtigt, weshalb man diese Art der Kalkulation auch **Vollkostenrechung** nennt. Der Angebotspreis beinhaltet im Rahmen der Vollkostenrechnung alle durch einen Auftrag entstehenden Kosten.

In den Fällen, in denen aufgrund der Wettbewerbssituation der Preis nicht alle auftragsbezogenen Kosten decken kann, kann es allerdings betriebswirtschaftlich sinnvoll sein, nur einen Teil der auftragsbezogenen Selbstkosten bei der Angebotspreisermittlung zu berücksichtigen und sie in die Kalkulation einzubeziehen.

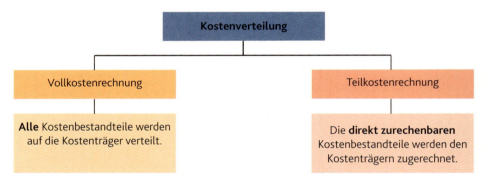

Kostenverteilung der Voll- und der Teilkostenrechnung

4.1.1 Auftragsannahme bei Unterbeschäftigung – Ermittlung einer Preisuntergrenze

Bei der Produktionsplanung stellte Herr Kuhnert fest, dass der Auftragsbestand für die Druckmaschine 1 für die kommenden sechs Wochen nur noch eine Auslastung von fünf Arbeitstagen garantiert. Da erst wieder am Ende dieser Periode Aufträge anstehen, muss noch ein Auftrag hereingeholt werden, der die verbleibende Fertigungskapazität von 25 Arbeitstagen abdeckt. Herr Kuhnert interessiert sich in diesem Zusammenhang für die Anfrage der MG Digital Print KG, die den Druck eines Katalogs für einen Fliesengroßhandel in Auftrag geben will. Für diesen Auftrag würde die Offset GmbH lediglich den Druck ausführen, weil die MG Digital Print KG die Druckplatten bereits hergestellt hat, eine ihrer Druckmaschinen allerdings einen längeren reparaturbedingten Ausfall hat. Die MG Digital Print KG will auf die Weise den Schadenersatzansprüchen aufgrund von Nicht-Rechtzeitig-Lieferung entgehen.

Auftragsdaten:
Objekt: Katalog mit 48 Seiten
Auflage: 20 000 Stück
Format: 21 cm x 29,7 cm
Farben: vierfarbig (CMYK)
Druckdichte: CMY: je 30 %, Schwarz: 20 %
Druckbogenformat: 31 cm x 44 cm
Rohbogenformat: 63 cm x 88 cm, 90 g/m²
Verhandlungsbasis des Auftragsgebers: 19 000,00 EUR (950,00 EUR/1 000 Stück)

Kalkulation des Auftrags auf Vollkostenbasis:

Materialkosten	11 383,75 EUR
Fertigungskosten	10 172,60 EUR
Selbstkosten	**21 556,35 EUR**

Auf den ersten Blick scheint es wirtschaftlich nicht vorteilhaft zu sein, diesen Auftrag anzunehmen, weil die Selbstkosten über der Verhandlungsbasis der West GmbH liegen. Um dies zu überprüfen, ist es notwendig, die Kostenstruktur der Druckmaschine 1 etwas genauer zu analysieren. Es ist nämlich die Frage zu klären, ob der Auftrag nicht trotzdem einen Teil der Kosten für den Zeitraum, in dem keine Beschäftigung vorhanden ist, decken kann. Um also ein Entscheidungsinstrumentarium für Frau Kretschmann zu entwickeln, muss die Kostenstruktur des Betriebs genauer analysiert werden.

4.1.1.1 Fixe und variable Kosten

Die Druckmaschine 1 verursacht zum einen Kosten, die nur bei der Fertigung anfallen und sich mit steigender Auflagenzahl erhöhen. Diese Art der Kosten nennt man **variable Kosten**.
Andere Kosten sind unabhängig davon vorhanden, ob die Maschine fertigt oder stillsteht. Diese Kosten sind die **Fixkosten**.

Vergleiche hierzu Seite 139

4 | Teilkostenrechnung

Fixe und variable Kosten

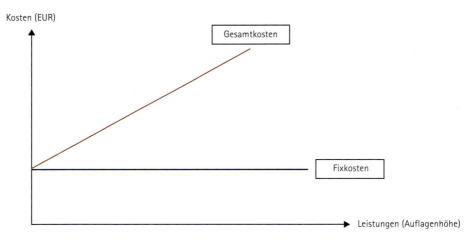

Der Fixkostengraph hat keine Steigung. Diese Kosten sind also von der Menge der im Betrieb erstellten Leistungen unabhängig. Die Gesamtkostenkurve besteht aus dem Fixkostensockel und den darauf aufgesetzten variablen Kosten. Die variablen Kosten steigen mit der Menge der erstellten Leistungen.

Die nachfolgende Übersicht stellt die fixen und variablen Kosten einer Druckerei dar.

Vergleiche hierzu Kapitel 3.2.4.1

Fixkosten

Der Unterschied der Fixkosten zu den bereits in Kapitel 3.2.4.1 dargestellten **auflagen**fixen und **auflagen**variablen Kosten ist der, dass die auflagenfixen Kosten im Rahmen einer zu erstellenden Auftragskalkulation und somit *aus der Sicht des Kundenauftrags* mengen- bzw. auflagenabhängig sind.

Aus *betrieblicher* Sicht ist das bestimmende Merkmal von fixen und variablen Kosten nicht allein die Beeinflussung der Kosten durch die Auflagenhöhe, sondern die Tatsache, ob sich die Selbstkosten durch einen Fertigungsprozess verändern, oder ob sie auch dann anfallen, wenn *nicht* gefertigt wird.

Fixkosten sind somit Kosten, die nicht nur von der Auflagenhöhe unabhängig, sondern zusätzlich kurzfristig nicht abbaubar sind. Sie sind vorhanden, unabhängig davon, ob gefertigt wird oder ob beispielsweise bei mangelndem Auftragseingang oder reparaturbedingtem Stillstand die Kapazitäten nicht genutzt werden. Man nennt diese Kosten auch **unternehmensfixe Kosten**. Im Folgenden werden diese Kosten einfach **Fixkosten** genannt.

Die kalkulatorische Miete und die Löhne der arbeitsvertraglich angestellten Drucker fallen auch dann an, wenn nicht gefertigt wird. Sie sind somit von der Auflagenhöhe unabhängig und nicht kurzfristig abbaubar.
Die Kosten, die während eines 20-minütigen Fortdrucks entstehen (und aus der Sicht der einzelnen Auftragskalkulation auflagenvariabel sind), würden zum größten Teil auch dann anfallen, wenn die Maschine nicht fertigt. Das liegt daran, dass in dem Minutensatz der Maschine und somit auch in den Fortdruckkosten unternehmensfixe Kosten wie z. B. Miete, Zinsen, Löhne etc. enthalten sind.

Variable Kosten
Im Gegensatz dazu ist der *gesamte* Papierverbrauch (und nicht nur der auflagenvariable Papierverbrauch, der im Rahmen des Fortdrucks anfällt) den variablen Kosten zuzuordnen, denn dieser fällt *nur dann* an, wenn gefertigt wird. Diese Kosten werden im Weiteren nur noch als **variable Kosten** bezeichnet.

Wird nicht gedruckt, entsteht auch kein Papier- und Farbverbrauch. Die variablen Kosten bleiben unverändert. Deshalb werden hier auch auflagenfixe Kosten, wie beispielsweise der Einrichtezuschuss, den variablen Kosten zugeordnet.

	Auflagenvariable Kosten	Auflagenfixe Kosten
Variable Kosten	• Fertigungsabhängige Energie (während des Fortdrucks der Druckmaschine) • Fertigungsmaterial (während des Fortdrucks)	• Einrichtezuschuss (Papier inklusive Farbe beim Druck) • Druckplatten • Papier und Toner beim Formproof • Personal- und Energiekosten bei auftragsbedingten Überstunden
Fixkosten	• Personalkosten (während des Fortdrucks) • Miete, Zinsen, Abschreibung (während des Fortdrucks)	• Personalkosten, Miete, Zinsen, Abschreibung (während der Einrichtung einer Druckmaschine, der Bogenmontage und der Druckformherstellung)

Begriffliche Zuordnung fixer und variabler Kostenarten

Die Eingangsfrage, die sich im Zusammenhang mit dem möglichen Auftrag stellt, war die, ob es für die Offset GmbH wirtschaftlich sinnvoll sei, den Auftrag anzunehmen.

Die Alternative zur Auftragsannahme ist, die Maschine stillstehen zu lassen. Durch diesen Stillstand bleiben allerdings die Fixkosten, die während des dann 25 Tage dauernden Stillstands (**Leerkosten**) anfallen, bestehen. Die Frage ist somit, ob die Offset GmbH mit einem Auftrag, auch wenn dieser nicht alle Kosten deckt, trotzdem einen Teil der Fixkosten decken kann. Dies würde im Fall der Auftragsannahme einen Verlust, der in dem Zeitraum der Unterbeschäftigung entsteht, vermindern und somit – auf ein Jahr betrachtet – das Betriebsergebnis verbessern. Um diese Frage zu beantworten, müssen die Kosten der Druckmaschine 1 in fixe und variable Anteile unterteilt werden.

4 | Teilkostenrechnung

Analyse der Kostenstruktur der Kostenstelle „Druckmaschine 1"

Um die Fixkosten und die variablen Kosten, die während des Auftrags entstehen, zu ermitteln, muss die genaue Fertigungsdauer berechnet werden. Dem Auftrag werden auf diese Weise nur die Fixkosten zugerechnet, die während seiner Bearbeitung entstehen.

Ermittlung der gesamten Fertigungsdauer	
Rüsten	1 606,00 Min.
Ausführen	6 485,95 Min.
Fertigungsdauer	**8 091,95 Min.**

Kostenarten	Jahreskosten Druckmaschine 1	auftragsbezogene Kosten fix*	variabel
Löhne und Gehälter	32 514,07 EUR	3 373,88 EUR	
Gesetzl. Sozialkosten auf Lohn und Gehalt	6 665,38 EUR	691,65 EUR	
Freiwillige Sozialkosten auf Lohn und Gehalt	519,98 EUR	53,96 EUR	
Summe Personalkosten	**39 699,43 EUR**	**4 119,49 EUR**	
Gemeinkostenmaterial	2 152,54 EUR		223,36 EUR
Fremdenergie (Strom, Wasser etc.)	1 016,45 EUR	31,64 EUR	73,83 EUR
Instandhaltung, Reparaturen, Ersatzteile	2 159,19 EUR	33,61 EUR	190,44 EUR
Summe Sachgemeinkosten	**5 328,18 EUR**	**65,25 EUR**	**487,64 EUR**
Raummiete und Heizung	1 981,25 EUR	205,59 EUR	
Kalkulatorische Abschreibung	15 402,67 EUR	1 598,29 EUR	
Kalkulatorische Zinsen	4 004,69 EUR	415,55 EUR	
Fertigungswagnis	1 328,34 EUR	137,84 EUR	
Summe kalkulatorische Kosten	**22 716,95 EUR**	**2 357,27 EUR**	**0,00 EUR**
Summe Primärkosten	**67 744,56 EUR**	**6 542,01 EUR**	**487,64 EUR**
Umlage AV/TL	4 884,38 EUR	506,84 EUR	
Umlage Verwaltung	13 454,07 EUR	1 396,09 EUR	
Umlage Vertrieb	11 950,14 EUR	1 240,03 EUR	
Summe Fertigungskosten	**98 033,16 EUR**	**9 684,97 EUR**	**487,64 EUR**
Summe Materialkosten			**11 383,75 EUR**
Selbstkosten des Auftrags (fix und variabel)			**21 556,35 EUR**

* bezogen auf 8 091,95 Fertigungsminuten

Erläuterungen zur Tabelle

Fixkosten

Die jährliche Fertigungszeit beträgt gemäß Kapazitätsrechnung 1 299,7 Stunden. Weil die Auftragsbearbeitung 134,87 Stunden (= 8 091,95 min) in Anspruch nimmt, werden die jährlichen Fixkosten von 98 292,21 EUR auf diesen Zeitraum bezogen.

Vergleiche hierzu Kapitel 2.3.1.1

Für die Entscheidung, ob der Auftrag angenommen oder abgelehnt wird, werden so nur die Fixkosten betrachtet, die in dem Zeitraum der Inanspruchnahme der Fertigungskapazitäten vorhanden sind. Die Fixkosten, die nach Fertigstellung des Auftrags bestehen, werden bei dieser Kalkulation nicht berücksichtigt, weil danach ein Folgeauftrag angenommen werden könnte, der dann die „restlichen" Fixkosten, die in den 5,73 (Rest-)Tagen des Monats entstehen, decken würde.

Die Ermittlung der auftragsbezogenen Fixkosten wird unten am Beispiel der Löhne und Gehälter sowie für die Fremdenergie und die Instandhaltung gezeigt. Um die Genauigkeit zu erhöhen, werden hierbei die Zeitangaben in Minuten umgerechnet:

Anteilige Lohn- und Gehaltskosten:

Fertigungszeit (pro Jahr): 1 299,7 Std. x 60 Min./Std. = 77 982 Min.

$$\text{Anteilige Löhne und Gehälter} = \frac{32\,514,07 \text{ EUR} \times 8\,091,95 \text{ Min.}}{77\,982 \text{ Min.}}$$

$$= 3\,373,88 \text{ EUR}$$

Im Zeitraum der Auftragsbearbeitung fallen somit 3 373,88 EUR Löhne und Gehälter an. Nochmals zur Klarstellung: Diese Löhne und Gehälter fielen auch an, wenn der Auftrag nicht angenommen würde. Diese Fixkosten blieben allerdings bei Nichtannahme des Auftrags ungedeckt.

	fix
Fremdenergie	30 %
Instandhaltung	15 %

Die Fremdenergie und die Instandhaltung bestehen aus fixen und variablen Anteilen:
Der fixe Anteil der Fremdenergie entsteht durch die Kosten, die auf die Grundgebühr des Energieversorgers sowie auf die Beleuchtung und Stand-by-Phasen der Maschine entfallen.
Die Instandhaltung ist mit dem Wartungsintervall eines Kraftfahrzeugs zu vergleichen, das einerseits eine variable (z. B. nach 30 000 km) und eine fixe Komponente (spätestens nach zwei Jahren, auch wenn weniger – im Extremfall null – Kilometer gefahren werden) beinhaltet.

Die Ermittlung der fixen Anteile der Fremdenergie und der Instandhaltung erfolgt analog zur Berechnung der auftragsbezogenen Lohn- und Gehaltskosten und wird anhand der Fremdenergie dargestellt:

Anteilige fixe Fremdenergie:

$$\text{Anteilige fixe Fremdenergie} = \frac{1\,016,45 \text{ EUR} \times 8\,091,65 \text{ Min.} \times 30\,\%}{77\,982 \text{ Min.}}$$

$$= 31,64 \text{ EUR}$$

Variable Kosten

Variable Kosten sind einerseits den Einzelkosten (Fertigungsmaterial) und andererseits den maschinenabhängigen Gemeinkosten zuzuordnen.

- Variable Einzelkosten (Fertigungsmaterial):
  Das Fertigungsmaterial ist den Einzelkosten zuzuordnen und kann deshalb auftragsbezogen berechnet werden.
- Variable Gemeinkosten (maschinenabhängige Gemeinkosten):
  Für die Fremdenergie und die Instandhaltung gelten analog zu den fixen Anteilen die folgenden Werte.

	variabel
Fremdenergie	70 %
Instandhaltung	85 %

Die variablen Anteile der Fremdenergie und der Fremdinstandhaltung müssen wie auch die fixen Anteile auf die Bearbeitungsdauer des Auftrags bezogen werden, da diese Kosten mit der Dauer des Fertigungsprozesses durch erhöhten Stromverbrauch (Energie) und höheren Verschleiß (häufigere Wartung) steigen. Die Berechnung dieser variablen Anteile wird ebenfalls anhand der Fremdenergie aufgezeigt.

$$\text{Variable Energiekosten} = \frac{1\,016{,}45 \text{ EUR} \times 8\,091{,}95 \text{ Min.} \times 70\,\%}{77\,982 \text{ Min.}}$$

$$= 73{,}83 \text{ EUR}$$

Gemeinkostenmaterial

Unter das Gemeinkostenmaterial fallen die Reinigungsmittel, die bei der Fertigung benötigt werden. Diese werden in der Regel mithilfe von Materialentnahmescheinen auftragsbezogen ermittelt.

4.1.1.2 Deckungsbeitrag

Nachdem die fixen und variablen Anteile des Auftrags ermittelt wurden, kann der **Deckungsbeitrag** des Auftrags berechnet werden. Der Deckungsbeitrag zeigt nun, in welcher Höhe ein Auftrag die Fixkosten deckt.

	Annahme	Nichtannahme
Umsatzerlös	19 000,00 EUR	– EUR
– variable Kosten	11 871,38 EUR	– EUR
Zwischensumme (Deckungsbeitrag)	7 128,62 EUR	– EUR
– Fixkosten	9 684,97 EUR	9 684,97 EUR
Ergebnis (19,27 Tage) der Kostenstelle (Auftragsergebnis)	– 2 556,35 EUR	– 9 684,97 EUR

Der Auftrag würde somit 7 128,62 EUR Fixkosten decken. Es entstünde zwar ein negatives Auftragsergebnis. Ohne die Annahme des Auftrags würde das Betriebsergebnis für 19,27 Tage jedoch bedeutend schlechter ausfallen, weil alle Fixkosten ungedeckt blieben.

Zusammenfassend ist zu sagen:
Man erkennt, dass das Auftragsergebnis der Kostenstelle Druckmaschine 1 im Falle einer Annahme des Auftrags einen geringeren Verlust aufweist als bei Nichtannahme. Das liegt daran, dass der Umsatzerlös höher ist als die variablen Kosten, die durch den Auftrag entstehen. Diese Differenz zwischen Umsatzerlös und variablen Kosten deckt einen Teil der Fixkosten, die in den 19,27 Tagen entstehen. Umgekehrt würden bei einer Nichtannahme die gesamten Fixkosten ungedeckt bleiben. Diese würden sich dann vollständig als Periodenverlust im Jahresergebnis niederschlagen. Man nennt diese Differenz zwischen dem Umsatzerlös und den variablen Kosten **Deckungsbeitrag**. Diese Kalkulationsmethode nennt sich, weil bei ihr lediglich die variablen Kosten die Kalkulationsbasis darstellen, **Teilkostenrechnung**.

Der Deckungsbeitrag berechnet sich wie folgt:

> **Deckungsbeitrag = Umsatzerlös – variable Kosten**

Der Deckungsbeitrag lässt sich auch auf eine Ausbringungseinheit, also beispielsweise auf 1000 Stück, beziehen (**Stück-Deckungsbeitrag**).
Hierzu muss man zunächst die **variablen Stückkosten** berechnen. Diese errechnen sich, indem man die gesamten variablen Kosten des Auftrags auf 1000 Stück bezieht. Der Umsatz muss hierzu ebenfalls auf 1000 Stück bezogen werden:

Stück-Deckungsbeitrag des Auftrags (in 1000 Stück):

$$\text{Variable Stückkosten} = \frac{\text{auftragsbezogene variable Gesamtkosten}}{\text{Auflagenhöhe}}$$

$$= \frac{11\,871{,}38 \text{ EUR}}{20 \text{ Stück}}$$

$$= 593{,}57 \text{ EUR/Stück}$$

$$\text{Stück-Deckungsbeitrag} = \text{Stückpreis} - \text{variable Stückkosten}$$

$$= 950{,}00 \text{ EUR/Stück} - 593{,}57 \text{ EUR/Stück}$$

$$= 356{,}43 \text{ EUR/Stück}$$

oder

$$\text{Stück-Deckungsbeitrag} = \frac{\text{Umsatzerlös} - \text{variable Kosten}}{20 \text{ Stück}}$$

$$= \frac{19\,000{,}00 \text{ EUR} - 11\,871{,}38 \text{ EUR}}{20 \text{ Stück}}$$

$$= 356{,}43 \text{ EUR/Stück}$$

Eine Auftragsannahme ist für die Offset GmbH somit grundsätzlich in den Fällen vorteilhaft, in denen der Stück-Deckungsbeitrag größer als 0,00 EUR ist. Auf ein Jahr betrachtet wirkt sich die Auftragsannahme dann positiv auf das Betriebsergebnis aus. Mithilfe des Deckungsbeitrags kann also die **Preisuntergrenze** eines Auftrags ermittelt werden, deren Unterschreiten sich folglich negativ auf das Betriebsergebnis auswirkt.

4 | Teilkostenrechnung

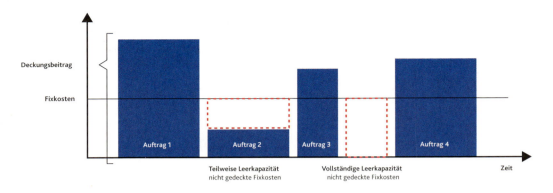

4.1.2 Zusatzauftrag

Ein **Zusatzauftrag** ist ein Auftrag, der trotz positivem Periodenergebnis angenommen werden kann, weil noch Fertigungskapazitäten vorhanden sind. Grundsätzlich sind hier zwei Szenarien zu unterscheiden:
- Der Auftrag kann mit den vorhandenen Kapazitäten unter Einhaltung der Schichtdauer gedruckt werden.
- Der Auftrag kann mit den vorhandenen Kapazitäten bei Verlängerung der Schichtdauer mit Überstunden gedruckt werden.

4.1.2.1 Zusatzauftrag ohne Überstunden

> Bei der Offset GmbH geht Ende des Monats eine Anfrage für den Druck von 2 000 Werbeplakaten für die Tournee einer Band ein. Die variablen Kosten des Auftrags belaufen sich auf 2 371,83 EUR.
> Das Betriebsergebnis des laufenden Monats weist bereits einen Überschuss von 23 961,60 EUR auf. Die Weiterverarbeitung wird an die Buch- und Offset Druckverarbeitung GmbH vergeben.
> Die Verhandlungsbasis des Auftraggebers liegt bei 3 200,00 EUR.

Vergleiche hierzu Kapitel 4.2

Wenn das Betriebsergebnis einer Rechnungsperiode (hier: ein Monat) positiv ist, bedeutet das, dass die Fixkosten der Offset GmbH des Monats bereits gedeckt sind. Es sind somit bei der Entscheidung, ob Herr Kuhnert den Auftrag annimmt, nur noch die variablen Kosten in der Kalkulation zu berücksichtigen. Übersteigt der Stückpreis die variablen Stückkosten, ist also der Deckungsbeitrag positiv, ist im Falle der Auftragsannahme ein besseres Betriebsergebnis zu erwarten als bei Nicht-Annahme.

	zusätzlicher Umsatzerlös	3 200,00 EUR
–	zusätzliche variable Kosten	2 371,83 EUR
=	**Deckungsbeitrag**	**828,17 EUR**
	Betriebsergebnis vor Auftragsannahme	**23 961,60 EUR**
+	Deckungsbeitrag	828,17 EUR
–	auftragsbezogene Fixkosten	– EUR
=	**Betriebsergebnis nach Auftragsannahme**	**24 789,77 EUR**

Das Betriebsergebnis verbessert sich um die Höhe des positiven Deckungsbeitrags des Auftrags. Die Fixkosten, die diesem Auftrag zugerechnet werden müssen, betragen 0,00 EUR, weil diese, wie bereits oben dargestellt, von den Aufträgen des laufenden Monats bereits vollständig gedeckt sind.

4.1.2.2 Zusatzauftrag mit Überstunden

> Bei der Offset GmbH geht Mitte des Monats über die West GmbH eine Anfrage für den Druck des Jahresberichts einer Aktiengesellschaft ein. Der Fertigstellungstermin ist der 31. des Monats. Die Fertigungsdauer beträgt 63,56 Stunden. Für den laufenden Monat ist bei der Druckmaschine 1 im Einschichtbetrieb noch eine Fertigungskapazität von 36,89 Stunden vorhanden. Die Bogenmontage und die Druckplattenherstellung sind mit den vorhandenen Kapazitäten zu bewältigen und haben einen Umsatzanteil von 1850,38 EUR. Für den Druck müssten jedoch Überstunden gemacht werden.
> Die Verhandlungsbasis des Auftraggebers für den Auftrag beläuft sich auf 10 000,00 EUR. Die Weiterverarbeitung wird an die Buch- und Offset Druckverarbeitung GmbH vergeben.
> Aufgrund der fehlenden Kapazität der Druckmaschine muss Herr Kuhnert mit Frau Kretschmanns Hilfe entscheiden, ob der Druck an eine andere Druckerei fremdvergeben werden soll oder ob es trotz der dann anfallenden Überstunden vorteilhaft ist, den Druck auszuführen.

Zunächst werden auch für diesen Auftrag wieder die fixen von den variablen Kosten getrennt. Da es sich auch hier um einen Zusatzauftrag handelt, bleiben die Fixkosten wieder unberücksichtigt. Allerdings entstehen durch die Überstunden zusätzliche Kosten, die zwar mengenunabhängig sind, aber lediglich aufgrund der Tatsache anfallen, dass über die normale Arbeitszeit hinaus gefertigt wird. Sie stellen somit variable Kosten dar. Dies sind in der Regel Kosten durch längere Beleuchtung und das Entgelt für die Überstunden von Herrn Hoffmann, der diesen Auftrag drucken soll. Diese Kosten müssen somit neben den bereits vorhandenen variablen Kosten bei der Berechnung des Deckungsbeitrags berücksichtigt werden.

Kostenarten	überstundenbedingte variable Kosten	variable Kosten
Fertigungsmaterial		5 836,71 EUR
Löhne und Gehälter	667,19 EUR	
Gesetzliche Sozialkosten auf Lohn und Gehalt	136,77 EUR	
Freiwillige Sozialkosten auf Lohn und Gehalt	10,67 EUR	
Summe Personalkosten	**814,64 EUR**	
Gemeinkostenmaterial		105,27 EUR
Fremdenergie (Strom, Wasser etc.)	3,62 EUR	31,18 EUR
Instandhaltung, Reparaturen, Ersatzteile		89,75 EUR
Summe Sachgemeinkosten	**3,62 EUR**	**226,20 EUR**
Raummiete und Heizung		
Kalkulatorische Abschreibung		
Kalkulatorische Zinsen		
Fertigungswagnis		

4 | Teilkostenrechnung

Kostenarten	überstundenbedingte variable Kosten	variable Kosten
Summe Primärkosten	818,26 EUR	226,20 EUR
Umlage AV/TL		
Umlage Verwaltung		
Umlage Vertrieb		
Summe	818,26 EUR	6 062,91 EUR
Summe variable Kosten		6 881,17 EUR

Für den Druck bleibt nach Abzug des Umsatzanteils für die Druckformherstellung von 1 850,38 EUR ein Umsatzanteil 8 149,62 EUR übrig:

	Umsatzerlös	8 149,62 EUR
−	variable Kosten	6 062,91 EUR
−	überstundenbedingte variable Kosten	818,26 EUR
=	**Deckungsbeitrag**	1 268,45 EUR

Auch nach Abzug der überstundenbedingten variablen Kosten ergibt sich für die Offset GmbH ein positiver Deckungsbeitrag. Es ist also vorteilhaft, den Auftrag anzunehmen.

Fixkosten sind ausbringungsmengenunabhängig und nicht kurzfristig abbaubar.
Variable Kosten steigen mit der Ausbringungsmenge.

Vollkostenrechnung: Einbeziehung aller im Betrieb anfallenden (fixen und variablen) Kosten in die Kalkulation
Teilkostenrechnung: In die Kalkulation werden nur die variablen Kosten einbezogen, um den Deckungsbeitrag zu ermitteln.

$$\text{Stückkosten} = \frac{\text{Selbstkosten}}{\text{Stückzahl (Auflagenhöhe)}}$$

$$\text{variable Stückkosten} = \frac{\text{variable Kosten der gesamten Auflage}}{\text{Stückzahl (Auflagenhöhe)}}$$

Stück-Deckungsbeitrag = Stückpreis − variable Stückkosten

auftragsbezogener Deckungsbeitrag = Umsatzerlös des Auftrags − variable Kosten des Auftrags

Auftragsergebnis = auftragsbezogener Deckungsbeitrag − Fixkosten

Teilkostenrechnung bei Unterbeschäftigung:
- Aufteilung der Kostenarten in auftragsbezogene fixe und variable Anteile
- Berechnung des auftragsbezogenen Deckungsbeitrags
- Berechnung des Stück-Deckungsbeitrags
- Deckungsbeitrag > 0: Fixkostenteile werden gedeckt → Auftragsannahme vorteilhaft

Teilkostenrechnung | 4

Teilkostenrechung bei Vollbeschäftigung (Zusatzauftrag):

Ohne Überstunden:
- Ein positiver Deckungsbeitrag erhöht das Betriebsergebnis.
- Die Fixkosten können in der Kalkulation unberücksichtigt bleiben.

Mit Überstunden:
- Überstundenbedingte variable Kosten müssen bei der Kalkulation berücksichtigt werden.
- Berechnung des Deckungsbeitrags

Deckungsbeitrag = Umsatzerlös – variable Kosten – überstundenbedingte variable Kosten
- Deckungsbeitrag > 0: Fixkostenteile werden gedeckt → Auftragsannahme vorteilhaft

1. Berechnen Sie den Stück-Deckungsbeitrag und den gesamten Deckungsbeitrag für den Monat April.
   Variable Stückkosten: 50,00 EUR
   Stückpreis: 20,00 EUR
   Abgesetzte Menge im Monat April: 5 000 Stück

2. Ein Auftrag, der an einem DTP-Arbeitsplatz ausgeführt wird, nimmt 25 Stunden in Anspruch. Die Fertigungszeit eines Jahres beträgt 1 299,7 Stunden.
   Ermitteln Sie die auftragsbezogenen Fixkostenanteile der in der Tabelle aufgeführten Kostenarten der Kostenstelle DTP-Arbeitsplatz.

DTP-Arbeitsplatz	
Kostenarten	Jahreskosten
Löhne und Gehälter	38 184,71 EUR
Gesetzliche Sozialkosten auf Lohn und Gehalt	7 827,87 EUR
Raummiete und Heizung	549,81 EUR
Kalkulatorische Abschreibung	2 816,00 EUR
Kalkulatorische Zinsen	294,93 EUR
Fertigungswagnis	194,83 EUR

3. Ein Unternehmen, das Offset-Druckbogen (matt gestrichen) herstellt, weist im Juni folgende Kosten und Umsätze auf:

Format (in cm)	44 x 63	63 x 88	70 x 100
Stückpreis/1000 Bg. (EUR)	85,20	115,75	148,10
variable Stückkosten/1000 Bg. (EUR)	42,20	60,50	70,60
Absatzmenge (in 1000 Bg.)	5000	9000	12000

Die Fixkosten pro Monat betragen 360 000,00 EUR.
Ermitteln Sie das Betriebsergebnis des Monats Juni.

4. Berechnen Sie den Deckungsbeitrag des Auftrags sowie den Stück-Deckungsbeitrag/1 000 Stück der Handlungssituation in Kapitel 3.2 mit der Druckmaschine 2. Die dazu nötigen Kostenstellendaten finden Sie in Kapitel 3.2 im BAB der Offset GmbH. Legen Sie hierbei eine Dauer von 9 500 Fertigungsminuten zugrunde.

5 Eine Druckerei kann im Monat November einen Zusatzauftrag annehmen. Der Auftrag belegt eine Maschinenkapazität von 320 Fertigungsminuten (Auflagenhöhe: 9 000 Stück). Eine Druckmaschine hat im Rahmen des normalen Schichtbetriebs noch Kapazitäten von 340 Minuten. Die variablen Kosten des Auftrags liegen bei 600,00 EUR pro 1 000 Stück. Die Verhandlungsbasis des Auftraggebers liegt bei 650,00 EUR pro 1 000 Stück. Das bereits erwirtschaftete Monatsergebnis beträgt 25 000,00 EUR.
   a) Berechnen Sie, ob die Annahme des Auftrags vorteilhaft ist.
   b) Ermitteln Sie das Monatsergebnis des Monats November.

6 Der Auftraggeber aus Übung 5 will die Auflage auf 15 000 Stück bei gleichem Stückpreis erhöhen. Neben den zusätzlichen 20 Minuten Restkapazität muss die Schicht um eine Stunde verlängert werden. Die hierdurch anfallenden zusätzlichen variablen Kosten (Überstunden inkl. Überstundenzuschlag des Mitarbeiters, Beleuchtung und Heizung) betragen 65,00 EUR.

Berechnen Sie den Deckungsbeitrag des Auftrags und entscheiden Sie über seine Annahme.

4.2 Teilkostenrechnung in Dienstleistungsbetrieben

Vergleiche hierzu Kapitel 3.3, 4.2.1-4.2.6

In den folgenden Kapiteln werden Deckungsbeitragsrechnungen für Projekte durchgeführt, die zum Teil auch im Kapitel 3.3 nach den Gesichtspunkten der Vollkostenrechnung kalkuliert wurden (Kapitel 4.2.1 und 4.2.2). Zum Teil werden allerdings auch neue Projekte mit der Deckungsbeitragsrechnung kalkuliert (Kapitel 4.2.3 bis 4.2.6).

Das Besondere an der Teilkostenrechnung ist, dass im ersten Schritt überprüft wird, ob der erwartete Umsatz die dem Projekt direkt zurechenbaren Kosten decken kann. Sollte darüber hinaus ein Überschuss verbleiben, dient dieser der Deckung der nicht direkt zurechenbaren Kosten, und gegebenenfalls verbleibt ein Gewinn. Die direkt zurechenbaren Kosten sind variable Kosten oder Einzelkosten.

> Für die Entscheidung, ob ein Auftrag angenommen oder eine Produktion durchgeführt wird, ist bei der Teilkostenrechnung der **Deckungsbeitrag I** relevant.

4.2.1 Deckungsbeitragsrechnung für ein Hörbuch

> Herr Contzen will wissen, ob die Erlöse der beiden Verkaufsmengen (1 500 Stück und 1 000 Stück) des Hörbuches zumindest die direkt zurechenbaren Kosten und eventuell darüber hinaus die nicht direkt zurechenbare Kosten des gesamten Geschäftsfeldes AV-Medien (Musik, Sampler und Hörbuch) decken können. Da Herr Contzen sich nicht sicher ist, welche Zuordnung (variable Kosten oder Einzelkosten) für die Teilkostenrechnung eines Hörbuches richtig ist, beginnt er mit der Variante, dass die Kosten in variable und fixe Kosten aufgeteilt werden.
>
> Außerdem will Herr Contzen wissen, wie viele Hörbücher von dieser Produktion verkauft werden müssen, damit ein Verlust vermieden werden kann.

Mittels Vollkostenrechnung wurde im Kapitel 3.3.3 für eine verkaufte Auflage von 1 500 Stück ein Gewinn von 2 979,83 EUR bzw. 1,987 EUR je Stück ermittelt. Eine verkaufte Auflage von 1 000 Stück hätte einen Verlust von 1 065,55 EUR bzw. 1,066 EUR je Stück erzeugt.

Das Kalkulationsschema der Vollkostenrechnung unterteilt bereits in fixe und variable Kosten. Somit kann dieses Schema übernommen und um die Deckungsbeiträge (DB) für dieses Projekt ergänzt werden. Dafür werden vom Umsatzerlös/HAP (Zeile 4) die variablen Kosten (Zeile 22) und im nächsten Schritt die fixen Kosten (Zeile 17) des Projektes abgezogen:

Teilkostenrechnung | 4

Hörbuchkalkulation für eine Gesamtauflage von: 3 CD/200 Min.		1500 Stück		verkaufte Expl. 1500		verkaufte Expl. 1000	
		EUR	%	Gesamt EUR	pro Expl. EUR	Gesamt EUR	pro Expl. EUR
1	Bruttoverkaufspreis (inkl. 19 % USt.)			30000,00	20,000	20000,00	20,000
2	Nettoverkaufspreis			25210,08	16,807	16806,72	16,807
3	Händlerprovision in % vom Nettoverkaufspreis		40,00 %	10084,03	6,723	6722,69	6,723
4	Umsatz/HAP (Zeile 2 minus Zeile 3)			15126,05	10,084	10084,03	10,084
5	Grafiker			200,00	0,133	200,00	0,200
6	Lektorat			700,00	0,467	700,00	0,700
7	Studio			2000,00	1,333	2000,00	2,000
8	Illustration			200,00	0,133	200,00	0,200
9	Regie			500,00	0,333	500,00	0,500
10	Verlagslizenz Buy Out			0,00	0,000	0,00	0,000
11	Garantiehonorar Verlag	600,00		600,00	0,400	600,00	0,600
12	Sprecherlizenz Buy Out	1000,00		1000,00	0,667	1000,00	1,000
13	Garantiehonorar Sprecher	0,00		0,00	0,000	0,00	0,000
14	Übersetzerhonorar Buy Out			0,00	0,000	0,00	0,000
15	Herstellung inkl. EAN für Gesamtauflage/Multibox			2000,00	1,333	2000,00	2,000
16	Pauschale für Werbung und Promotion in % des Umsatzes der Gesamtauflage		15,00 %	2268,91	1,513	2268,91	2,269
17	Zwischensumme projektfixe Kosten (Zeile 5 bis Zeile 16)			9468,91	6,313	9468,91	9,469
18	Auslieferungskosten in % vom Nettoverkaufspreis		5,00 %	1260,50	0,840	840,34	0,840
19	Vertreterkosten in % vom Nettoverkaufspreis		5,00 %	1260,50	0,840	840,34	0,840
20	Verlagslizenzhonorar in % vom Umsatz nach Abzug des Garantiehonorars		5,00 %	156,30	0,104	0,00	0,000
21	Sprecherhonorar in % vom Umsatz nach Abzug des Garantiehonorars		0,00 %	0,00	0,000	0,00	0,000
22	Zwischensumme projektvariable Kosten (Zeile 18 bis Zeile 21)			2677,31	1,785	1680,67	1,681
23	Projekt-DB I für die verkaufte Menge (Zeile 4 minus Zeile 22)			12448,74	8,299	8403,36	8,403
24	Projekt-DB II für die verkaufte Menge (Zeile 23 minus Zeile 17)			2979,83	1,987	−1065,55	−1,066
25	DB II in % vom Umsatz			19,700 %		−10,567 %	

Deckungsbeitragsrechnung eines Hörbuches

Verkaufte Auflage von 1500 Stück

Werden vom erwarteten Gesamtumsatz von 15 126,05 EUR die variablen Kosten von 2 677,31 EUR subtrahiert, so ergibt sich der Deckungsbeitrag I (DB I) von 12 448,74 EUR. Pro Stück ist das ein Stückdeckungsbeitrag I (db I) von 8,299 EUR. Somit sind die variablen Kosten gedeckt und es verbleibt ein Beitrag zur Deckung der projektfixen Kosten.

Nach Abzug der projektfixen Kosten in Höhe von 9 468,91 EUR verbleibt mit 2 979,83 EUR ein positiver DB II. Pro Stück fällt ein db II in Höhe von 1,987 EUR an. Der DB II stellt den Überschuss dieses einen Projektes bei Verkauf von 1500 Stück dar. Für das Unternehmen ist dieser DB II eine Unterstützung bei der Deckung der projektunabhängigen Kosten. (Projektunabhängige Kosten sind über das Projekt hinaus im Unternehmen anfallende Kosten wie z. B. die Verwaltung.)

Verkaufte Auflage von 1000 Stück

Bei einer verkauften Auflage von 1000 Stück erhält der Verlag nur das Garantiehonorar. Es fallen damit keine variablen Kosten an. Auf den ersten Blick ist diese Auflage Erfolg versprechend, da mit einem Betrag von 8 403,36 EUR ein positiver DB I erwirtschaftet wird. Augenscheinlich kann diese Auflage alle variablen Kosten decken. Trotzdem ist der DB II mit −1 065,55 EUR wesentlich schlechter ausgefallen, als bei einer verkauften Auflage von 1500 Stück. Dieses Ergebnis liegt daran, dass der DB I nicht ausreicht, um die projektfixen Kosten zu decken.

> Wenn Projektdeckungsbeiträge berechnet werden, ist zu berücksichtigen, dass nicht nur der Projekt-DB I positiv sein muss, sondern ebenfalls der Projekt-DB II. Nur wenn auch der Projekt-DB II positiv ist, sind sämtliche direkt zurechenbaren Kosten des Projektes gedeckt.

Vergleiche hierzu Kapitel 3.3.3

Anhand der vorstehenden Gegenüberstellung lässt sich erkennen, dass eine Deckungsbeitragsrechnung mit der Splitting in variable und fixe Kosten (vgl. Kap. 3.3.3) für eine Hörbuchkalkulation nicht zielführend ist, da der Anteil der variablen Kosten zu gering ist. Sämtliche Kostenbestandteile der „Deckungsbeitragsrechnung eines Hörbuches" sind dem Hörbuch direkt zurechenbar. Sie stellen die Einzelkosten der Hörbuchproduktion dar. Somit entsteht nach Abzug dieser Einzelkosten vom jeweiligen Umsatz der Deckungsbeitrag I (d. h. der Projekt-DB II [variable und fixe Kosten] ist dem DB I [Einzelkosten] gleichzusetzen).

Unter dieser Prämisse ist eine klare Aussage zu den beiden Absatzerwartungen möglich:

	1500 Stück	1000 Stück
DB I	2 979,83 EUR	−1 065,55 EUR
Produktionsentscheidung	Produktion ist sinnvoll	Produktion ist nicht sinnvoll

Produktionsentscheidung für eine Hörbuchkalkulation

Die Produktion würde bei einer Absatzmenge von 1500 Stück einen Beitrag in Höhe von 2 979,83 EUR zur Deckung der Kosten des Unternehmens beisteuern können, die nicht direkt diesem Hörbuchprojekt zugeordnet werden können.

Gewinnschwellen-Menge

Aus der Teilkostenrechnung mit variablen und fixen Kosten lässt sich die Berechnung der Break-even-Menge ableiten:

$$\text{Break-even-Menge} = \frac{\text{Fixkosten}}{\text{Stückpreis} - \text{variable Stückkosten}}$$

Anstelle des Stückpreises wird hier der Umsatz/HAP je Stück verwendet:

$$\text{Break-even-Menge} = \frac{9\,468{,}91}{10{,}084 - 1{,}785} = \underline{1140{,}97}$$

Von diesem Hörbuch sind mindestens 1141 Exemplare abzusetzen, um einen Verlust zu vermeiden.

4.2.2 Deckungsbeitragsrechnung einer Werbefilmproduktion– Entscheidung über einen kritischen Auftrag

Es liegen folgende Aufträge für Werbefilmproduktionen vor:
- Jupiter Musik GmbH, erwarteter Umsatzerlös: 550 000,00 EUR, Einzelkosten: 458 498,03 EUR
- Decaux GmbH, erwarteter Umsatzerlös: 315 000,00 EUR, Einzelkosten: 249 011,86 EUR
- Krankenhaus Einrichtungshaus GmbH, erwarteter Umsatzerlös 90 000,00 EUR, Einzelkosten: 82 500,00 EUR

Aufgrund der Vollkostenbetrachtung im Kapitel 3.3.2 konnte der Auftrag der Krankenhaus Einrichtungshaus GmbH nicht angenommen werden. Der Maximalpreis des Kunden konnte die Gesamtkosten nicht decken. Alternativ will Herr Quarzburg prüfen lassen, ob die Einzelkosten des Projektes gedeckt werden können und ein Beitrag zur Deckung der Gemeinkosten möglich ist. Außerdem hat sich Herr Quarzburg von der Jupiter Musik GmbH unter den Vollkostenpreis drücken lassen. Aus Sicht der Vollkostenrechnung dürfte auch dieses Projekt nicht angenommen werden.

Für die Ermittlung des DB I zieht das Geschäftsfeld AV-Medien von den zu erwartenden Umsatzerlösen die Einzelkosten ab. Der DB I ist der Beitrag des jeweiligen Projektes an der Deckung der gesamten Gemeinkosten und Erzielung eines eventuellen Gewinns. Hier ermittelt das Geschäftsfeld AV-Medien nach Abzug der Gemeinkosten vom DB I noch einen DB II. Der DB II stellt den Beitrag des jeweiligen Projekts am Erfolg des Geschäftsfeldes dar.

Geschäftsfeld AV-Medien (Film/TV, Auftragsproduktion)	Kostenträgerblatt Periode				
Kalkulation per Deckungsbeitragsrechnung		Gesamt	Kostenträger Jupiter Musik GmbH	Kostenträger Decaux GmbH	Kostenträger Krankenhaus Einrichtungshaus GmbH
Erwartete Umsatzerlöse		955 000,00	550 000,00	315 000,00	90 000,00
Einzelkosten (Ist)		790 009,89	458 498,03	249 011,86	82 500,00
Deckungsbeitrag I		164 990,11	91 501,97	65 988,14	7 500,00
Mark-Up/15 % Gemeinkosten	15,00 %	118 501,48			
Deckungsbeitrag II		46 488,63			
Mark-Up/11,5 % erwarteter Gewinn	11,50 %	90 851,13			

Deckungsbeitragsrechnung einer Werbefilmproduktion

Alle drei Projekte weisen einen positiven DB I aus. Demnach decken alle drei Projekte zumindest die auf sie entfallenden direkt zurechenbaren Kosten. Insgesamt wird ein DB I von 164 990,11 EUR erwirtschaftet. Nach Abzug des Gemeinkosten-Mark-Up (15 % der gesamten Einzelkosten) verbleibt ein DB II in Höhe von 46 488,63 EUR. Der DB II stellt den Erfolg dieses Geschäftsbereiches in dieser

Abrechnungsperiode dar. Erwartet wurde allerdings ein Gewinn-Mark-Up (11,5 % der gesamten Einzelkosten) von 90 851,13 EUR.

Wird der Auftrag der Krankenhaus Einrichtungshaus GmbH nicht produziert, so wird der Gesamt-DB I um 7 500,00 EUR niedriger ausfallen. Dies würde sich entsprechend auch auf den DB II auswirken. Da die gesamten Gemeinkosten bereits durch die beiden anderen Projekte vollständig abgedeckt werden, ist der DB I der Krankenhaus Einrichtungshaus GmbH in Höhe von 7 500,00 EUR Gewinn. Letztendlich fällt bei einer Ablehnung des dritten Projektes der Gewinn um den DB I dieses Projektes niedriger aus.

Die Differenz zwischen DB II und dem Gewinn-Mark-Up entsteht zum einen dadurch, dass im Rahmen der Preisverhandlungen mit der Jupiter Musik GmbH ein um 30 000,00 EUR niedrigerer Barverkaufspreis vereinbart wurde, als mittels Vollkostenkalkulation ermittelt wurde. Andererseits trägt das dritte Projekt seine Gemeinkosten- und Gewinnanteile nicht oder nicht vollständig.

Anhand dieses Beispiels lässt sich eine **Problematik der Vollkostenrechnung** erläutern:
Die Vollkostenrechnung geht davon aus, dass jedes Projekt/Produkt die prozentual zugerechneten Gemein- oder Fixkosten zu decken hat. Dies geschieht ohne Beachtung des Umstandes, dass eventuell durch bereits angenommene Aufträge die Gemein- oder Fixkosten gedeckt sein könnten. Ein weiterer Auftrag muss somit diese Kosten nicht mehr decken.

4.2.3 Deckungsbeitragsrechnung einer Musik-CD-Produktion

Das Geschäftsfeld AV-Medien will von einer deutschen Band für den deutschen Markt ein CD-Album herausbringen. Geplant wird eine Auflage von 75 000 Stück.
Die CD soll für einen HAP/PPD von 11,99 EUR/Stück an den Handel verkauft werden.
Vor Beginn der Arbeiten will Herr Contzen wissen, welches Ergebnis sein Geschäftsfeld aufgrund dieses Projektes erwarten kann.

Folgende Deckungsbeitragsrechnung wird als Planung der Musik-CD-Produktion erstellt:

		Plan
Stück (Brutto)		7 000
Retournierte Stücke	10 %	7 500
Stück (netto)		**67 500**
		EUR
HAP/PPD	11,99 EUR	899 250,00
Rabatte	27,09 %	243 607,00
Umsatz (brutto)		**655 643,00**
Wert der Retouren	65 564,00	
Umsatz (netto)	**100 %**	**590 079,00**
Skonto	1,8 %	10 621,00
Bonus	3,0 %	17 702,00
Netto-Verkäufe		**561 756,00**

		EUR
Wareneinsatz	15,6 %	168 750,00
Abschreibungen auf Lagerwert	0,9 %	5 109,00
Herstellkosten Copymaster und Cover		10 000,00
Lizenzaufwand Internationales Produkt		0,00
Lizenzaufwand Nationales Produkt	10,0 %	59 008,00
Gema	8,9 %	52 606,00
Kosten des Verkaufs		**295 473,00**
Deckungsbeitrag I		**266 283,00**
Nicht verrechenbare Lizenzvorauszahlungen		
Verrechenbare Lizenzvorauszahlungen		
Aufnahmekosten		35 000,00
Repertoirekosten		**35 000,00**
Deckungsbeitrag II		**231 283,00**
Werbekosten		50 000,00
Rückstellungen für uneinbringbare Forderungen	0,09 %	513,00
Variable Distributionskosten	2,9 %	17 372,00
Ausgaben I		**67 885,00**
Deckungsbeitrag III		**163 398,00**
Marketing-Fixkosten	2,6 %	15 342,00
Vertrieb-Fixkosten	8,7 %	51 337,00
Verwaltungs- und Gemeinkosten	7,8 %	46 026,00
Expenses		**112 705,00**
Gewinn		**50 693,00**

Mit der geplanten Brutto-Stückzahl von 75 000 verkauften Exemplaren kann das Geschäftsfeld AV-Medien sowohl die direkt zurechenbaren als auch die nicht direkt zurechenbaren Kosten decken und außerdem einen Gewinn in Höhe von 50 693,00 EUR realisieren.

Die Kosten sind weitestgehend abhängig von der verkauften Menge. Nur die Herstellkosten des Copymasters und Covers, die Aufnahmekosten und die Werbekosten sind von der verkauften und produzierten Menge unabhängig. Außerdem werden die Marketing-Fixkosten, die Vertrieb-Fixkosten und die Verwaltungs- und Gemeinkosten proportionalisiert.

Da es sich allerdings im Voraus schwer abschätzen lässt, wie viele Exemplare tatsächlich verkauft werden können, stellen Labels in der Regel eine Kalkulation mit verschiedenen erwarteten Verkaufszahlen auf. Für diesen Fall sieht die Schätzung folgende Szenarien vor:

4 | Teilkostenrechnung

		Plan	Szenarien		
Stück (Brutto)				50 000,00	100 000,00
Retournierte Stücke	10 %	7 500,00	2 000,00	5 000,00	10 000,00
Stück (netto)		67 500,00	18 000,00	45 000,00	90 000,00
		EUR	EUR	EUR	EUR
HAP/PPD	11,99 EUR	899 250,00	239 800,00	599 500,00	1 199 000,00
Rabatte	27,09 %	243 750,00	65 000,00	162 500,00	325 000,00
Umsatz (brutto)		655 500,00	174 800,00	437 000,00	874 000,00
Wert der Retouren		65 550,00	17 480,00	43 700,00	87 400,00
Umsatz (netto)	100 %	589 950,00	157 320,00	393 300,00	786 600,00
Skonto	1,8 %	10 619,00	2 832,00	7 079,00	14 159,00
Bonus	3,0 %	17 699,00	4 720,00	11 799,00	23 598,00
Netto-Verkäufe		561 632,00	149 768,00	374 422,00	748 843,00
Wareneinsatz	15,6 %	168 750,00	45 000,00	112 500,00	225 000,00
Abschreibungen auf Lagerwert	0,87 %	5 133,00	1 369,00	3 422,00	6 843,00
Herstellkosten Copymaster und Cover		10 000,00	10 000,00	10 000,00	10 000,00
Lizenzaufwand Internationales Produkt		0,00	0,00	0,00	0,00
Lizenzaufwand Nationales Produkt	10,0 %	58 995,00	15 732,00	39 330,00	78 660,00
Gema	8,92 %	52 624,00	14 033,00	35 082,00	70 165,00

Teilkostenrechnung | 4

Kosten des Verkaufs		295 502,00	86 134,00	124 200,00	390 668,00
Deckungsbeitrag I		266 130,00	63 634,00	100 453,00	358 175,00
Nicht verrechenbare Lizenzvorauszahlungen					
Verrechenbare Lizenzvorauszahlungen					
Aufnahmekosten		35 000,00	35 000,00	35 000,00	35 000,00
Repertoirekosten		35 000,00	35 000,00	35 000,00	35 000,00
Deckungsbeitrag II		231 130,00	28 634,00	65 453,00	323 175,00
Werbekosten		50 000,00	50 000,00	50 000,00	50 000,00
Rückstellungen f. uneinbringbare Forder.	0,087 %	513,00	137,00	205,00	684,00
Variable Distributionskosten	2,94 %	17 345,00	4 625,00	6 938,00	23 126,00
Ausgaben I		67 858,00	54 762,00	57 143,00	73 810,00
Deckungsbeitrag III		163 272,00	-26 128,00	8 310,00	249 365,00
Marketing-Fixkosten	2,60 %	15 339,00	4 090,00	6 135,00	20 452,00
Vertrieb-Fixkosten	8,70 %	51 326,00	13 687,00	20 530,00	68 434,00
Verwaltungs- und Gemeinkosten	7,80 %	46 016,00	12 271,00	18 406,00	61 355,00
Expenses		112 681,00	30 048,00	45 071,00	150 241,00
Gewinn		50 591,00	-56 176,00	-36 761,00	99 124,00

CD-Kalkulation mit Szenarien

Vergleiche hierzu Kapitel 4.4

Nach dieser Kalkulation sollten mindestens 50 000 Stück dieser CD verkauft werden, um Gewinn erzeugen zu können. Bei 20 000 und 30 000 verkauften Exemplaren wird ein Verlust erzielt. Ab welcher genauen verkauften Menge ein Gewinn realisiert werden kann, wird im Kapitel 4.4 mit der Gewinnschwelle ermittelt.

4.2.4 Deckungsbeitragsrechnung einer Werbeagentur

> Für einen Auftrag wird mit Fremdkosten in Höhe von 45 000,00 EUR und 150 Stunden zu jeweils 82,98 EUR gerechnet. Auf diesen Auftrag entfallen Gemeinkosten in Höhe von 146,95 % der Personalkosten. An den Kosten für die Neukundengewinnung müsste sich dieser Auftrag mit 750,00 EUR beteiligen. Der Kunde ist bereit, für diese Leistung 70 000,00 EUR zu bezahlen. Frau Hermann will wissen, ob sie diesen Auftrag annehmen kann.

Die Werbeagentur West GmbH geht nach folgendem Kalkulationsschema vor.

	Umsatzerlös	
–	Fremdkosten	⎫
–	direkte Personalkosten	⎬ Direktkosten
–	Reisekosten	⎭
=	**Deckungsbeitrag I**	
–	Overhead	
=	**Deckungsbeitrag II**	
–	Kosten der Neukundengewinnung	
=	**Erfolg**	

Teilkostenkalkulationsschema einer Werbeagentur

Erläuterungen zum Kalkulationsschema
Bei Projekten mit nicht ortsansässigen Auftraggebern entstehen Reisekosten, die dem jeweiligen Projekt direkt zugeordnet werden können.

Werbeagenturen haben eine sehr hohe Fluktuation im Kundenstamm. Aufgrund der zeitlich begrenzten Vergabe von Etats kann es vorkommen, dass innerhalb von drei Jahren der gesamte Kundenstamm ausgetauscht ist. Außerdem sind viele Kunden bemüht, durch steten Wechsel der Werbeagentur immer wieder neue Anregungen für ihre Werbemaßnahmen zu erhalten. Eine Werbeagentur muss sich deshalb stärker als Unternehmen vieler anderer Branchen stetig um Neukunden bemühen. Häufig geschieht dies durch Teilnahme am **Pitch** (= Wettbewerbspräsentation) eines Unternehmens. Die Kosten für diese Teilnahme sind meistens von den Agenturen selbst zu tragen. Durch die Verteilung der Kosten der Neukundengewinnung auf die realisierten Projekte wird die Finanzierung sichergestellt.

Nach Übernahme der Daten ergibt sich folgende Berechnung:

	Umsatzerlös		70 000,00 EUR
–	Fremdkosten	⎫	45 000,00 EUR
–	direkte Personalkosten	⎬ Direktkosten	12 447,00 EUR
–	Reisekosten	⎭	0,00 EUR
=	**Deckungsbeitrag I**		12 553,00 EUR
–	Overhead		18 290,87 EUR
=	**Deckungsbeitrag II**		– 5 737,87 EUR
–	Kosten der Neukundengewinnung		750,00 EUR
=	**Erfolg**		– 6 487,87 EUR

Frau Hermann erfährt aufgrund der vorstehenden Teilkostenrechnung, dass die Direktkosten durch den angebotenen Umsatzerlös vollständig gedeckt werden können. Außerdem wird ein Beitrag in Höhe von 12 553,00 EUR zur Deckung des Overhead geleistet. Aufgrund dieser Daten kann der Auftrag zu oben genannten Bedingungen angenommen werden. Allerdings ist zu beachten, dass der zugeordnete Overhead nicht vollständig und die zugeordneten Kosten der Neukundengewinnung gar nicht gedeckt werden können. Diese Kosten sind somit von anderen Projekten zusätzlich zu übernehmen.

Für Werbeagenturen ist die Neukundengewinnung eine kostenaufwendige und überlebensnotwendige Tätigkeit. Die Kosten hierfür werden deshalb getrennt von den sonstigen Overhead-Kosten in der DB-Rechnung berücksichtigt.

4.2.5 Deckungsbeitragsrechnung eines Zeitschriftenverlages

> Das Geschäftsfeld Zeitschriftenverlag will die eigene Position am Markt für Fernsehzeitschriften sichern. Um dem erwarteten neuen Produkt eines Konkurrenzverlages zu begegnen, soll eine weitere eigene Fernsehzeitschrift herausgegeben werden. Ziel dieser neuen Zeitschrift ist es, die wechselwilligen Leser auf das eigene neue Produkt zu lenken, damit das Konkurrenzprodukt nicht erfolgreich wird. Einzukalkulieren ist allerdings, dass Leser des bestehenden eigenen Produktes zum neuen Produkt wandern werden.
> Um die Kosten dieser Erweiterung des Portfolios abschätzen zu können, wird Frau Flasdiek mit ihrem Team „Kalkulation" beauftragt, eine Deckungsbeitragsrechnung durchzuführen.

Details der neuen Fernsehzeitschrift:

Rahmendaten und Details zu den Mengen	
Erscheinungsweise (tgl.)	14
Erscheinungsweise (Wochen im Jahr)	26
Anzahl der Seiten je Ausgabe (gesamt)	60
Anzahl der Anzeigenseiten je Ausgabe	20
Druckauflage	80 000
Verkaufte Auflage	
Vertriebssparten	Abo u. EV
Abonnement (Abo)	20 000
Einzelverkauf (EV)	60 000
Remissionsquote	30 %
EV-Auflage (nach Remission)	42 000
verkaufte Auflage gesamt	62 000

Finanzielle Daten	
Details der Leistungen	
Copy-Preis	2,50 EUR
USt. in %	7 %
Handelsspannen (Grosso + EV) in %	40 %
durchschnittlicher Anzeigenpreis (pro Seite)	4 000,00 EUR

Fortsetzung der Rechnung, siehe Seite 194 oben

Details der Kosten	
Anzeigenprovision	10 %
Redaktionshonorare (pro Seite)	80,00 EUR
Herstellungskosten	
umfangsabhängig (pro Seite)	850,00 EUR
auflagenabhängig (pro 1 000 Seiten)	10,00 EUR
Versandkosten (pro 1 000 Seiten)	0,50 EUR
Werbekosten p. a.	700 000,00 EUR
Redaktionskosten p. a.	1 100 000,00 EUR
übrige lfd. Kosten p. a.	150 000,00 EUR
Einmalkosten	
Marktforschung	250 000,00 EUR
Investitionen	180 000,00 EUR
Entfallende DB p. a.	150 000,00 EUR

Erläuterungen zur Aufstellung der Details der neuen Fernsehzeitschrift

Der **Copy-Preis** ist der Endverbraucherpreis am Kiosk und im Abonnement. Auf Zeitschriften wird ein Umsatzsteuersatz von 7 % erhoben. Die Fernsehzeitschrift wird im Abonnement (Abo) und über den Einzelverkauf (EV) vertrieben. Die Grossisten (Pressegroßhandel) und der Einzelverkauf erhalten für ihre Tätigkeit 40 % Handelsspanne vom Netto-Copy-Preis.

Die gesamte verkaufte Auflage weicht von der Druckauflage ab, weil von 30 % Remissionsquote (Rückgabe nicht verkaufter Exemplare) aus dem Einzelverkauf ausgegangen wird. Da ein Großteil der Anzeigen von Werbeagenturen vermittelt wird, ist im Schnitt eine Anzeigenprovision von 10 % des Anzeigenerlöses an die Werbeagenturen auszuzahlen.

Da diese Fernsehzeitschrift zum Teil ein eigenes Produkt am Markt verdrängen wird, wird bei dem bestehenden Produkt ein geringerer DB zu erwarten sein. Dieser DB-Rückgang ist vom neuen/verdrängenden Produkt aufzufangen und somit als „entfallende DB" in die DB-Rechnung einzubeziehen.

Aufgrund der dargestellten Details kann das Team „Kalkulation" folgende DB-Rechnung für das erste Kalenderjahr erstellen:

Vertriebserlöse	2 286 542 EUR
+ Anzeigenerlöse	2 080 000 EUR
= Erlöse gesamt	**4 366 542 EUR**
– *Herstellungskosten*:	
umfangsabhängig	1 326 000 EUR
auflagenabhängig	1 248 000 EUR
	2 574 000 EUR
= Deckungsbeitrag I	1 792 542 EUR
– Anzeigenprovision	208 000 EUR
– Honorare	83 200 EUR
– Versandkosten	62 400 EUR
– Werbung	700 000 EUR

Fortsetzung siehe Seite 195

▶

= Deckungsbeitrag II	738 942 EUR
– Redaktion	1 100 000 EUR
– übrige Kosten	150 000 EUR
= Deckungsbeitrag III	– 511 058 EUR
– Entfallende DB	150 000 EUR
= Ergebnis	– 661 058 EUR

Deckungsbeitragsrechnung einer Fernsehzeitschrift

Auswertung der DB-Rechnung
Die Deckungsbeiträge I und II sind positiv. Es wird sogar ein großer Teil der Redaktionskosten und der übrigen Kosten gedeckt. Die entfallenden DB der bereits platzierten Fernsehzeitschrift können (noch) nicht aufgefangen werden. Im ersten Jahr wird diese neue Fernsehzeitschrift einen Verlust von 661 058,00 EUR erwirtschaften. Bei der Bewertung dieses Ergebnisses ist allerdings zu berücksichtigen, dass diese Fernsehzeitschrift veröffentlicht wird, um die aufkommende Konkurrenz zu verdrängen. Sofern dieses Hauptziel erreicht wird, ist auch ein Verlust vertretbar.

4.2.6 Deckungsbeitragsrechnung eines Buchverlages

Der Buchverlag Bell Medi@ GmbH will ein neues Fachbuch für Geologen auf den Markt bringen. Der für das Verlagsprogramm verantwortliche Leiter Herr Dr. Carl Zispher erwartet vor der Markteinführung eines Objektes von den verantwortlichen Projektmanagern neben der Vollkostenrechnung eine konkrete Teilkostenrechnung. In dieser ist der Verlauf der Kosten und Erlöse für die geplante Verkaufsdauer darzustellen. Natürlich genehmigt Herr Zispher nur dann die Markteinführung, wenn ein positiver Deckungsbeitrag III erzielbar ist.
Die verantwortliche Projektmanagerin Frau Cathrin Zweig stellt für das neue Fachbuch die zu erwartenden realistischen Kosten und Erlöse zusammen und übernimmt diese in das Kalkulationsschema.

Vergleiche hierzu Kapitel 3.3.5

Bei der Deckungsbeitragsrechnung eines Buchverlages ist zu berücksichtigen, dass hier nicht einmalig ein fertiges Produkt abgeliefert wird, sondern das Produkt über einen vorher festgelegten Zeitraum am Markt angeboten und verkauft wird. Somit ist die Deckungsbeitragsrechnung über diesen festgelegten Zeitraum zu erstellen. Eine weitere Besonderheit ist die Buchpreisbindung. Damit legt der Buchverlag den Endverkaufspreis im deutschsprachigen Raum für zumindest 18 Monate fest. Der Buchverlag muss zur Berechnung seines Nettoumsatzes vom Verkaufspreis 7 % Umsatzsteuer und den Buchhändlerrabatt abziehen.
Zu den Kosten des Buchverlages zählen die:
- **Einzelkosten**
    - Kosten der Herstellung (Lektorat, Layout, Druck, Bindung und ggf. Konfektionierung)
    - Honorare an die Autoren und ggf. Herausgeber
    - Kosten für den Vertrieb und das Marketing

- **Gemeinkosten I**
  - Kosten für das Personal des Buchverlages, das unter anderem auch an der Erstellung dieses Buches beteiligt ist (z. B. Projektmanager, Autorenbetreuung), die aber nicht direkt zugerechnet werden
  - Weitere Kosten wie z. B. Autorentreffen, die nicht nur für die Erstellung des einen Buches durchgeführt werden
- **Herstellgemeinkosten**
  - Abschreibungen auf die Maschinen und andere Gemeinkosten im Rahmen der Herstellung

---

Im vorliegenden Fall werden folgende Daten zusammengestellt:

Rahmendaten der Erlöse
Es kann erwartet werden, dass dieses Fachbuch für Geologen in den folgenden vier Jahren insgesamt 6000-mal verkauft werden kann. Der Bruttoverkaufspreis soll bei 28,00 EUR liegen. Von diesem Bruttoverkaufspreis sind 7 % Umsatzsteuer und der Buchhändlerrabatt von 25 % abzuziehen.

Rahmendaten der direkten Kosten
Frau Zweig geht von einem gleichmäßigen Abverkauf über die vier Jahre aus.
Die Herstellung der 6000 Bücher wird 35 779,82 EUR kosten. Die Autoren erhalten vereinbarungsgemäß 6,50 % vom Bruttoverkaufspreis. Für den Vertrieb werden erfahrungsgemäß jährlich 1 625,00 EUR aufgewendet. Das Marketing wird ungleichmäßig über die geplante Verkaufsdauer eingesetzt. Frau Zweig plant in den ersten beiden Jahren mit jeweils 1 500,00 EUR, im dritten Jahr reduziert sie auf 1 000,00 EUR und im vierten Jahr verzichtet sie auf Marketingmaßnahmen.

Rahmendaten der Gemeinkosten I
Im ersten Jahr wird der Personaleinsatz aufgrund des intensiveren Kontaktes und des notwendigen Lektorates höher als in den folgenden Jahren sein. Frau Zweig kalkuliert mit 8 000,00 EUR im ersten und jeweils 3 500,00 EUR in den folgenden drei Jahren. Außerdem werden sonstige Ausgaben für z. B. Autorentreffen anfallen. Diese Ausgaben werden im ersten Jahr bei 800,00 EUR und in den folgenden Jahren bei jeweils 200,00 EUR liegen.

Gemeinkosten II
Der Herstellung werden Gemeinkosten zugeschlagen. Diese betragen 9 % der Herstellausgaben. Die gesamten Herstellungskosten 39 000,00 EUR setzen sich zusammen aus den direkten Herstellkosten 35 779,82 und den Herstellgemeinkosten 3 220,18 EUR.

Nach Übernahme der Daten in das Kalkulationsschema entsteht folgende Tabelle:

Teilkostenrechnung						
Bestell-Nr:	152		Titel:		Der Geologe	
produzierte Auflage:	6 000		Marktsegment:		Fachbücher	
geplanter Jährlicher Abverkauf:	1 500		Preis:		28,00 EUR	
	2008 in EUR	2009 in EUR	2010 in EUR	2011 in EUR	Summe in EUR	%
Umsatz (Bruttoverkaufspreis)	42 000,00	42 000,00	42 000,00	42 000,00	168 000,00	100,00 %
− USt. (7 %)	2 747,66	2 747,66	2 747,66	2 747,66	10 990,64	6,54 %
− Rabatt (25 % vom Brutto-VP)	10 500,00	10 500,00	10 500,00	10 500,00	42 000,00	25,00 %
Nettoumsatz	**28 752,34**	**28 752,34**	**28 752,34**	**28 752,34**	**115 009,36**	**68,46 %**

Herstellausgaben	35 779,82	0,00	0,00	0,00	35 779,82	21,30 %
Honorarausgaben (6,5 % vom Brutto-VP)	2 730,00	2 730,00	2 730,00	2 730,00	10 920,00	6,50 %
Vertriebskosten	1 625,00	1 625,00	1 625,00	1 625,00	6 500,00	3,87 %
Marketingkosten	1 500,00	1 500,00	1 000,00	0,00	4 000,00	2,38 %
Einzelkosten	**41 634,82**	**5 855,00**	**5 355,00**	**4 355,00**	**57 199,82**	**34,05 %**
DB I	−12 882,48	22 897,34	23 397,34	24 397,34	57 809,54	34,41 %
Personalkosten	8 000,00	3 500,00	3 500,00	3 500,00	18 500,00	11,01 %
Sonstige Ausgaben	800,00	200,00	200,00	200,00	1 400,00	0,83 %
Gemeinkosten I	**8 800,00**	**3 700,00**	**3 700,00**	**3 700,00**	**19 900,00**	**11,85 %**
DB II	−21 682,48	19 197,34	19 697,34	20 697,34	37 909,54	22,57 %
Herstellgemeinkosten (9 %)	3 220,18	0,00	0,00	0,00	3 220,18	1,92 %
DB III	−24 902,66	19 197,34	19 697,34	20 697,34	34 689,36	20,65 %

Aus der Teilkostenrechnung lässt sich ablesen, dass dieses Buch über die vier Jahre einen DB III in Höhe von 34 689,36 EUR einbringen wird. Der Gewinn aus diesem Projekt entspricht dem DB III und beträgt 20,65 % des Bruttoverkaufspreises. Auf den ersten Blick erscheint dieser Prozentsatz als sehr hoch. Allerdings ist zu berücksichtigen, dass viele Bücher ihre Erwartungen nicht erfüllen und mit einem Verlust verramscht werden müssen. Außerdem sind von diesem Projekt-DB III auch noch die Gemeinkosten des Verlages mitzufinanzieren.

Der Nettoumsatz von 68,46 % kann gegebenenfalls auch niedriger ausfallen, da der Buchhändlerrabatt zwischen 20 % und 40 % liegen kann.

> Herr Zispher gibt diesem Projekt die Zustimmung zur Markteinführung, da der DB III positiv ist und genügend Puffer für den Fall enthält, dass sich das Buch doch nicht so gut verkaufen lassen sollte. Bereits nach zwei Jahren und dem Verkauf von 3 000 Büchern sind die fixen Kosten (die Kosten der Herstellung inklusive der Herstellgemeinkosten) gedeckt.

Standard-Deckungsbeitrags-Rechnungsschemata der verschiedenen Branchen:

	Hörbuch	Werbefilm-produktion	CD-Produktion	Werbe-agentur	Zeitschriften-verlag	Buchverlag
	Erwarteter HAP /Umsatz	Erwarteter Umsatzerlös	Erwartete Netto-Verkäufe	Erwarteter Umsatzerlös	Erwartete Vertriebs- und Anzeigenerlöse	Nettoumsatz
−	Projektvariable Kosten	Einzelkosten	Kosten des Verkaufs	Direktkosten	Herstellungs-kosten	Einzelkosten
=	DB I	DB I	DB I	DB I	DB I	DB I
−	Projektfixe Kosten	Gemeinkosten	Repertoire-kosten	Overhead	Provisionen, Honorare, Wer-bung, Versand	Personalkosten, sonstige Ausgaben
=	DB II = Projektgewinn	DB II = Gewinn	DB II	DB II	DB II	DB II
−			Ausgaben I	Kosten der Neukunden-gewinnung	Redaktion und übrige Kosten	Herstell-gemeinkosten
=			DB III	DB III = Gewinn	DB III	DB III = Projektgewinn
−			Expenses		Entfallende DB	
=			DB IV = Gewinn		DB IV = Gewinn	

Gegebenenfalls können auch noch weitere Deckungsbeitragsstufen eingeführt werden. Der Umfang ist abhängig von den jeweiligen betrieblichen Gegebenheiten.
Für die DB-Rechnung von Projekten eignet sich am besten die Unterteilung der Kosten in Einzel- und Gemeinkosten. Eine Aufteilung in variable und fixe Kosten (analog der industriellen Fertigung) eignet sich nicht.
Bei der Entscheidung für die Auftragsannahme bzw. Produktionsaufnahme ist entscheidend, dass zumindest der DB I positiv ist. Damit sind sämtliche direkt zurechenbaren Kosten gedeckt und es wird ein Beitrag zur Deckung der weiteren Kosten geleistet.
Wenn die gesamten Gemeinkosten bereits durch andere Projekte gedeckt sind, stellt der Deckungsbeitrag I jedes weiteren Projektes eine Erhöhung des Gewinns dar.

1. Warum werden bei der Deckungsbeitragsrechnung einer Projektfertigung die Einzel- und Gemeinkosten nicht in variable und fixe Kosten unterteilt?
2. Welche Kosten müssen langfristig gedeckt sein?
3. Welche Kosten müssen (kurzfristig) mindestens gedeckt sein?
4. Warum spricht man bei der Teilkostenrechnung auch von „Deckungsbeitragsrechnung"?

Werbeagentur
5. Erstellen Sie anhand folgender Daten eine Deckungsbeitragsrechnung für die Werbeagentur West GmbH:
   - Fremdkosten   60 500,00 EUR
   - direkte Personalkosten   210 Std. zu 76,50 EUR je Stunde
   - Reisekosten   3 500,00 EUR
   - Gemeinkostenzuschlagssatz   125 %
   - Anteilige Kosten der Neukundengewinnung   1 500,00 EUR
   - Mit dem Kunden sind 105 000,00 EUR als Preis vereinbart.

Werbefilmproduktion

6 Das Geschäftsfeld AV-Medien (Film/TV, Auftragsproduktion) soll für die Werbeagentur West GmbH und für die Decaux GmbH jeweils einen Werbefilm produzieren.

Von folgenden Daten kann für die Deckungsbeitragsrechnung ausgegangen werden:

Auftraggeber	Produktionskosten in EUR	Personalkosten in EUR	Erwarteter Umsatzerlös in EUR
West GmbH	248 000,00	172 000,00	480 000,00
Decaux GmbH	123 000,00	85 000,00	225 000,00

Erstellen Sie die Deckungsbeitragsrechnung für beide Projekte und als Summe für das Unternehmen gesamt. Verwenden Sie dafür die Standard-Mark-Up-Sätze. Weisen Sie die Gemeinkosten, die Gesamtkosten und den erwarteten Gewinn aus.

Zeitschriftenverlag

7 Das Geschäftsfeld Zeitschriftenverlag will eine Zeitschrift in einem Segment herausbringen, in dem dieser Verlag bislang nicht vertreten ist.
   a) Erstellen Sie mithilfe folgender Daten eine Deckungsbeitragsrechnung.
   b) Entscheiden Sie, ob die Zeitschrift herausgegeben werden sollte.

Rahmendaten und Details zu den Mengen	
Erscheinungsweise (tgl.)	7
Erscheinungsweise (Wochen im Jahr)	52
Anzahl der Seiten je Ausgabe (gesamt)	60
Anzahl der Anzeigenseiten je Ausgabe	30
Druckauflage	70 000
Verkaufte Auflage	
Vertriebssparten	Abo u. EV
Abonnement	10 000
Einzelverkauf	60 000
Remissionsquote	30 %
EV-Auflage (nach Remission)	42 000
verkaufte Auflage gesamt	52 000
Finanzielle Daten	
Details der Leistungen	
Copy-Preis	1,50 EUR
USt. in %	7 %
Handelsspannen (Grosso + EV) in %	40 %
durchschnittlicher Anzeigenpreis (pro Seite)	2 500,00 EUR
Details der Kosten	
Anzeigenprovision	10 %
Redaktionshonorare (pro Seite)	80,00 EUR

Fortsetzung der Tabelle, siehe Seite 200 oben

▶

4 | Teilkostenrechnung

Herstellungskosten	
umfangsabhängig (pro Seite)	550,00 EUR
auflagenabhängig (pro 1 000 Seiten)	10,00 EUR
Versandkosten (pro 1 000 Seiten)	0,50 EUR
Werbekosten p. a.	500 000,00 EUR
Redaktionskosten p. a.	900 000,00 EUR
übrige lfd. Kosten p. a.	100 000,00 EUR
Einmalkosten	
Marktforschung	200 000,00 EUR
Investitionen	170 000,00 EUR
entfallende DB p. a.	0,00 EUR

Buchverlag

8   Erstellen Sie mithilfe des unten stehenden Kalkulationsschemas die Teilkostenrechnung für ein Buch mit folgenden Rahmendaten:
- Erlöse
  - Die Verkaufsdauer soll zwei Jahre betragen.
  - Jährlich sollen 1 000 Bücher zum Bruttoverkaufspreis von 25,00 EUR verkauft werden.
  - Der Buchhandel erhält 30 % Rabatt vom Bruttoverkaufspreis.
  - Die Umsatzsteuer beträgt 7 %.
- Direkte Kosten
  - Die direkten Kosten der Herstellung belaufen sich auf 8 715,60 EUR.
  - Mit den Autoren wurde ein Honorar von 5 % vom Bruttoverkaufspreis vereinbart.
  - Die Vertriebskosten werden jährlich 1 100,00 EUR betragen.
  - Die Marketingkosten werden im ersten Jahr mit 1 500,00 EUR und im zweiten Jahr mit 500,00 EUR veranschlagt.
- Gemeinkosten I
  - Die Personalkosten werden auf das erste Jahr mit 3 000,00 EUR und das zweite Jahr mit 1 000,00 EUR verteilt.
  - Außerdem werden sonstige Ausgaben im ersten Jahr mit 750,00 EUR und im zweiten Jahr mit 250,00 EUR kalkuliert.
- Gemeinkosten II
  - Der Herstellung werden Gemeinkosten zugeschlagen. Diese betragen 9 % der Herstellausgaben.

Teilkostenrechnung				
Bestell-Nr:	153	Titel:		
produzierte Auflage:	2 000	Marktsegment:		Fachbücher
geplanter jährlicher Abverkauf:	1 000	Preis:		25,00 EUR
	2009 in EUR	**2010** in EUR	**Summe** in EUR	**%**
Umsatz (Bruttoverkaufspreis)				
– USt. (7 %)				
– Rabatt (30 % vom Brutto-VP)				

Nettoumsatz			
Herstellausgaben			
Honorarausgaben (5 % vom Brutto-VP)			
Vertriebskosten			
Marketingkosten			
Einzelkosten			
DB I			
Personalkosten			
Sonstige Ausgaben			
Gemeinkosten I			
DB II			
Herstellgemeinkosten (9 %)			
DB III			

4.3 Ermittlung der Preisuntergrenzen

Für einen Auftrag der Werbeagentur West GmbH werden voraussichtlich folgende Kosten anfallen:
- Fremdkosten in Höhe von 45 000,00 EUR
- 150 Stunden Arbeitszeit zu jeweils 82,98 EUR
- Gemeinkosten in Höhe von 146,95 % der Personalkosten
- Anteilige Kosten für die Neukundengewinnung: 750,00 EUR

Frau Hermann möchte wissen, bis zu welchem Betrag sie im Rahmen der Preisverhandlung maximal nachgeben sollte.

Vergleiche hierzu Kapitel 4.2.4

Um erfolgreich Preisverhandlungen führen zu können, müssen die Verkäufer die langfristigen (relativen) und kurzfristigen (absoluten) **Preisuntergrenzen** kennen.

Folgende Preisuntergrenzen (**PUG**) sind relevant:

	Kurzfristige oder absolute PUG	Langfristige oder relative PUG
Maßstab	Deckungsbeitrag I = 0	Gewinn = 0

Sollte ein Kunde unbedingt unter die absolute/kurzfristige Preisuntergrenze gehen wollen, so ist das Geschäft abzulehnen.

Wenn ein Unternehmen langfristig keinen Gewinn erwirtschaftet (langfristige PUG), so ist dies sicherlich für die Eigentümer von Nachteil. Das Unternehmen kann jedoch sämtliche anfallenden Kosten decken und damit langfristig bestehen. Dieser Preis (Gewinn = 0) sollte in der Regel mindestens erzielt werden. Falls ein Kunde unter diese langfristige PUG gehen will, so darf der Preis maximal soweit gesenkt werden, dass die dem Projekt direkt zurechenbaren Kosten gerade noch gedeckt werden (DB I = 0).

Frau Hermann kann somit in diesem Fall auf einen Mindestpreis von 57 447,00 EUR heruntergehen.

Fremdkosten	45 000,00 EUR	
Direkte Personalkosten	12 447,00 EUR	**Direktkosten**
Reisekosten	0,00 EUR	
	57 447,00 EUR	

Kurzfristige Preisuntergrenze für den Auftrag einer Werbeagentur

Um jedoch ihre Agentur langfristig im Bestand zu sichern, müsste Frau Hermann für diesen Auftrag mindestens 124 315,50 EUR verlangen.

Fremdkosten	45 000,00 EUR	
Direkte Personalkosten	12 447,00 EUR	**Direktkosten**
Reisekosten	0,00 EUR	
Overhead	66 127,50 EUR	
Kosten der Neukundengewinnung	750,00 EUR	
	124 315,50 EUR	

Wenn der Kunde z. B. nur bereit ist, 70 000,00 EUR für diesen Auftrag zu bezahlen, kann der Auftrag mit einem Ausnahmepreis angenommen werden.

Unter die langfristige PUG sollte nur in Ausnahmefällen gegangen werden. Solche Fälle können Marketinganlässe sein wie die Neukundengewinnung und das Halten von wechselwilligen Kunden.

1   Für eine Werbefilmproduktion fallen Produktionskosten in Höhe von 156 000,00 EUR, Personalkosten von 57 500,00 EUR und Gemeinkosten von 32 025,00 EUR an.
In der folgenden Tabelle sind verschiedene Ergebnisse von Preisverhandlungen aufgeführt.
 a) Ermitteln Sie aus dem Blickwinkel der Teilkostenrechnung den jeweiligen DB I.
 b) Ermitteln Sie aus dem Blickwinkel der Vollkostenrechnung den jeweiligen Erfolg.

Preise	1a) Teilkostenrechnung (DB I)	1b) Vollkostenrechnung (Erfolg)
210 000,00 EUR		
215 000,00 EUR		
230 000,00 EUR		
250 000,00 EUR		

 c) Berechnen Sie aufgrund der genannten Kostensituation die langfristige und die kurzfristige Preisuntergrenze.

Teilkostenrechnung | 4

4.4 Gewinnschwellenanalyse

4.4.1 Gewinnschwellenmenge bei gegebenem Preis

Ein Versandhaus für Trendmöbel stellt bei der Offset GmbH über die West GmbH eine Anfrage über den Druck von Katalogen. Die Menge soll zwischen 18 000 und 22 000 Stück betragen. Die Weiterverarbeitung soll an die Buch- und Offset Druckverarbeitung GmbH vergeben werden.

Der Auftraggeber bietet Herrn Kuhnert für den Druck zunächst einen Stückpreis von 750,00 EUR je 1 000 Stück an. Die Druckmaschine hat eine freie Kapazität von 16,5 Tagen.

Um zu ermitteln, bei welcher nachgefragten Menge der Preis von 750,00 EUR kostendeckend ist, muss Frau Kretschmann für den Auftrag die sogenannte **Gewinnschwelle** berechnen.

Die Gewinnschwelle ist die Menge, bei der bei einem gegebenen Preis Kosten und Umsatzerlös gleich sind.

Folgende Kosten sind gegeben:

Fixkosten (16,5 Tage)	8 711,88 EUR
Variable Stückkosten	350,68 EUR/Stück

Grafisch stellt sich dieser Sachverhalt folgendermaßen dar:

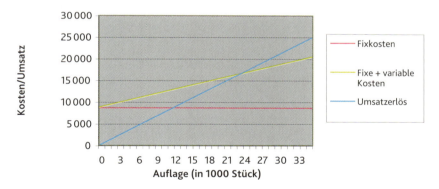

Die **Fixkostengerade** bildet den Kostengrundsockel für den Auftrag. Die Umsatzerlösgerade steigt linear mit der Auflagenhöhe an. Ist der Stückpreis höher als die variablen Stückkosten, ist auch die Steigung dieses Graphen höher als die des Graphen, der die Summe aus fixen und variablen Kosten (= Gesamtkosten) darstellt. Somit kommt es ab einer bestimmten Auflagenhöhe zur sogenannten **Gewinnschwelle**. (Man findet in der Literatur hierfür auch häufig den englischen Begriff „break-even-point".) Diese wird durch den Punkt dargestellt, an dem die Umsatzerlösgerade die Gesamtkostengerade schneidet. An dieser Stelle sind die Kosten und Erlöse gleich. Ab dieser Gewinnschwelle entsteht ein positives Betriebsergebnis.

Das Betriebsergebnis (BE) errechnet sich zunächst wie folgt:

> **BE** = **Umsatz − Kosten**
> = **Umsatz − (Fixkosten + variable Kosten)**
> = **Auflagenhöhe x Stückpreis − (Fixkosten + variable Stückkosten x Auflagenhöhe)**

Um nun die Gewinnschwelle zu berechnen, stellt sich die Frage, *bei welcher Auflagenhöhe* (in Tsd. Stück) Umsatz und Kosten gleich sind (s. o.). Es muss also die Auflagenhöhe berechnet werden, bei der das Ergebnis des Auftrags = 0 ist. Somit ist eine Gleichung aufzustellen, bei der die Auflagenhöhe (x) die unbekannte Größe und der Gewinn = 0 ist.

Gewinnschwelle des Auftrags (in 1 000 Stück):

$0 = $ Stückpreis $\cdot$ x $-$ (Fixkosten $+$ variable Stückkosten $\cdot$ x)

$=$ Fixkosten $+$ variable Stückkosten $\cdot$ x $=$ Stückpreis $\cdot$ x

$= 8\,711{,}88 + 350{,}60 \cdot x = 750{,}00 \cdot x \mid - 350{,}60 \cdot x$

$= \mathbf{8\,711{,}88 = 399{,}40 \cdot x} \mid : 399{,}40$

$= 21{,}8124 = x$

Die Gewinnschwelle liegt bei einer Auflagenhöhe von 21 813 Stück.

Vergleiche hierzu Kapitel 4.1.1.2

Betrachtet man die vierte (fett gedruckte) Zeile der Gleichung etwas genauer, so erkennt man, dass nach der Subtraktion der variablen Stückkosten (350,60 EUR) vom Preis pro Stück (750,00 EUR) der Stück-Deckungsbeitrag des Auftrags in Höhe von 399,40 EUR/1 000 Stück entsteht. Auf der rechten Seite der Gleichung stehen die Fixkosten. Um die Lösung der Gleichung – also die Gewinnschwelle – zu berechnen, kann man demnach direkt die Fixkosten durch den Deckungsbeitrag dividieren.
Man gelangt somit zum gleichen Ergebnis, wenn man die Berechnung durchführt, die von der dritten zur vierten Zeile der obigen Gleichung auszuführen ist:

$$\text{Gewinnschwelle} = \frac{\text{Fixkosten}}{\text{Stück-Deckungsbeitrag}}$$

$$= \frac{8\,711{,}88 \text{ EUR}}{399{,}40 \text{ EUR/Stück}}$$

$$= 21{,}8124 \text{ Stück}$$

Da der Deckungsbeitrag positiv und eine Auftragsannahme somit grundsätzlich vorteilhaft ist, stellt sich bei der Gewinnschwellenermittlung die Frage, bei welcher Stückzahl die Summe aller Stück-Deckungsbeiträge die Fixkosten abdeckt. Die Frage ist also die, wie viele Stück-Deckungsbeiträge erzeugt werden müssen, damit die Fixkosten gedeckt sind.
Grafisch stellt sich dieser Sachverhalt folgendermaßen dar:

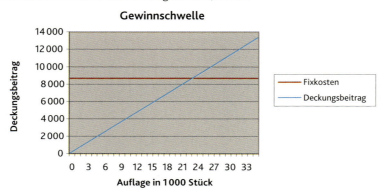

Man erkennt, dass ab einer bestimmten Menge die Summe der Stück-Deckungsbeiträge die Fixkosten schneidet. Dieser Schnittpunkt stellt ebenfalls die Gewinnschwelle dar (vgl. Abb. auf S. 200).
Da erst ab einer Auflagenhöhe von 21 813 Stück Gewinn entstehen würde, müssten die Auflage oder der Preis pro 1 000 Stück erhöht werden. Im ersten Fall würde sich die *Anzahl* und im zweiten Fall die *Höhe der Deckungsbeiträge* ändern.

4.4.2 Gewinnschwelle bei Preisänderung

Das Möbelversandhaus konkretisiert seine Anfrage und bestellt eine Auflage von 18 000 Stück. Da bei einem Preis von 750,00 EUR/1 000 Stück erst bei einer Auflagenhöhe von 21 813 Stück eine Kostendeckung erreicht ist, ist der Kunde nach einigen Nachverhandlungen mit Herrn Kuhnert und der West GmbH bereit, einen kostendeckenden Preis für den Auftrag zu zahlen.
Frau Kretschmann muss somit berechnen, bei welchem Preis ausgehend von der gegebenen Menge die Gewinnschwelle erreicht wird.

Vergleiche hierzu Kapitel 4.2.1

Der Deckungsbeitrag muss erhöht werden, damit die Fixkostengerade früher von der Geraden, die den Deckungsbeitrag darstellt, geschnitten wird.
Die unbekannte Größe in der Gleichung ist nunmehr nicht die Menge, sondern der Preis. Die Gewinnschwellenmenge ist mit 18 000 Stück gegeben. Bei dieser Menge soll mit dem gesuchten Preis kostendeckend produziert werden.

Gewinnschwellenpreis des Auftrags (in 1 000 Stück und EUR):

$$\text{Angefragte Menge (in 1 000 Stück)} = \frac{\text{Fixkosten}}{\text{Stück-Deckungsbeitrag}}$$

$$\Leftrightarrow 18 = \frac{8\,711{,}88}{x - 350{,}60}$$

$$\Leftrightarrow 18 \cdot (x - 350{,}60) = 8\,711{,}88$$

$$\Leftrightarrow 18 \cdot x - 18 \cdot 350{,}60 = 8\,711{,}88$$

$$\Leftrightarrow 18 \cdot x - 6\,310{,}80 = 8\,711{,}88 \mid + 6\,310{,}80$$

$$\Leftrightarrow 18 \cdot x = 15\,022{,}68 \mid : 18$$

$$\Leftrightarrow x = 834{,}59 \text{ EUR/Stück}$$

Der Preis pro 1 000 Stück, der bei einer Auflagenhöhe von 18 000 Stück (voll-) kostendeckend ist, beträgt somit 834,59 EUR/1 000 Stück.

Auftragsergebnis = Umsatz – Kosten
= Umsatz – (Fixkosten + variable Kosten)
= Stückpreis x Menge – (Fixkosten + variable Stückkosten x Auflagenhöhe)

Gewinnschwelle = $\dfrac{\text{Fixkosten}}{\text{Stück-Deckungsbeitrag}}$

Die Gewinnschwelle ändert sich entweder bei Preis- oder bei Kostenänderungen:

Preiserhöhung → Gewinnschwelle sinkt

Kostensenkung → Gewinnschwelle sinkt

Preissenkung → Gewinnschwelle steigt

Kostenerhöhung → Gewinnschwelle steigt

Die Gewinnschwellenmenge *ist die Menge, bei der Umsatz und Kosten gleich sind.*

Der **Gewinnschwellenpreis** *ist der Preis, bei dem bei gegebener Menge der Umsatz und die Kosten gleich sind.*

1. Ein Betrieb, der Papier herstellt, hat fixe Kosten pro Monat von 1 573 000,00 EUR. Die variablen Stückkosten belaufen sich auf 526,00 EUR pro Tonne Papier. Der Absatzpreis pro Tonne beträgt 4 424,00 EUR.
   a) Ab welcher monatlich produzierten und abgesetzten Menge erzielt der Betrieb eine positives Monatsergebnis?
   b) Berechnen Sie die Stückkosten je Tonne bei einer monatlich produzierten Menge von 600 t.
   c) Ermitteln Sie das Monatsergebnis bei einem Preis von 4 692,73 EUR und der in a) ermittelten Gewinnschwellenmenge.
2. Ein Betrieb der Druckplatten-Rohlinge herstellt, muss die Fertigung modernisieren. Die Kostenstruktur der neuen Fertigungsanlage stellt sich wie folgt dar:

Kostenart	
Kalkulatorische Abschreibung	200 000,00 EUR
Kalkulatorische Zinsen	50 000,00 EUR
Kalkulatorische Miete	10 000,00 EUR
Löhne/Gehälter	15 000,00 EUR
Heizung	600,00 EUR
fertigungsabhängige Energie/m²	0,05 EUR
Fixe Energie (Stand-by, Beleuchtung)	400,00 EUR
Wartung, Instandhaltung	4 000,00 EUR
Fertigungsmaterial/m²	0,45 EUR

   a) Ermitteln Sie die Gewinnschwellenmenge bei einem durchschnittlichen Quadratmeterpreis von 10,00 EUR.
   b) Aufgrund der bestehenden Rezession ist mit einem Nachfragerückgang zu rechnen. Ermitteln Sie die Gewinnschwelle bei einem zu erwartenden Preisrückgang auf 9,00 EUR.
3. Der zu erwartende Preisrückgang bei Druckplatten-Rohlingen zwingt den in Übung 2 genannten Betrieb dazu, ein Alternativangebot einzuholen. Die Druckplatten sollen demnach mit geringeren Fixkosten bei allerdings höheren variablen Stückkosten gefertigt werden.

Kostenart	
Kalkulatorische Abschreibung	150 000,00 EUR
Kalkulatorische Zinsen	30 000,00 EUR
Kalkulatorische Miete	10 000,00 EUR
Löhne/Gehälter	15 000,00 EUR
Heizung	600,00 EUR
Fixe Energie (Stand-by, Beleuchtung)	400,00 EUR
Wartung, Instandhaltung	4 000,00 EUR
Summe Fixkosten	210 000,00 EUR
Fertigungsmaterial/m²	0,50 EUR
fertigungsabhängige Energie/m²	0,15 EUR

a) Bis zu welcher Produktionsmenge ist die Anschaffung der zweiten Fertigungseinheit vorteilhaft?
b) Ermitteln Sie den Gewinn bei einer abgesetzten Menge von 35 000 m² und einem Quadratmeterpreis von 9,00 EUR.

4 Eine Druckerei erhält einen Auftrag über den Druck eines Werbeprospekts. Die Menge steht allerdings bei einer Spanne von 10000-20000 Stück noch nicht fest und soll nach Eingang der Bestellungen aller Niederlassungen des Auftraggebers festgelegt werden. Die Druckerei muss jedoch zuvor schon entscheiden, ob sie den Auftrag annimmt.

Fixkosten	2 481,85 EUR
variable Stückkosten/1 000 Stück:	571,36 EUR

Verhandlungsbasis des Auftraggebers: 700,00 EUR/1 000 Stück
a) Entscheiden Sie über die Annahme des Auftrags nach der Maßgabe, dass mindestens alle Kosten gedeckt sind.
b) Berechnen Sie den Gewinn bei dem gegebenen Preis von 700,00 EUR und einer Menge von 15 000 Stück.
c) Bei welchem Preis sind bei einer Menge von 15 000 Stück alle Kosten gedeckt?

5 Ein Hersteller von Druckfarben hat pro Quartal Fixkosten von 250 000,00 EUR und variable Stückkosten für bunte Farben (CMY) von 2,50 EUR/kg. Der Stückpreis pro 1 kg Farbe (CMY) beträgt 16,45 EUR.
a) Berechnen Sie die produzierte und abgesetzte Menge, die notwendig ist, um ein Betriebsergebnis von 100 000,00 EUR zu erzielen.
b) Mit einer Werbekampagne soll der Absatz erhöht werden. Die Kosten hierfür betragen 30 000,00 EUR. Wie viel kg Farbe müssen bei gleichbleibendem Marktpreis zusätzlich abgesetzt werden, um das Betriebsergebnis zu halten?

6 Das Geschäftsfeld AV-Medien (Musik, Sampler und Hörbuch) will ein neues CD-Album auf den Markt bringen.
Folgende Kalkulation der Produktionskosten liegt vor:

Promotion- und Werbekosten	235 060,00 EUR
Aufnahmekosten	158 000,00 EUR
Cover- und Bookleterstellung	23 000,00 EUR
Summe der Fixkosten	**416 060,00 EUR**

Das Geschäftsfeld AV-Medien kalkuliert neue Alben nach folgendem Schema:

Händlerabgabepreis (HAP)	**11,50 EUR**
– variable Kosten	
Fertigungsstandardpreis CD ca.	1,00 EUR
Lizenz (16 % auf den HAP)	1,84 EUR
Copyright (9,306 % auf den HAP)	1,07 EUR
sonstige variable Kosten (z. B. 15 % auf den HAP)	1,73 EUR
= Deckungsbeitrag I:	**5,86 EUR**

Bevor die Produktion startet, soll die Menge bestimmt werden, bei der die Kosten gedeckt sind (Break-even-Menge). Wie viel CDs müssten verkauft werden, um den Break-even-Punkt zu erreichen?

5 Plankostenrechnung

5 Plankostenrechnung

5.1 Ziele und Aufbau der Plankostenrechnung

Die Internetauftritte der Medi@ AG, ihrer Leistungsbereiche sowie der Beteiligungsunternehmen erstellt die Werbeagentur West GmbH. Die Werbeagentur hat für diesen Aufgabenbereich auch einige externe Kunden gewinnen können. Verantwortlich zeichnet Alexander Lupus. Er ist nicht nur Programmierer, sondern auch Leiter der Internetprojekte. Bisher ist Herr Lupus in diesem Bereich der einzige fest angestellte Mitarbeiter. Deshalb wird je nach Bedarf mit freien Mitarbeitern z. B. für Grafik, spezielle Programmierungen oder Content gearbeitet.

Die Geschäftsführung will den oben genannten Bereich ausbauen. Insbesondere das Geschäft mit externen Auftraggebern soll verstärkt werden. Für diese Expansion ist es allerdings notwendig, gute Qualität zu möglichst niedrigen Preisen anzubieten.

Um niedrige Preise erreichen zu können, muss die Geschäftsführung laufend die Wirtschaftlichkeit des Produktionsprozesses kontrollieren und jede Möglichkeit zur Kostensenkung wahrnehmen. Eine solche Kostenkontrolle ist allerdings nur erfolgreich, wenn eine **Kostenplanung** vorliegt.

Gelingen kann dieses Vorhaben nur, wenn sich alle Mitarbeiter kostenbewusst verhalten. Jedem Kostenverantwortlichen muss deshalb bekannt sein, welche Kosten in seinem Bereich beeinflusst werden können und welches die Standard- oder auch Maximalkosten sind.

Die bisher verwendeten Ist- und Normalkostenrechnungen sind für das Erreichen dieser Ziele nicht brauchbar. Die **Istkostenrechnung** basiert ausschließlich auf Werten der Vergangenheit und betrachtet auch nur diese. Die Normalkostenrechnung basiert zwar auch auf Vergangenheitswerten, versucht allerdings mittels Zuschlagssätzen eine Prognose für die Zukunft. Schwankungen im Beschäftigungsgrad, Beschaffungspreisänderungen oder überhöhter Materialverbrauch, Fertigungs- und Maschinenstunden werden somit nicht genau berücksichtigt.

Vergleiche hierzu Kapitel 2.3

Es stellt sich die Notwendigkeit einer Planungsgrundlage für zukünftige Entscheidungen, außerdem müssen Planabweichungen begründet werden können. Mithilfe der **Plankostenrechnung** sollen die Abweichungen zwischen den geplanten und den tatsächlichen Kosten einer Kostenstelle/eines Kostenträgers ausgewiesen und analysiert werden, um die Kostenentwicklung günstig beeinflussen zu können.

Um dies zu realisieren, baut Jens Effer mit seinem Team die Istkostenrechnung zu einer Plankostenrechnung aus.

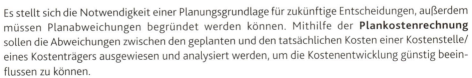

Die Plankostenrechnung dient dazu, die Kosten in allen Betriebsbereichen (Kostenstellen/Kostenträgern) so niedrig wie möglich zu halten. Unter dieser Maxime verfolgt die Plankostenrechnung folgende Ziele:
- die Ermittlung von Plankosten für jede Kostenstelle/jeden Kostenträger,
- den Vergleich der Plankosten bei Istbeschäftigung mit den Istkosten,
- die Bestimmung der Abweichungen von der Planung,
- die Identifikation der Abweichungsgründe.

Vergleiche hierzu Kapitel 5.2

Die Plankosten werden aufgrund von Erfahrungen in der Vergangenheit und unter Berücksichtigung der zukünftig erwarteten internen und externen Verhältnisse ermittelt.

Herr Effer kann die Plankostenrechnung in einer von drei zur Verfügung stehenden Varianten erstellen:

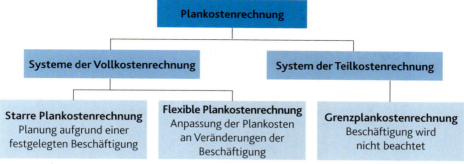

Übersicht der Plankostenrechnungsvarianten

Mit jeder der Plankostenrechnungsvarianten werden Abweichungen der Istdaten von den Plan- oder Solldaten errechnet. Die Abweichungen, welche errechnet werden können, sind allerdings je nach Plankostenrechnungsvariante unterschiedlich. Folgende Abweichungen können ermittelt werden:

Differenzierung der möglichen Abweichungen

Ablauf einer Plankostenrechnung:
1. Bestimmung der Plankosten für jede Kostenstelle
   a) Festlegung der **Bezugsgröße**: Je nach Aufgabenbereich der Kostenstelle kann es sinnvoll sein, statt eines Währungsbetrages Mengenangaben der Produktion (Stück, m², kg ...) oder Zeitangaben (Fertigungs- oder Maschinenstunden) zu verwenden.
   b) **Planbeschäftigung** auf Grundlage von Mengenberechnungen und Arbeitszeitstudien für die folgende Abrechnungsperiode,
   c) **Kosten der Planbeschäftigung** mittels Erfahrungswerten und Hochrechnungen der Einkaufspreise bzw. der Löhne und Gehälter
2. Aufspaltung der Plankosten in die fixen und variablen Kosten
3. Ermittlung der Plankostenverrechnungssätze
4. Nachträglicher Vergleich der Plankosten und der Istkosten der abgelaufenen Abrechnungsperiode
5. Bestimmung der Abweichungen zwischen Plankosten und Istkosten

Vergleiche hierzu Kapitel 5.2-5.3

Kostenstellenleiter (z. B. Abteilungsleiter, Projektleiter und Kundenbetreuer) sind für Abweichungen des Verbrauchs (z. B. mehr Fremdleistungen, höherer Materialverbrauch, höherer Personaleinsatz als geplant) verantwortlich. Allerdings haben sie nur bedingt Einfluss auf die Preise (Beschaffungspreise, Löhne und Gehälter) und die Auslastung/Beschäftigung.

Die **Hauptursachen für Kostenabweichungen** sind
- Abweichungen der tatsächlichen Auslastung vom geplanten Beschäftigungsgrad,
- Unterschiede zwischen den geplanten und den tatsächlichen Verbrauchsmengen und

- Änderungen der Beschaffungspreise sowie der Löhne und Gehälter.

Die Plankostenrechnung muss so aufgebaut sein, dass die Wirkungen der Preis- und Beschäftigungsschwankungen auf die Kosten ausgeschaltet werden können. Damit würden die verbrauchsbedingten Abweichungen erkennbar werden.

> *Die Plankostenrechnung dient dazu, die Kosten in allen Betriebsbereichen (Kostenstellen) so niedrig wie möglich zu halten. Unter dieser Maxime verfolgt die Plankostenrechnung folgende Ziele:*
> - *die Ermittlung von Plankosten für jede Kostenstelle,*
> - *der Vergleich der Plankosten bei Istbeschäftigung mit den Istkosten,*
> - *die Bestimmung der Abweichungen von der Planung,*
> - *die Identifikation der Abweichungsgründe.*
>
> **Varianten der Plankostenrechnung**
> *Wie in der Istkostenrechnung betrachtet auch die Plankostenrechnung die Abweichungen im Rahmen der Vollkosten- und der Teilkostenrechnung. Systeme der Vollkostenrechnung sind die starre und die flexible Plankostenrechnung. Die Grenzplankostenrechnung bezieht sich nur auf die Teilkosten.*
>
> **Arten der Planabweichungen**
> *Die Gesamtabweichung setzt sich zusammen aus der Beschäftigungsabweichung und der Verbrauchsabweichung. Daneben kann die Preisabweichung ermittelt werden.*
>
> **Ablauf einer Plankostenrechnung**
> 1. *Errechnung der Plankosten für jede Kostenstelle (Planbeschäftigung und Kosten der Planbeschäftigung) inklusive Festlegung der Bezugsgröße*
> 2. *Aufspaltung der Plankosten in die fixen und variablen Kosten*
> 3. *Ermittlung der Plankostenverrechnungssätze*
> 4. *nachträglicher Vergleich der Plankosten mit den Istkosten der abgelaufenen Abrechnungsperiod*
> 5. *Bestimmung der Abweichungen zwischen Plankosten und Istkosten*

1. Erläutern Sie, weshalb Unternehmen eine Plankostenrechnung durchführen sollten.
2. Unterscheiden Sie die Begriffe Istdaten, Plandaten und Solldaten.
3. Bestandteil der Plankostenrechnung ist u. a. die Abweichungsanalyse. Welche Abweichungen können berechnet werden und welche Bedeutung haben sie im Einzelnen?
4. Nach welchen zwei Unterscheidungskriterien können die drei Plankostenrechnungsvarianten differenziert werden?

5.2 Ermittlung der Plankosten

In diesem Kapitel sollen mithilfe der drei Plankostenvarianten, und zwar
- der starren Plankostenrechnung (Kap. 5.2.1)
- der flexiblen Plankostenrechnung (Kap. 5.2.2) und
- der Grenzplankostenrechnung (Kap. 5.2.3)

die jeweiligen Plankosten ermittelt werden. Dies ist die Grundlage für die im Kapitel 5.3 durchgeführten Abweichungsanalysen. Um die Gemeinsamkeiten und Unterschiede darstellen zu können, liegen allen drei Plankostenvarianten folgende Handlungssituation und anschließende Daten zugrunde:

Plankostenrechnung | 5

Herr Lupus will für die folgende Abrechnungsperiode (= folgendes Geschäftsjahr) die Kostenplanung für seine Kostenstelle Web-Auftritt in der Werbeagentur West GmbH erstellen.
In Zusammenarbeit mit Herrn Effer hat er bereits die Kostenentwicklungen der vergangenen Geschäftsjahre analysiert. Noch sind sich die beiden jedoch nicht über das richtige Plankostensystem einig.

Entsprechend dem Ablauf einer Plankostenrechnung wird im ersten Schritt die Planbeschäftigung festgelegt:

Vergleiche hierzu Kapitel 5.1

- **Bezugsgröße:**
  Als Bezugsgröße (Maßeinheit, Zeiteinheit etc.) bieten sich für diese Kostenstelle die Anzahl der abgeschlossenen Projekte und die Arbeitsstunden an. Da die Projekte in ihrem Umfang nicht standardisiert, sondern im Gegenteil abhängig von Thema und Auftraggeber variieren, werden die Arbeitsstunden je Geschäftsjahr als Bezugsgröße bestimmt.
- **Planbeschäftigung:**
  Die Kostenstelle Web-Auftritt ist in ihrer Beschäftigung nicht auf andere Kostenstellen angewiesen. So kann die Beschäftigung der vergangenen Jahre fortgeschrieben werden:

Jahr	Beschäftigung in Stunden
2006	700
2007	1200
2008	1800
2009	2500
2010	3300
Durchschnitt	1900

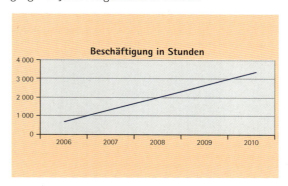

Da auch im folgenden Geschäftsjahr Kunden gewonnen werden sollen und sich über die Jahre eine Stammkundschaft gebildet hat, wäre die Anwendung des Durchschnitts nicht sinnvoll. Herr Lupus entscheidet sich für eine Steigerung um 900 Stunden auf 4200 Stunden.
Kosten der Planbeschäftigung:
Herr Lupus plant mit Blick auf die Erfahrungen der vergangenen Jahre, die aktuellen und die erwartete Inflationsrate, die erwarteten Gehalts- und Honorarveränderungen sowie weitere anstehende Kostenänderungen. Er selbst als einziger festangestellter Mitarbeiter der Kostenstelle deckt eine Planbeschäftigung von 1728 Stunden ab. Bei Verwendung des internen Stundensatzes (Verrechnungspreis) von 68,00 EUR ergeben sich *Personalkosten in Höhe von 117 504,00 EUR*.
Die verbleibende Planbeschäftigung von 2 472 Stunden wird von freien Mitarbeitern abgedeckt, die projektunabhängig regelmäßig beschäftigt werden. Die Werbeagentur erhält mit dieser Vorgehensweise die Möglichkeit, auf eventuelle Auftragsrückgänge flexibel reagieren zu können. Die freien Mitarbeiter berechnen im Durchschnitt (Verrechnungspreis) 90,00 EUR für die Stunde. Damit ergeben sich *Honorarkosten in Höhe von 222 480,00 EUR*.
Unabhängig von der Auslastung fallen direkt zurechenbare Sachkosten in Höhe von jährlich 8 144,00 EUR an.
Diese Kostenstelle muss außerdem die für die West GmbH üblichen 146,95 % der Personalkosten an Gemeinkosten tragen. Somit fallen *Gemeinkosten in Höhe von 172 672,00 EUR* an. Die Gemeinkosten teilen sich auf in 20 % variable Gemeinkosten (34 534,40 EUR) und 80 % fixe Gemeinkosten.
Die gesamten Kosten der *Planbeschäftigung summieren sich damit auf 520 800,00 EUR*.

Vergleiche hierzu Kapitel 3.3.1

Anmerkung: Die projektbezogenen Fremdkosten finden in der Plankostenrechnung keine Berücksichtigung, da diese den Auftraggebern direkt weiterbelastet werden.

5.2.1 Starre Plankostenrechnung

Die starre Plankostenrechnung lässt sich relativ einfach umsetzen, da die Gesamtkosten nicht in variable und fixe Kosten gesplittet werden müssen und der **Beschäftigungsgrad** nicht berücksichtigt werden muss. Damit ist die Aussagekraft dieser Plankostenrechnung allerdings eingeschränkt auf die Ermittlung der **Gesamtabweichung** der Istkosten von den Plankosten.

Ein Einsatz der starren Plankostenrechnung ist dementsprechend nur für Kostenstellen mit hohem Fixkostenanteil und geringen Beschäftigungsschwankungen sinnvoll. Aufgrund des hohen Fixkostenanteils können Beschäftigungsschwankungen die Gesamtkosten i.d.R. nicht wesentlich verändern. In diesem Fall entspricht die Gesamtabweichung nahezu exakt der Verbrauchsabweichung. Solche Kostenstellen sind z.B.

Vergleiche hierzu Kapitel 4.2

- die Personalverwaltung und andere verwaltende Kostenstellen,
- Marktforschung und Werbung,
- Forschung und Entwicklung.

Neben diesen Kostenstellen kann die starre Plankostenrechnung für viele Dienstleistungsbetriebe (auch der Medienbranche) aufgrund des hier bestehenden relativ hohen Fixkostenanteils verwendet werden.

Zur Ermittlung des Plankostenverrechnungssatzes müssen nur die Gesamtplankosten durch die Planbeschäftigung dividiert werden:

$$\text{Plankostenverrechnungssatz} = \frac{\text{geplante Kosten}}{\text{Planbeschäftigung}}$$

$$124{,}00 \text{ EUR/Std.} = \frac{520\,800{,}00 \text{ EUR}}{4\,200 \text{ Std.}}$$

Es errechnet sich ein Plankostenverrechnungssatz von 124,00 EUR je Std. Planbeschäftigung.

Gesamtkostenverlauf der starren Plankostenrechnung

Die starre Plankostenrechnung ist mit den Daten der Kostenstelle Web-Auftritt leicht realisierbar. In dem Plankostenverrechnungssatz von 124,00 EUR/Std. sind sämtliche anfallenden Kosten der Kostenstelle Web-Auftritt enthalten. Dieser Plankostenverrechnungssatz stellt somit die langfristige Preisuntergrenze dar.

5.2.2 Flexible Plankostenrechnung

Die flexible Plankostenrechnung bezieht die Istbeschäftigungsänderung in die Analyse mit ein. Dies geschieht, indem die Planbeschäftigung bereits während und am Ende jeder Abrechnungsperiode an die Istbeschäftigung angepasst wird. Außerdem werden die Kosten in fixe und variable Kosten aufgeteilt. Mithilfe der flexiblen Plankostenrechnung ist es möglich, neben der Gesamtabweichung die Verbrauchs- und die Beschäftigungsabweichung zu ermitteln.

Der Vorteil der flexiblen Plankostenrechnung ist eine wirksame und detaillierte Kostenkontrolle. Dabei ist als Besonderheit zu beachten, dass aufgrund der gleichen Bezugsbasis neben den variablen Kosten auch die fixen Kosten proportionalisiert werden.

Die flexible Plankostenrechnung ist für produzierende Industriebetriebe, wie z. B. Druckereien, Filmkopierwerke, Lithoanstalten und CD-Presswerke geeignet.

Aufteilung der Gesamtkosten in variable und fixe Kosten:

	Variable Kosten	Fixe Kosten
Personal	—	117 504,00 EUR
Honorare	222 480,00 EUR	—
Sachkosten	—	8 144,00 EUR
Gemeinkosten	34 534,40 EUR	138 137,60 EUR
Summen	257 014,40 EUR	263 785,60 EUR

Damit im Rahmen der flexiblen Plankostenrechnung die Plankosten während einer Planperiode (z. B. Monatskontrolle) an veränderte Beschäftigungsverhältnisse angepasst werden können, ist zu bestimmen, wie sich die einzelnen Kostenpositionen bei Beschäftigungsänderungen verhalten. Dafür wird ein sogenannter Variator ermittelt. Der Variator gibt an, um wie viel Prozent sich eine Kostenposition ändert, wenn sich die Beschäftigung um 10 % ändert.

$$\text{Variator} = \frac{\text{variable Plankosten} \times 10}{\text{Plankosten}}$$

Da die Personal- und Sachkosten zu 100 % fix (Variator = 0) und die Honorare zu 100 % variabel (Variator = 10) sind, ist hier das Verhalten eindeutig. Nur die Gemeinkosten beinhalten sowohl variable als auch fixe Kosten.

$$2 = \frac{34\,534,40 \times 10}{172\,672,00}$$

Der Variator von 2 zeigt an, dass sich 20 % der Gemeinkosten proportional zu Beschäftigungsänderungen verhalten, während 80 % fix sind. Sollte die Beschäftigung um 10 % steigen, verändert sich der variable Kostenanteil der Gemeinkosten (20 % der Gemeinkosten steigen um 10 % = Steigerung der Gemeinkosten um 2 %) um (172 672,00 × 0,02 =) 3 453,44 EUR. Damit steigen die gesamten Gemeinkosten auf (172 672,00 × 1,02 =) 176 125,44 EUR.

Bei einer Beschäftigungsänderung, die nicht 10 % entspricht, ist der Variator entsprechend anzupassen: Änderung um 15 % →

$$3 = \frac{2 \times 15}{1772,00}$$

5 | Plankostenrechnung

Neben der Variatormethode bestehen noch die Stufenmethode und das grafische Verfahren (Streupunkt-Diagramm) zur Erfassung der Auswirkungen verschiedener Beschäftigungsgrade.

Durch die Aufteilung der Gesamtkosten in variable und fixe Kosten können ein variabler und ein fixer Plankostenverrechnungssatz sowie ein Plankostenverrechnungssatz bei Planbeschäftigung errechnet werden:

$$\text{variabler Plankostenverrechnungssatz} = \frac{\text{variable Kosten}}{\text{Planbeschäftigung}}$$

$$61{,}19\ \text{EUR/Std.} = \frac{257\,014{,}40\ \text{EUR}}{4\,200{,}00\ \text{Std.}}$$

$$\text{fixer Plankostenverrechnungssatz} = \frac{\text{fixe Kosten}}{\text{Planbeschäftigung}}$$

$$62{,}81\ \text{EUR/Std.} = \frac{263\,785{,}60\ \text{EUR}}{4\,200{,}00\ \text{Std.}}$$

$$\text{Plankostenverrechnungssatz bei Planbeschäftigung} = \text{variabler Plankostenverrechnungssatz} + \text{fixer Plankostenverrechnungssatz}$$

$$124{,}00\ \text{EUR/Std.} = 61{,}19\ \text{EUR/Std.} + 62{,}81\ \text{EUR/Std.}$$

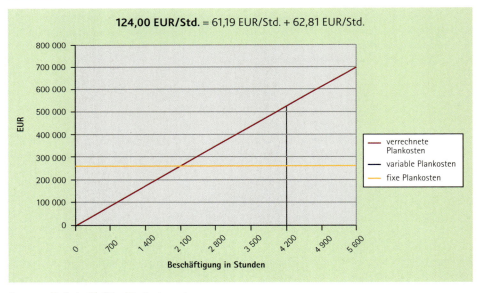

Kostenverläufe der flexiblen Plankostenrechnung

Vergleiche hierzu Kapitel 3.3

Die flexible Plankostenrechnung ist für die Kostenstelle Web-Auftritt nur mit großem Aufwand anwendbar. Dies liegt daran, dass in diesem Bereich, wie in der gesamten Werbeagentur, auf Basis von Einzel- und Gemeinkosten (direkte Kosten und Overhead) kalkuliert wird. Die Aufteilung in variable und fixe Kosten ist nur mit großem Aufwand darstellbar und bildet nicht das tatsächliche Geschäft ab.

5.2.3 Grenzplankostenrechnung

Die Grenzplankostenrechnung bezieht sich wie die Deckungsbeitragsrechnung auf die Teilkosten. Im Unterschied zur Deckungsbeitragsrechnung werden jedoch statt Vergangenheitsdaten ausschließlich Planwerte angesetzt. Im Gegensatz zur Plankostenrechnung mit Vollkosten schaltet die Grenzplankostenrechnung im Soll-Ist-Vergleich die fixen Kosten aus. Dazu müssen auch bei der Grenzplankostenrechnung die Gesamtkosten in variable und fixe Kosten aufgeteilt werden.

Vergleiche hierzu Kapitel 4.1-4.2

Das Ergebnis des Soll-Ist-Vergleichs ist allein die Verbrauchsabweichung, da es bei der Grenzplankostenrechnung keine Beschäftigungsabweichung geben kann. Der Istbeschäftigungsgrad wird allein zur Aufteilung der fixen Kosten in Nutz- und Leerkosten verwendet. Die Sollkosten setzen sich zusammen aus der Verbrauchsabweichung, den Nutzkosten und den Leerkosten.

Die Grenzplankostenrechnung ist leichter realisierbar als die flexible Plankostenrechnung. Sie ist leichter verständlich und überschaubarer. Der Vorteil gegenüber den Plankostenrechnungen auf Vollkostenbasis liegt darin, dass mithilfe der Grenzplankostenrechnung Preisuntergrenzen bestimmt werden können.

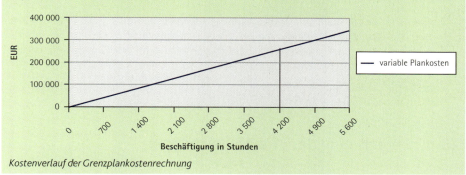

Kostenverlauf der Grenzplankostenrechnung

Vergleiche hierzu Kapitel 5.2.2

Aufgrund der Teilkostenbetrachtung mit variablen Kosten stellt der Preis von 61,19 EUR/Std. die kurzfristige Preisuntergrenze der Kostenstelle Web-Auftritt dar. Dadurch ergänzen sich auf dieser Ebene die starre Plankostenrechnung und die Grenzplankostenrechnung.

- *Die starre Plankostenrechnung basiert auf den Gesamtkosten der Vollkostenrechnung. Es kann nur die Gesamtabweichung berechnet werden.*
- *Die flexible Plankostenrechnung basiert auf der Aufteilung der Gesamtkosten in variable und fixe Kosten der Vollkostenrechnung. Es können die Gesamtabweichung, die Verbrauchsabweichung sowie Beschäftigungsabweichung berechnet werden.*
- *Die Grenzplankostenrechnung basiert auf den variablen Kosten (Teilkostenrechnung). Es können die Verbrauchsabweichung sowie die Nutz- und Leerkosten berechnet werden.*

Folgende Kennziffern werden zur Planung in den verschiedenen Varianten der Plankostenrechnung verwendet:

$$\text{Plankostenverrechnungssatz} = \frac{\text{geplante Kosten}}{\text{Planbeschäftigung}}$$

5 | Plankostenrechnung

$$\text{variabler Plankostenverrechnungssatz} = \frac{\text{variable Kosten}}{\text{Planbeschäftigung}}$$

$$\text{fixer Plankostenverrechnungssatz} = \frac{\text{fixe Kosten}}{\text{Planbeschäftigung}}$$

$$\substack{\text{Plankostenverrechnungssatz} \\ \text{bei Planbeschäftigung}} = \substack{\text{variabler Plankosten-} \\ \text{verrechnungssatz}} + \substack{\text{fixer Plankosten-} \\ \text{verrechnungssatz}}$$

1. Welche Details müssen bei der Festlegung der Planbeschäftigung beachtet werden?
2. Warum werden die Gesamtkosten in variable und fixe Kosten aufgeteilt?
3. Wie fließen die projektbezogenen Fremdkosten in die Plankostenrechnung auf Kostenträger- bzw. Kostenstellenbasis ein?
4. Für die Kostenstelle Grafik des Geschäftsfeldes AV-Medien (Musik, Sampler und Hörbuch) wurden für eine Planbeschäftigung von 1 600 Stunden Plankosten von 60 000,00 Euro ermittelt, die zu 70 % fixen Charakter haben.
   Errechnen Sie den Plankostenverrechnungssatz, den variablen Plankostenverrechnungssatz und den fixen Plankostenverrechnungssatz.
5. Für eine Musik-CD-Produktion werden bei einer Menge von 75 000 Stück fixe Kosten von 95 000,00 EUR und variable Kosten von 247 314,00 EUR geplant.
   Errechnen Sie den Plankostenverrechnungssatz, den variablen Plankostenverrechnungssatz und den fixen Plankostenverrechnungssatz.
6. Erstellen Sie für die Übung 5 ein Diagramm mit den verrechneten Plankosten, den variablen Plankosten und den fixen Plankosten.

5.3 Berechnung der Planabweichungen

Die Auftragslage entwickelte sich während des Geschäftsjahres sehr erfreulich, sodass mithilfe von Freelancern eine Beschäftigung von 4 900 Stunden erbracht werden konnte. Nachdem die Abgrenzungsrechnung für das abgelaufene (geplante) Geschäftsjahr durchgeführt worden ist, ergeben sich folgende Daten:

	Aufwendungen in EUR	Kosten in EUR		
Honoraraufwand	294 996,00	294 996,00		
Personalaufwand	115 776,00	115 776,00		
Sachaufwand	7 950,00	7 950,00		
Gemeinkosten	198 801,80	174 530,00		
Gesamt	617 523,80	593 252,00	– 24 271,80	**Preisabweichung**

Die Aufwendungen sind um 24 271,80 EUR höher als die Kosten. Preisabweichungen ergeben sich aufgrund der Kostenverrechnung im Rahmen der Abgrenzungsrechnung.

Herr Lupus und Herr Effer wollen anhand dieser Daten die Aussagekraft der Ergebnisse der verschiedenen Plankostenrechnungen prüfen. Damit soll endgültig bestimmt werden, welches Plankostenrechnungsverfahren für die Kostenstelle Web-Auftritt sinnvoll ist.

Nachdem in den vorangegangenen Kapiteln die verschiedenen Planungsrechnungen angestellt wurden und die Produktion während des geplanten Zeitraumes erfolgte, ist nun im Nachhinein zu überprüfen, ob die Planungen eingehalten wurden. Dazu muss herausgearbeitet werden, ob sich gegebenenfalls die Planungsgrundlagen verändert haben. Im ersten Schritt wird deshalb überprüft, ob sich die Istbeschäftigung gegenüber der Planbeschäftigung verändert hat.

Die Beschäftigung ist statt um die erwarteten 900 Stunden um 1 600 Stunden gestiegen. Diese Entwicklung, im Vergleich zu den Vorjahren, verdeutlichen die beiden folgenden Diagramme:

Jahr	Beschäftigung in Stunden
2005	700
2006	1 200
2007	1 800
2008	2 500
2009	3 300
2010	4 900
Durchschnitt	2 400

5.3.1 Starre Plankostenrechnung

Eine Planabweichung lässt sich bei der starren Plankostenrechnung dadurch berechnen, dass von den tatsächlichen Istkosten $_{(zu\ Planpreisen)}$ die verrechneten Plankosten abgezogen werden. Die verrechneten Plankosten sind das Produkt aus dem Plankostenverrechnungssatz der starren Plankostenrechnung und der Istbeschäftigung. Es werden also von den tatsächlichen Istkosten $_{(zu\ Planpreisen)}$ die Kosten abgezogen. Diese hätten laut Planung bei der realisierten Beschäftigung anfallen müssen. Wenn die Istkosten größer als die verrechneten Plankosten sind, dann sind bei der Istbeschäftigung höhere Kosten angefallen als geplant wurde. Sind die Istkosten niedriger als die verrechneten Plankosten, dann wurde die Istbeschäftigung mit weniger Kosten realisiert als geplant.

Vergleiche hierzu Kapitel 5.3

Laut Kapitel 5.2.1 beträgt der Plankostenverrechnungssatz 124,00 EUR/Std.

Vergleiche hierzu Kapitel 5.2.1

Berechnung der verrechneten Plankosten

> **Verrechnete Plankosten = Plankostenverrechnungssatz x Istbeschäftigung**

> 607 600,00 EUR = 124,00 EUR/Std. x 4 900 Std.

Um Preisabweichungen auszuschalten, wird für die Abweichungsrechnungen nicht mit den tatsächlichen Istkosten gerechnet (Istpreis x Istbeschäftigung). Statt des Istpreises wird der geplante Preis (Plankostenverrechnungssatz) = 124,00 EUR verwendet.

Berechnung der Gesamtabweichung:

> **Gesamtabweichung = Istkosten$_{(zu\ Planpreisen)}$ – verrechnete Plankosten**

> –14 348,00 EUR = 593 252,00 EUR – 607 600,00 EUR

Die Gesamtabweichung ergibt sich aus der Gegenüberstellung der Istkosten laut Abgrenzungstabelle (593 252,00 EUR) mit den verrechneten Plankosten (607 600,00 EUR). Die Werte der Abgrenzungstabelle weichen aufgrund der Kostenkorrekturen von den Istwerten ab. Dies ist eine Annäherung der Planung an die Realität. Bei Verwendung der Plankosten (Plankostenverrechnungssatz x Planbeschäftigung) wäre eine eindeutige Interpretation des Ergebnisses nicht möglich. Die Gesamtabweichung umfasst die Beschäftigungs- und Verbrauchsabweichung.

Bei der Istbeschäftigung von 4 900 Std. sind 14 348,00 EUR weniger an Kosten angefallen, als die Planung für diesen Beschäftigungsgrad vorsieht.

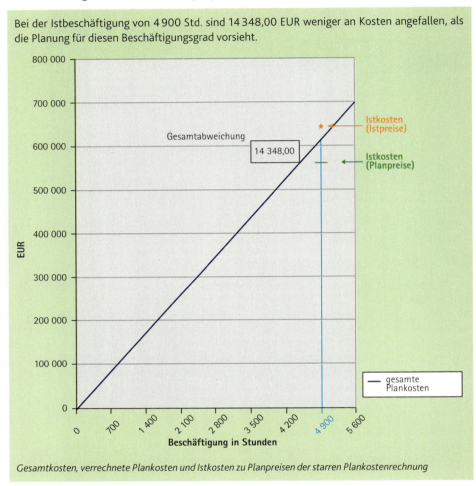

Gesamtkosten, verrechnete Plankosten und Istkosten zu Planpreisen der starren Plankostenrechnung

5.3.2 Flexible Plankostenrechnung

Die Planung hat folgende Daten ergeben	
• variabler Plankostenverrechnungssatz	61,19 EUR
• Summe der Fixkosten	263 785,60 EUR
• fixer Plankostenverrechnungssatz	62,81 EUR
• Plankostenverrechnungssatz bei Planbeschäftigung	124,00 EUR

Vergleiche hierzu Kapitel 5.2.2

Plankostenrechnung | 5

Folgende Auswertungen werden in der Abweichungsanalyse durchgeführt:

- **Berechnung der verrechneten Plankosten**:

  607 600,00 EUR = 124,00 EUR/Std. x 4 900 Std.

- **Berechnung der Sollkosten**:

  Sollkosten = Fixkosten + variabler Plankostenverrechnungssatz x Istbeschäftigung

  563 616,60 EUR = 263 785,60 EUR + 61,19 EUR/Std. x 4 900 Std.

Die Sollkosten sind nur nach Aufteilung der Gesamtkosten in fixe und variable Kosten berechenbar (flexible Plankostenrechnung). Sie weisen aus, wie hoch die Kosten der erbrachten Leistung laut Plan sein dürften.

- **Berechnung der Gesamtabweichung**:

  14 348,00 EUR = 593 252,00 EUR – 607 600,00 EUR

- **Berechnung der Beschäftigungsabweichung**:

  Beschäftigungsabweichung = Sollkosten – verrechnete Plankosten

  - 29 635,40 EUR = 593 252,00 EUR – 563 616,60 EUR

Diese Abweichung entsteht durch eine höhere bzw. geringere Beschäftigung, als in der Planung erwartet worden ist. Eine negative Beschäftigungsabweichung zeigt auf, dass Fixkosten in genau dieser Betragshöhe nicht gedeckt werden konnten.

- **Berechnung der Verbrauchsabweichung**:

  Verbrauchsabweichung = Istkosten$_{\text{(zu Planpreisen)}}$ – Sollkosten

  29 635,40 EUR = 593 252,00 EUR – 563 616,60 EUR

Die Verbrauchsabweichung zeigt auf, wie stark die Istkosten zu Planpreisen von der Planung für diese Beschäftigung (Sollkosten) abweichen. Diese Abweichung hat die Kostenstellenleitung zu verantworten.

5 | Plankostenrechnung

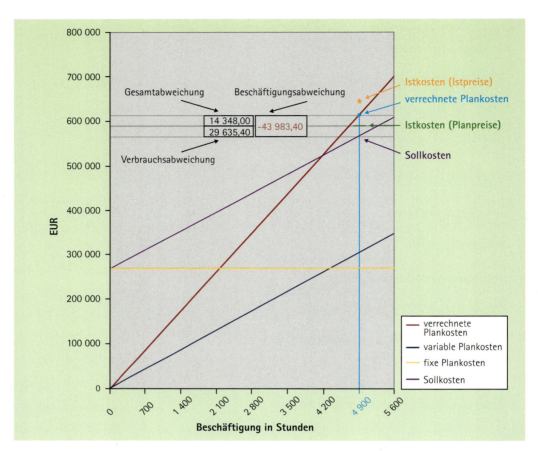

Grafische Darstellung von Zusammenhängen der Auswertungsergebnisse in der flexiblen Plankostenrechnung

Erläuterung der Auswertungsergebnisse

Die Gesamtabweichung der flexiblen Plankostenrechnung entspricht mit 14 348,00 EUR exakt dem Ergebnis der starren Plankostenrechnung. Darüber hinaus kann mithilfe der flexiblen Plankostenrechnung beschrieben werden, wie sich die Gesamtabweichung zusammensetzt:

- Die Beschäftigung liegt mit 4 900 Stunden über der Planbeschäftigung von 4 200 Stunden. Damit liegt eine Überbeschäftigung vor. Bei über der Planbeschäftigung liegender Istbeschäftigung werden zu viele fixe Kosten verrechnet (hier: 43 983,40 EUR). Die Sollkosten liegen unterhalb der verrechneten Plankosten, weil die verrechneten Plankosten mehr fixe Kosten als notwendig einschließen. Dieses Phänomen tritt auf, weil über den Plankostenverrechnungssatz die Fixkosten proportionalisiert werden.
- Allein die Verbrauchsabweichung kann der Kostenstellenleitung angelastet werden. Im vorliegenden Fall ist die Verbrauchsabweichung mit 29 325,40 EUR für die Kostenstellenleitung negativ ausgefallen. Aufgrund der erzielten Beschäftigung hätten nur 563 616,60 EUR (Sollkosten) anfallen dürfen. Es sind jedoch 593 252,00 EUR (Istkosten zu Planpreisen) verbraucht worden.

5.3.3 Grenzplankostenrechnung

Die Planung hat den variablen Plankostenverrechnungssatz in Höhe von 61,19 EUR ermittelt.
- **Berechnung der variablen verrechneten Plankosten:**
  299 831,00 EUR = 61,19 EUR/Std. x 4 900 Std.
- **Berechnung der variablen Sollkosten:**
  299 831,00 EUR = 61,19 EUR/Std. x 4 900 Std.
- **Berechnung der Beschäftigungsabweichung:**
  0,00 EUR = 299 831,00 EUR − 299 831,00 EUR

Vergleiche hierzu Kapitel 5.2.3

Eine Beschäftigungsabweichung kann es in der Grenzplankostenrechnung nicht geben, da die fixen Kosten ausgeblendet sind.
- **Berechnung der Verbrauchsabweichung:**
  Die Istkosten und die Sollkosten beziehen sich im Rahmen der Grenzplankostenrechnung auf die variablen Kosten. Die variablen Kosten auf der Basis der Abgrenzungsrechnung ergeben sich aus folgender Tabelle:

	Variable Kosten	Fixe Kosten
Personal	—	115776,00 EUR
Honorare	294996,00 EUR	—
Sachkosten	—	7950,00 EUR
Gemeinkosten	34906,00 EUR	139624,00 EUR
Summen	329902,00 EUR	263350,00 EUR

Dementsprechend ergibt sich folgende Rechnung:
30 071,00 EUR = 329 902,00 EUR − 299 831,00 EUR

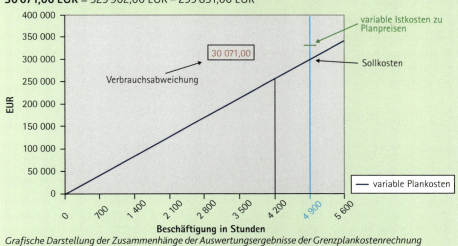

Grafische Darstellung der Zusammenhänge der Auswertungsergebnisse der Grenzplankostenrechnung

Zusätzlich zur Verbrauchsabweichung können die fixen Kosten in Nutz- und Leerkosten unterteilt werden.

Abhängig vom Beschäftigungsgrad werden die Fixkosten im Rahmen der Produktion als Nutzkosten und die ungenutzten Fixkosten als Leerkosten bezeichnet. Mit steigender Produktion steigen die Nutzkosten, während die Leerkosten in gleichem Maße fallen. Bei 100 % Produktion fallen nur

Nutz- und keine Leerkosten an. Wenn nicht produziert wird (0 % Produktion), sind die gesamten Fixkosten Leerkosten.

Folgende Formeln werden benötigt:

- **Istbeschäftigungsgrad:**

$$\text{Istbeschäftigungsgrad} = \frac{\text{Istbeschäftigung}}{\text{Planbeschäftigung}}$$

$$1{,}166 = \frac{4\,900\ \text{Std.}}{4\,200\ \text{Std.}}$$

- **Nutzkosten:**

$$\text{Nutzkosten} = \text{Fixkosten} \times \text{Istbeschäftigungsgrad}$$

$$307\,066{,}10\ \text{EUR} = 263\,350{,}00\ \text{EUR} \times 1{,}166$$

- **Leerkosten:**

$$\text{Leerkosten} = \text{Fixkosten} - \text{Nutzkosten}$$

$$-43\,716{,}10\ \text{EUR} = 263\,350{,}00\ \text{EUR} - 307\,066{,}10\ \text{EUR}$$

Da in diesem Beispiel eine höhere Beschäftigung erzielt wurde, als die Planung vorsah, liegt der Beschäftigungsgrad bei über 100 %. Die Fixkosten sind somit vollständig Nutzkosten.

Für die Kostenstellenleitung ist die Auswertung der Grenzplankostenrechnung leichter zu interpretieren und besser zu verwerten. Die einfachere Interpretationsmöglichkeit beruht darauf, dass die Sollkosten gleich den verrechneten Plankosten sind und damit nur eine Gerade entsteht. Außerdem wird nur die Abweichung (Verbrauchsabweichung) ermittelt, welche die Auswirkungen des Handelns der Kostenstellenleitung widerspiegelt.

5.3.4 Entscheidung

Herr Lupus und Herr Effer haben zwar nach Abschluss der Abweichungsanalysen viele Erfahrungen gewonnen, sind jedoch mit den Instrumenten der Plankostenrechnung nicht vollständig zufrieden:

- Mit der starren Plankostenrechnung können zwar nur wenige Ergebnisse berechnet werden, allerdings würde die Gesamtabweichung bei nur unwesentlichen Beschäftigungsschwankungen nahezu der Verbrauchsabweichung entsprechen. Da die Werbeagentur eher mit Einzel- und Gemeinkosten als mit variablen und fixen Kosten arbeitet, wäre die starre Plankostenrechnung bei entsprechend geringen Beschäftigungsschwankungen unter den drei Plankostenvarianten die erste Wahl.
- Mit der flexiblen Plankostenrechnung können zwar sehr differenzierte Analysen betrieben werden, jedoch besteht die Notwendigkeit der Aufteilung der Kosten in variable und fixe Kosten.
- Die Grenzplankostenrechnung funktioniert ebenfalls nur aufgrund von variablen und fixen Kosten.

Somit verbleibt für diese Kostenstelle aufgrund der Kostenaufteilung die starre Plankostenrechnung als Mittel der Wahl.

Formeln der Plankostenanalyse:

Istkosten$_{\text{(zu Istpreisen)}}$ = Istpreis x Istbeschäftigung

Istkosten$_{\text{(zu Planpreisen)}}$ = Planpreis x Istbeschäftigung

Preisabweichung = Istkosten$_{\text{(zu Planpreisen)}}$ − Istkosten$_{\text{(zu Istpreisen)}}$

Verrechnete Plankosten = Plankostenverrechnungssatz x Istbeschäftigung

Sollkosten = Fixkosten + variabler Plankostenverrechnungssatz x Istbeschäftigung

Gesamtabweichung = Istkosten$_{\text{(zu Planpreisen)}}$ − verrechnete Plankosten

Beschäftigungsabweichung = Sollkosten − verrechnete Plankosten

Verbrauchsabweichung = Istkosten$_{\text{(zu Planpreisen)}}$ − Sollkosten

Nutzkosten = Fixkosten x Istbeschäftigungsgrad

Leerkosten = Fixkosten − Nutzkosten

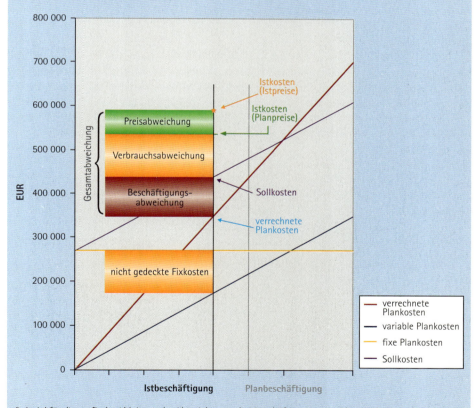

Beispiel für die grafische Ableitung der Abweichungen bei Beschäftigung unter Plan, Verbrauch über Plan und höheren Istpreisen

1. Erläutern Sie, wie die Wirkungen von Preisschwankungen auf die Kostenrechnung ausgeschaltet werden.

2. Nennen Sie die Hauptursachen für Abweichungen zwischen geplanten und tatsächlichen Kosten.

3. Was unterscheidet die Istaufwendungen der Gewinn- und Verlustrechnung von den Istkosten der Plankostenrechnung?

4. Beschreiben Sie den Ablauf der starren Plankostenrechnung.

5. Begründen Sie, warum in der Grenzplankostenrechnung keine Beschäftigungsschwankungen auftreten können.

Die beiden folgenden Übungen sind Fortsetzungen der Übungen 4 und 5 des Kap. 5.2: (s. S. 216)

6. Für die Kostenstelle Grafik des Geschäftsfeldes AV-Medien (Musik, Sampler und Hörbuch) sind Istkosten auf der Basis von Planpreisen in Höhe von 72 000,00 EUR bei einer Istbeschäftigung von 2 000 Stunden angefallen. Die Istkosten zu Istpreisen betrugen 75 000,00 EUR.
   Errechnen Sie
   a) die verrechneten Plankosten,
   b) die Sollkosten,
   c) die Gesamtabweichung,
   d) die Beschäftigungsabweichung,
   e) die Verbrauchsabweichung,
   f) die Preisabweichung.

7. Für die Musik-CD-Produktion sind fixe Istkosten zu Planpreisen von 95 000,00 EUR und variable Istkosten zu Planpreisen von 352 000,00 EUR bei einer Istbeschäftigung von 100 000 Stück angefallen. Die Istkosten zu Istpreisen betrugen 453 000,00 EUR.
   Errechnen Sie
   a) die verrechneten Plankosten,
   b) die Sollkosten,
   c) die Gesamtabweichung,
   d) die Beschäftigungsabweichung,
   e) die Verbrauchsabweichung,
   f) die Preisabweichung,
   g) die Abweichungen nach Grenzplankostenrechnung inklusive Nutz- und Leerkosten.

8. Erläutern Sie die errechneten Werte und Abweichungen aus Übung 7 a)-g).

9. Erstellen Sie für die Übung 7 a)-e) und für 7 g) jeweils ein Diagramm, das die errechneten Werte und Abweichungen darstellt.

6 Controlling

6 Controlling

Herkunft und ausländische Bezeichnungen für den Begriff Controlling:
- Im Mittelalter diente der lateinische Begriff contra rolatus (Gegenrolle) als Bezeichnung für eine zweite Kontrollaufzeichnung über Geldbewegungen.
- Im Englischen steht „to control" für „steuern, lenken, regeln, beaufsichtigen, im Griff haben". In England wird hingegen für die Tätigkeit, der in Deutschland der Begriff Controlling zugeschrieben wird, der Begriff Auditing verwendet. Außerdem wurden dort die Controller oder auch Comptroller als spezielle Ausprägung des Handlungsgehilfen der Buchhaltung bezeichnet.

Für die Übersetzung des Begriffs Controlling ins Deutsche liegt aufgrund der weitgehenden schriftlichen Übereinstimmung das Wort Kontrolle nahe, welches deshalb häufig verwendet wird. Die inhaltlich korrekte Übersetzung besagt jedoch eher, dass das Controlling der Steuerung des gesamten Unternehmens dient. Es unterstützt die Entscheidungs- und Steuerungsprozesse der Unternehmensführung durch zielgerichtete Informationsgewinnung und -verarbeitung. Zur Erreichung der aufgestellten Unternehmensziele steht der Controller mit seinen wirtschaftlichen Instrumenten der Geschäftsführung beratend zur Verfügung. Er ermöglicht die systematische Planung und die notwendige Kontrolle der Erreichung von Unternehmenszielen. Dabei soll nicht die Belegschaft in ihrem Handeln kontrolliert werden, sondern jeder Mitarbeiter wird angehalten, sein eigenes Handeln zu kontrollieren bzw. zu überdenken.

Controlling ist der übergeordnete Begriff für die Zielsetzung, Planung und Steuerung im Unternehmen. Controlling ist damit ein in die Zukunft gerichtetes Steuerungs- und Führungsinstrument.

Die wichtigsten Größen des Controllings sind die Zielsetzung, die Planung (damit die Ziele erreicht werden können), die Realisierung (unter Verfolgung der Ziele) und die Steuerung (Beeinflussung der laufenden Realisierung mit dem Fokus auf Zielerreichung). Diese vier Größen lassen sich in einem Regelkreis zusammenfassen.

Regelkreis des Controllings

6.1 Zielsetzung

> Der Geschäftsführung schweben für die neue Fernsehzeitschrift Ziele vor, die bisher noch nicht griffig formuliert worden sind. In Zusammenarbeit mit den zuständigen Mitarbeitern und dem Controlling erarbeitet sie strategische und operative Ziele.

Vergleiche hierzu Kapitel 4.2.5

Aus dem sehr umfangreichen Aufgaben- und Maßnahmenkatalog des Controllings muss für das jeweilige Unternehmen und die jeweiligen Erwartungen die entsprechende Auswahl getroffen werden.

Ohne eine konkrete Zielsetzung im kurz- wie auch im langfristigen Zeithorizont kann Controlling allerdings nicht durchgeführt werden. Nur wenn Ziele formuliert sind, können Abweichungen festgestellt werden. Somit ist Herr Effer bestrebt, zuerst mit der Leitung des Geschäftsfeldes Zeitschriftenverlag Ziele für den gesamten Zeitschriftenverlag und für die jeweiligen Zeitschriften zu formulieren. Darüber hinaus können dann Ziele für einzelne Abteilungen und Produktionsschritte erarbeitet werden.

Die Ziele des Verlegers können entwickelt werden, nachdem das Unternehmen, der Markt und die Umwelt (Lieferanten, Staat u. a.) analysiert worden sind. Die Ziele sollten sich aus der Unternehmensphilosophie ableiten lassen. Die erste Zielformulierung des Verlegers ist im Top-Down- und Bottum-Up-Verfahren zu verfeinern. Der Verleger stellt im Top-Down-Verfahren seine Erwartungen an die Produktionsmenge, den Umsatz und den Erfolg vor. Im anschließenden Bottum-Up-Verfahren melden die betreffenden Abteilungen zurück, in welchem Umfang sie diese Ziele erreichen können. Der Verleger einigt sich im anschließenden Zielvereinbarungsprozess mit den Abteilungen auf die konkreten Ziele. Dabei ist zu berücksichtigen, dass die Ziele einerseits so hoch gesteckt sind, dass sie eine Herausforderung darstellen, andererseits dürfen sie nicht zu hoch gesteckt sein, damit sie die Mitarbeiter nicht demotivieren.

> Da die neue Fernsehzeitschrift das bestehende Produkt des Verlages in diesem Segment stützen soll, sind folgende Ziele erstellt worden:
>
> Strategische Ziele
> - Die verkaufte Auflage der alten Fernsehzeitschrift soll gestützt werden.
> - Sicherung und Ausbau der Marktposition
>
> Operative Ziele
> - Das neue Konkurrenzprodukt soll möglichst schlecht starten.
> - Folgende Kosten wurden für das erste Jahr geplant:
>   - variable Kosten   2 100 000,00 EUR,
>   - fixe Kosten   2 927 600,00 EUR.

6.2 Operatives und strategisches Controlling

> Das Controlling muss die eigenen Tätigkeiten systematisieren. Als Leitlinie werden die operativen und strategischen Ziele verwendet. Entsprechend richtet Herr Effer ein operatives und ein strategisches Controlling ein.

Kurzfristige Ziele (für die folgenden ein bis zwei Geschäftsjahre) dienen als Vorgabe für das aktuelle Geschäft, während die langfristigen Ziele (für die folgenden ca. fünf Geschäftsjahre) die Strategie des Unternehmens für die langfristige Entwicklung darstellen. Entsprechend kann das Controlling in ein operatives und ein strategisches Controlling aufgeteilt werden:

Unterscheidungsmerkmal	Operatives Controlling	Strategisches Controlling
Aufgabe	Unterstützung der bestehenden Fernsehzeitschrift und Sicherung des Gewinnes	Nachhaltige Sicherung und Ausbau der Marktposition
Zeitlicher Horizont	Aktuelles und folgendes Geschäftsjahr	Betrachtung der zukünftigen Entwicklung (ca. die nächsten fünf Geschäftsjahre)
Planungsgrundlage	Werte der Buchhaltung und der Istkostenrechnung	Zukunftsorientierte Zahlen und Ergebnisse unter stärkerer Beachtung der gesamtwirtschaftlichen und branchenspezifischen Entwicklung. Die Planung beruht eher auf Zielbeschreibungen, die keine konkreten Zahlenvorgaben beinhalten.
Instrumente	Quantitative Instrumente: • Liquidität • Produktivität • Wachstum und Absatz • Rentabilität • Risiko	Eher qualitative Instrumente: • Beseitigung strategischer Engpässe • Entwicklung und Sicherung von Erfolgspotenzialen • Bilanzstrukturmanagement • Planung des langfristigen Gewinnbedarfs
Problemstruktur	Die Lösung der Probleme/Zielerreichung ist eindeutig messbar, da sie auf konkreten Zahlen beruhen	Die Lösung der Probleme/Zielerreichung ist nicht eindeutig messbar, da sie auf nicht griffigen (nicht quantifizierbaren) Zielvorstellungen beruhen.
Dimension	Kosten/Leistungen Aufwand/Ertrag Aus-/Einzahlungen Vermögen/Kapital	Stärken/Schwächen Chancen/Risiken

Den Aufbau und zeitlichen Zusammenhang der Buchhaltung (Rechnungswesen, Bilanz und GuV) des operativen sowie des strategischen Controllings soll folgender Zeitstrahl darstellen:

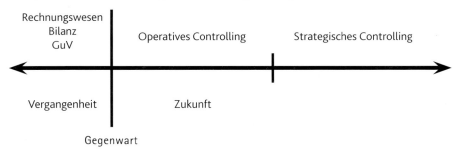

Zeitstrahl der Controlling-Varianten

6.3 Planung

Nachdem die strategischen und operativen Ziele formuliert sind, muss die Umsetzung geplant werden. Hierfür greift Frau Flasdiek auf die Daten der Deckungsbeitragsrechnung zurück.

Die einzelnen Abteilungen/Kostenstellen erstellen für den vorgegebenen Planungszeitraum ihre Planungen. Diese Planungen umfassen die Planmenge sowie die variablen und die fixen Plankosten insgesamt und erfolgen ggf. für die einzelnen Kostenarten oder Kostenträger gesondert.
Folgende Plandaten werden für die neue Fernsehzeitschrift eingereicht:

Vergleiche hierzu Kapitel 6.2 und 4.2.5

Rahmendaten	
Erscheinungsweise (täglich)	14
Erscheinungsweise (Wochen im Jahr)	26
Copy-Preis	2,50 EUR
USt. in %	7
Vertriebssparten	Abo und EV
Handelsspannen (Grosso + EV) in %	40
Anzeigenpreis (pro Seite)	4 000,00 EUR
Heftumfang in Seiten	
Gesamt	60
Anzeigenseiten	20
Druckauflage	80 000
Verkaufte Auflage	
Gesamt	62 000
Abonnement	20 000
EV-Auflage	42 000

Aufgrund der vorliegenden Daten errechnet das Controlling folgende Plankosten:

$$\text{variabler Plankostenverrechnungssatz} = \frac{\text{variable Kosten}}{\text{Planbeschäftigung}}$$

$$1{,}009615 \text{ EUR/Stück} = \frac{2\,100\,000{,}00 \text{ EUR}}{26 \times 80\,000 \text{ Stk.}}$$

$$\text{fixer Plankostenverrechnungssatz} = \frac{\text{fixe Kosten}}{\text{Planbeschäftigung}}$$

$$1{,}4075 \text{ EUR/Stück} = \frac{2\,927\,600{,}00 \text{ EUR}}{26 \times 80\,000 \text{ Stk.}}$$

Plankostenverrechnungssatz bei Planbeschäftigung	=	variabler Plankosten-verrechnungssatz	+	fixer Plankosten-verrechnungssatz

2,417115 EUR/Stück = 1,009615 EUR/Stück + 1,4075 EUR/Stück

Der Planumsatz der jeweiligen Jahresauflage errechnet sich wie folgt:
- Der Verkaufspreis soll 2,50 EUR brutto bei einem Umsatzsteuersatz von 7 % betragen.
- Von der gesamten Jahresauflage in Höhe von 80 000 Stück sollen 20 000 Stück abonniert werden. Von den verbleibenden 60 000 Stück wird erwartet, dass 70 % im Einzelverkauf abgesetzt werden. Die Remissionsquote beträgt dann 30 %. Auf die gesamte Jahresauflage bezogen ergäben sich eine Remissionsquote von 22,5 % und eine Verkaufsquote von 77,5 %.
- Unter der Annahme, dass sich die Abonnenten- und Einzelverkaufszahlen im Verhältnis an geänderte Auflagenhöhen anpassen, ergibt sich folgende Formel:

Umsatz = Einzelverkaufspreis/Stück : 1,07 x Jahresauflage in Stück x 0,775

3 766 355,10 EUR = 2,50 EUR/Stück : 1,07 x 80 000 Stück x 26 Wochen x 0,775

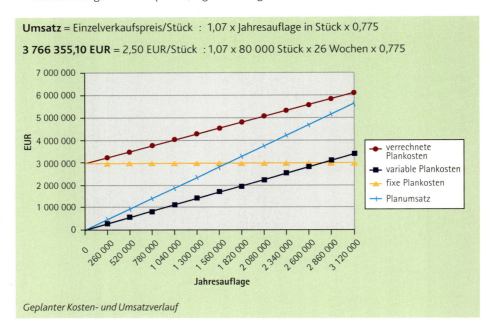

Geplanter Kosten- und Umsatzverlauf

Die Planung geht somit von einer Druckauflage von 2 080 000 Exemplaren im ersten Jahr aus. Der Break-even-Punkt (Schnittpunkt der verrechneten Plankosten mit dem Planumsatz) wird mit dieser Auflage weit verfehlt. Dieser Verlust wird allerdings akzeptiert, um die strategischen Ziele erreichen zu können.

Die Gesamtheit aller Pläne wird vom Controller auf ihre Realisierbarkeit und Vereinbarkeit mit den formulierten Zielen untersucht. Um die Erstellung der neuen Zeitschrift sichern zu können, ist dies von allen betreffenden Kostenstellen in der Planung zu berücksichtigen. Andernfalls könnte das Projekt mangels freier Kapazitäten scheitern.

6.4 Steuerung

Die Planung kann noch so ausgefeilt sein, fast immer weicht die Realisierung von ihr ab. Nach einem Jahr des Erscheinens der neuen Fernsehzeitschrift soll Bilanz gezogen werden. Für eine Sitzung mit dem Verleger bereitet das Controlling die notwendigen Daten auf. Der Verleger erwartet eine Darstellung der gegenwärtigen Situation, die Ergebnisse der Plankostenrechnung und die entsprechende Abweichungsanalyse.

Anhand der regelmäßigen Abweichungsanalysen sowie Markt- und Konkurrenzbeobachtungen ist es dem Controlling möglich, frühzeitig Fehlentwicklungen bzw. Planabweichungen festzustellen. In Zusammenarbeit mit der Geschäftsführung und den betroffenen Kostenstellen versucht das Controlling, gegebenenfalls rechtzeitig eine Ursachenanalyse zu betreiben und Maßnahmen für die Planerreichung einzuleiten. Eventuell muss jedoch auch die Planung überarbeitet werden.

6.4.1 Berechnung der Plankostenabweichungen

Nach Ablauf des ersten Erscheinungsjahres und Durchführung der Abgrenzungsrechnung ergeben sich folgende Daten für die neue Fernsehzeitschrift:
- Jahresauflage 2 059 871 Stück, d. h. im Schnitt 79 225 Stück/Auflage.
- Verkaufte Jahresauflage: 1 596 400 Stück, d. h. im Schnitt 61 400 verkaufte Exemplare
- Der Copypreis von 2,50 EUR/Stück konnte realisiert werden.
- Die variablen Kosten sind mit 2 150 000,00 EUR etwas höher als geplant ausgefallen.

Folgende Auswertungen werden in der **Abweichungsanalyse** durchgeführt:

- Berechnung der verrechneten Plankosten:

   4 978 945,09 EUR = 2,417115 EUR/Stück x 2 059 871 Stück

- Berechnung der Sollkosten:

   5 007 276,66 EUR = 2 927 600,00 EUR + 1,009615 EUR/Stück x 2 059 871 Stück

- Berechnung der Istkosten zu Planpreisen:

   5 077 600,00 EUR = 2 927 600,00 EUR + 2 150 000,00 EUR

- Berechnung der Gesamtabweichung:

   98 654,91 EUR = 5 077 600,00 EUR – 4 978 945,09 EUR

- Berechnung der Beschäftigungsabweichung:

   28 331,57 EUR = 5 007 276,66 EUR – 4 978 945,09 EUR

- Berechnung der Verbrauchsabweichung:

   70 323,34 EUR = 5 077 600,00 EUR – 5 007 276,66 EUR

6 | Controlling

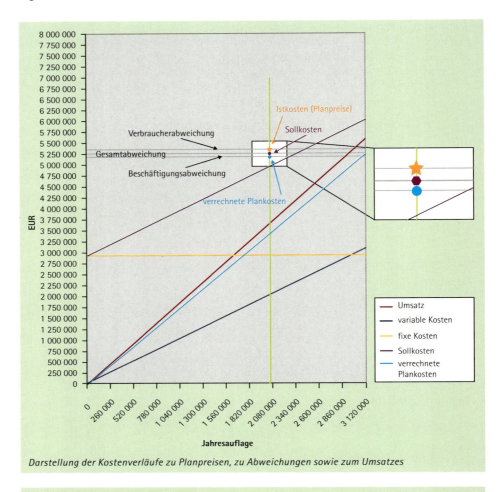

Darstellung der Kostenverläufe zu Planpreisen, zu Abweichungen sowie zum Umsatzes

Ergebnisse der Plankostenrechnung:
- Die realisierte Beschäftigung liegt etwas unterhalb der Planung, deshalb sind nicht alle Fixkosten erwirtschaftet worden. Dies zeigt die Beschäftigungsabweichung von 28 331,57 EUR auf.
- Der Verbrauch ist um 70 323,34 EUR (Verbrauchsabweichung) höher als für die realisierte Beschäftigung erwartet (Sollkosten).

Das Controlling stellt aufgrund der Berechnungen fest, dass die operativen Ziele knapp verfehlt worden sind. Deshalb gibt das Controlling für das Folgejahr folgende Maßnahmen vor:
- Der Absatz ist zu erhöhen, um das Ziel der Unterstützung der alten Fernsehzeitung und der Verdrängung des Konkurrenzproduktes erreichen zu können.
- Die Kostenstellenleitung muss die Kostentreiber identifizieren sowie optimieren. Kostentreiber können zu hohe Materialkosten, Personalkosten, Vertriebskosten o. Ä. sein.

Bezogen auf die operativen Ziele schließt sich mit diesem ersten Teil der Steuerung durch das Controlling der Regelkreis des Controllings. Die Steuerungsdaten sind die Grundlage für den nächsten Zielsetzungs- und Planungsprozess.

Controlling | 6

6.4.2 Analyse der Marktentwicklung

Herr Effer kann sich bei der Überprüfung der strategischen Zieleerreichung nicht auf unternehmensinterne Daten beschränken. Um die Entwicklung des eigenen Produktes einschätzen zu können, muss er die der konkurrierenden Produkte kennen. Außerdem ist es im vorliegenden Fall wichtig, dass Herr Effer die Veränderung der Verkäufe der alten und der neuen Fernsehzeitschrift sowie der neu aufgelegten konkurrierenden Fernsehzeitschrift miteinander vergleicht.

Die Anzahl der verkauften Exemplare der vier größeren Fernsehzeitschriften in 14-täglicher Erscheinung hat im letzten Jahr folgende Entwicklung genommen:

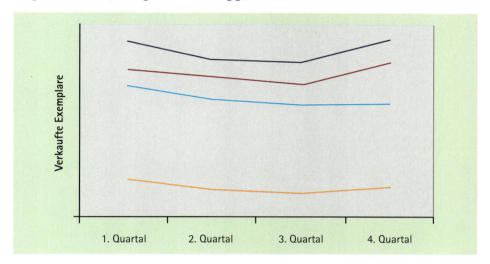

Analyse der Daten:
- Offensichtlich wurden im zweiten und dritten Quartal weniger Exemplare verkauft als im ersten und vierten Quartal.
- Außerdem liegt eine leicht negative Grundtendenz vor, da die Verkaufszahlen des vierten Quartals niedriger waren als diejenigen im ersten Quartal.

Die Marktsituation scheint somit nicht optimal, um ein neues Produkt am Markt zu platzieren.

Die Stapelung der Verkaufszahlen der neuen und der alten Fernsehzeitschrift sowie des Konkurrenzproduktes ergibt für das vergangene Jahr folgende Grafik:

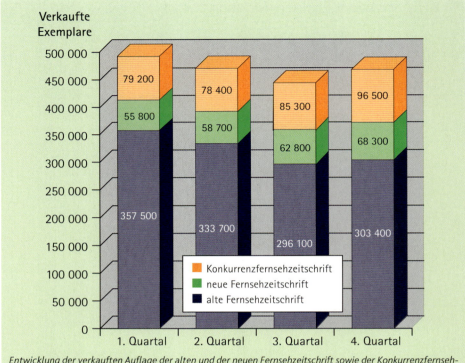

Entwicklung der verkauften Auflage der alten und der neuen Fernsehzeitschrift sowie der Konkurrenzfernsehzeitschrift

Analyse der Daten:

Die Verkaufszahlen der alten Fernsehzeitschrift haben sich entsprechend der Branchenentwicklung verhalten:
- Im zweiten und dritten Quartal ist der Absatz eingesackt.
- Die Verkäufe des vierten Quartals liegen unter denjeniges im ersten Quartal.

Allerdings konnte der Absatz entgegen dem Branchentrend im vierten Quartal nicht über die Zahlen des zweiten Quartals angehoben werden.

Die Verkaufszahlen der neuen Fernsehzeitschrift konnten über alle vier Quartale erhöht werden. Der Verkaufsrückgang der alten Fernsehzeitschrift konnte kompensiert werden.

Die neue Konkurrenzfernsehzeitschrift konnte zwar im Laufe des Jahres die Verkaufszahlen erhöhen, hätte jedoch ohne die Abwehrmaßnahme höhere Verkäufe erreichen können.

Ergebnisse der Marktanalyse
- Die strategischen Ziele wurden im ersten Jahr gut erreicht.
- In den folgenden Jahren muss die Position gefestigt werden.
- Die alte Fernsehzeitschrift hat die Marktentwicklung fast vollständig mitgemacht.
- Die beiden neuen Fernsehzeitschriften konnten ihre Verkaufszahlen gegen den Markttrend erhöhen.

Mit dem zweiten Teil der Steuerung wird die Einhaltung der strategischen Ziele überwacht. Die Ergebnisse hieraus dienen der Überarbeitung der strategischen Ziele im darauffolgenden Zielsetzungs- und Planungsverfahren.

Controlling | 6

Controlling ist der übergeordnete Begriff für die Zielsetzung, Planung und Steuerung im Unternehmen. Controlling ist ein in die Zukunft gerichtetes Steuerungs- und Führungsinstrument.

Regelkreis des Controllings:
- *Die strategischen Ziele werden i. d. R. von der Unternehmensleitung vorgegeben.*
- *Die operativen Ziele werden von der Unternehmensleitung erstellt und mit den jeweiligen Kostenstellenverantwortlichen verhandelt sowie abschließend vereinbart.*
- *Die Kostenstellenverantwortlichen erstellen auf Basis der Zielvereinbarungen ihre Planungen.*
- *Die Planung dient der anschließenden Realisation als Vorgabe.*
- *Das Controlling überwacht die Einhaltung der Zielvereinbarungen und Planungen im Rahmen der Steuerung. Gegebenenfalls greift das Controlling kurzfristig während des laufenden Geschäftsjahres unterstützend ein.*
- *Die Ergebnisse des Steuerungsprozesses dienen als Grundlage zur Formulierung der neuen Ziele.*

Die Zielsetzungen werden in strategische und operative Ziele unterschieden:
- *Die operativen = kurzfristigen Ziele (für die folgenden ein bis zwei Geschäftsjahre) dienen als Vorgabe für das aktuelle Geschäft.*
- *Die strategischen = langfristigen Ziele (für die folgenden fünf Geschäftsjahre) stellen die Strategie des Unternehmens für die langfristige Entwicklung dar.*

Entsprechend kann das Controlling in ein operatives und ein strategisches Controlling aufgeteilt werden.

Für die Planung wird die Plankostenrechnung verwendet.

Die Steuerung besteht aus der Analyse und anschließenden Erarbeitung von Maßnahmen.
Die Analyse beinhaltet die Plankostenabweichungen und die Marktanalyse.

1. Was wird in Deutschland unter dem Begriff Controlling verstanden?
2. Beschreiben Sie, wie sich der Regelkreis des Controllings zusammensetzt.
3. Warum werden in Unternehmen Ziele definiert und vereinbart?
4. Ordnen Sie folgende Ziele
    a) den operativen Zielen bzw.
    b) den strategischen Zielen zu:
        I. In zwei Jahren ist die Gewinnschwelle überschritten.
        II. Die Marktführerschaft des Produktes X ist bis zum Jahr Y erreicht.
        III. Die Kosten der Grafik sind bis Ende des Jahres um 10 % gesenkt.
        IV. Die Liquidität ist durchgängig gesichert.
        V. Die Produktivität der Druckerei ist um 5 % erhöht.
        VI. Die Anlagenintensität der Bilanz ist in drei Jahren um 20 % reduziert.

Die beiden folgenden Übungen sind Fortsetzungen der Übungen 6 und 7 des Kapitels 5.3 (s. S. 224). Ein Teil der Controlling-Tätigkeit ist für beide Fälle bereits mit der Abweichungsanalyse der Plankostenrechnung durchgeführt worden.

5 Führen Sie für die Kostenstelle Grafik des Geschäftsfeldes AV-Medien (Musik, Sampler und Hörbuch) die Markt- und Konkurrenzanalyse auf der Grundlage folgender Daten durch.

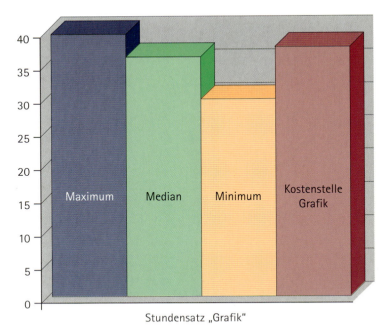

Vergleich des Stundensatzes der Kostenstelle Grafik mit den marktüblichen Stundensätzen

a) Beschreiben Sie die Kostensituation der Kostenstelle Grafik im Vergleich zu den marktüblichen Stundensätzen.

b) Welche Maßnahmen sollte die Kostenstelle Grafik zur Kostensenkung ergreifen? Berücksichtigen Sie bei Ihrer Antwort auch die Ergebnisse der Plankostenanalyse (Übung 6 im Kap. 5.3, s. S. 224).

6 Führen Sie für die Musikproduktion die Markt- und Konkurrenzanalyse auf Grundlage folgender Daten durch.

	Stück	Kosten
aktuelle Produktion	100 000	453 000,00 EUR
alte Produktion	85 000	385 000,00 EUR
alte Produktion	95 000	410 000,00 EUR
alte Produktion	75 000	340 000,00 EUR

a) Um die aktuelle CD-Produktion mit bisher abgeschlossenen CD-Produktionen vergleichen zu können, ist von Ihnen die jeweilige Wirtschaftlichkeit zu ermitteln.

b) Welche Schlussfolgerungen kann die zuständige Kostenstellenleitung aus dem Ergebnis der Wirtschaftlichkeitsberechnung der Übung 6 a) für die folgenden CD-Produktionen ziehen?

c) Geben Sie abschließend Empfehlungen für die zuständige Kostenstellenleitung aufgrund der Ergebnisse dieser Übung 6 und der Übungen 7-9 des Kapitels 5.3 (s. S. 224) ab.

Sachwortverzeichnis

A
Abgrenzung 17
Abgrenzungsrechnung 17
Abzugskapital 32, 33
AE-Provision (Annoncen-Expeditions-Provision) 133
allgemeines Unternehmerrisiko 33
Anderskosten 29, 30
Anlagenwagnis 33
Annoncen Expeditionen 133
Arbeitsplatzkapazität 62
Arbeitsproduktivität 39
auflagenfixe Kosten 82, 115
auflagenvariable Kosten 82, 111, 113, 115
Aufwendungen 17

B
Beschäftigungsabweichung 211
Beschäftigungsgrad 214
Beständewagnis 33
betrieblich ordentliche Vorgänge 22
betriebsbedingte Vorgänge 22
Betriebsergebnis 21
betriebsfremd 22
Betriebsmittelproduktivität 39
betriebsnotwendiges Anlagevermögen 32
betriebsnotwendiges Kapital 31
betriebsnotwendiges Umlaufvermögen 32, 33
betriebsnotwendiges Vermögen 31, 32
Bezugskosten 99
Bogenmontage 87
Break-even-Menge 186
Break-even-Punkt 232
Buy Out 137, 139

C
Controlling 228
Copy-Preis 194
Cross Income 127

D
Deckungsbeitrag 178
Deckungsbeitrag I 184
Digitaldruck 116
Direkte Personalkosten 128, 131
Direktkosten 126
Drehplan 140
Druck 91
Druckbogenbedarf 91
Druckbogennutzen 85
Druckformherstellung 86
Druckgang 93
Druckplatten 102
Druckplattenherstellung 90
Druckverfahrens 116

E
Eigenkapitalrentabilität 40
Einzelkosten 52, 126
Einzelwagnisse 33

Endkostenstellen 56
Entwicklungswagnis 33
Erfolgskonten 15
Ergebnistabelle 17
Erträge 17
Etat-/Preisverhandlungen 133
externes Rechnungswesen 14

F
Faktorkombination 39
Farbe 100
Farbverbrauch 101
Fertigungskosten 85, 86
Fertigungsmaterial 52
Fertigungsstunden 62
Fertigungszeit 61
fixen Kosten 139
fixer Plankostenverrechnungssatz 216
Fixkosten 174
Fixkostendegression 81, 113
flexible Plankostenrechnung 211, 212, 215
Formproof 73, 89
Fortdruck 92

G
Garantiehonorar 139
Gemeinkosten 126
Gemeinkostenzuschlag 127, 129, 136
Gemeinkostenzuschlagssatz 129
Gesamtabweichung 211, 214
Gesamtkapitalrentabilität 41
Gewährleistungswagnis 33
Gewinn- und Verlustkonto 15
Gewinn- und Verlustrechnung 14
Gewinnschwelle 203
Gewinnzuschlag 130, 136
Grenzkosten 79, 110
Grenzmenge 81, 114, 139
Grenzplankostenrechnung 211, 212, 217, 223
Grundeinrichten 96
Grundkosten 29

H
Handlungskostenzuschlag 127

I
internes Rechnungswesen 16
interner Stundensatz 131
Istbeschäftigungsgrad 224
Istkostenrechnung 210

K
Kalkulation 49
Kalkulationsverfahren 127
kalkulatorische Abschreibungen 30, 52
kalkulatorische Miete 30, 34, 54
kalkulatorische Wagnisse 30, 33
kalkulatorische Zinsen 30, 31, 32, 53
kalkulatorischer Unternehmerlohn 35
Komplexitätsfaktor 157
Kosten 17

Kostenarten 17
Kostenplanung 210
Kostenstellen 49
Kostenträger 50, 126
Kundennettos 133
Kundenstundenpreis 133
Kundenstundensatz 133

L
Leerkosten 224
Leistungen 17
Leistungsprozess 14
leistungsunabhängige Prozesse 152

M
Mannkapazität 62
Markup 135
Materialkosten 85
Materialproduktivität 39
Mehrkostenwagnis 33

N
Nachkalkulation 121
neutrale Aufwendungen 17
neutrales Ergebnis 21
Nutzen 85
Nutzkosten 224
Nutzungsgrad 63

O
operatives Controlling 229
operative Ziele 229
Overhead 126

P
Papierbedarf 96
periodenbezogene Vorgänge 22
periodenfremd 22
Planabweichungen 210, 211
Planbeschäftigung 211
Plankapazität 62
Plankostenrechnung 210
Plankostenverrechnungssatz 214, 220
Plankostenverrechnungssatz bei Planbeschäftigung 216
Plattenwechsel 96
Platzkostenrechnung 49
Preisabweichung 211, 218
Preisuntergrenze 173
Primärkosten 59
Problematik der Vollkostenrechnung 188
projektfixe Kosten 138
projektvariable Kosten 138
Prozesskosten 155
Prozesskostenkalkulation 151

Q
qualitative Instrumente 230
quantitative Instrumente 230

Sachwortverzeichnis

R
Rentabilität 40
Rentabilitätskennziffern 40
Rohertrag 127
Rohgewinn 127, 135
Rückwärtskalkulation 136

S
Sekundärkosten 59
Selbstkosten 130
Sollkalkulation 136
starre Plankostenrechnung 211, 212, 214
strategisches Controlling 229
strategische Ziele 229
Stück-Deckungsbeitrag 179
Stückkosten 80, 113

Stückkostenkalkulation 64
Stundensatz 57, 133
Stundensatzkalkulation 61
Stundenverrechnungssatz 57

T
Teilkostenrechnung 172

U
Umlageverfahrens 127
umsatzabhängiges Honorar 139
Umsatzbeteiligung 139
Umsatzrentabilität 41

V
variable Kosten 174
variabler Kostenfaktor 139

variabler Plankostenverrechnungssatz 216
Verbrauchsabweichung 211, 223
Vertriebswagnis 33
Vollkostenrechnung 70
Vorkalkulation 136
Vorkostenstellen 56

W
Wiederbeschaffungskosten 31
Wiederbeschaffungswert 31
Wirtschaftlichkeit 38

Z
Zusatzauftrag 180
Zusatzkosten 29
Zuschlagskalkulation 65, 74
Zuschuss 92